BRANDiNG 4.0

Piyachart Isarabhakdee

BRANDiNG 4.0

by Piyachart Isarabhakdee
Copyright © 2016 by Piyachart Isarabhakdee
All Rights Reserved.

This Korean language edition was published by IWBOOK Publishing House in 2018
by arrangement with Amarin Printing and Publishing Public Co. Ltd.
through KL Management

BRANDiNG 4.0

Piyachart Isarabhakdee

필립 코틀러 서문 ㅣ 삐야찿 이사라팍디 지음 ㅣ 이에스더 옮김

브랜딩 4.0

브랜딩 4.0

초판 1쇄 인쇄 2018년 9월 3일
초판 1쇄 발행 2018년 9월 5일

서문 필립코틀러
지은이 삐야찻 이사라팍디
기획 및 책임편집 양승욱
옮긴이 이에스더
펴낸이 이승심
펴낸곳 도서출판 상상의 날개

브랜드 IWBOOK
주소 인천 계양구 효성동 623-3
대표전화 032) 543-7005 | **팩스** 032) 543-7005
편집부 070) 7756- 7005
출판 등록 2008년 12월 02일
전자우편 iwbook@naver.com
디자인 이현영
제작 유성룡
영업 및 마케팅 이종인
교정교열 정혜진

ISBN 978-89-93676-31-0 03320
정가 18,000원

이 도서의 국립중앙도서관 출판예정도서목록(CIP)은 서지정보유통지원시스템 홈페이지
(http://seoji.nl.go.kr)와 국가자료종합목록시스템(http://www.nl.go.kr/kolisnet)에서
이용하실 수 있습니다. (CIP제어번호 : CIP2018025992)

"환영합니다.

『brand building 4.0』의 세계로 함께 여행을 떠납시다."

- 삐야찿 이사라팍디 -

사람이 브랜드가 되고 브랜드가 사람이 되는 브랜딩 4.0의 시대

『BRANDiNG 4.0』은 디지털 세계에서 브랜드의 역할을 완전히 다른 관점에서 이해하도록 도와주는 중요한 비즈니스 서적이다. 거시 경제로부터 시작해서 브랜드와 소비자 간의 관계 및 마케팅에 이르기까지 브랜드를 성공으로 이끄는 실용적인 내용으로 가득하다. 모든 사람에게 비즈니스 및 브랜드 경영을 위한 안내서로 이 책을 적극적으로 추천 드린다.

수윗 메이신시 SuvitMaesincee
태국 상무부 차관

오늘날 우리는 아주 짧은 시간에 엄청난 양의 정보와 지식에 접근할 수 있다. 그러므로 중요한 것은 '배우려는 욕망'으로 시작할 수 있는 '학습 방법'이다. 『BRANDiNG 4.0』은 다시 학습하고자 하는 것이 의미하는 바를 중요하게 묘사한다. 즉 과거에 알아야 할 필요가 있었던 것으로부터 급변하는 세계에서 알아야 할 지식과 지혜에 이르기까지 다시 학습하는 것은 비즈니스와 사회를 변화시키는 결과를 가져온다는 것이다. 참으로 많은 사람이 디지털 비즈니스 세계에 있지만, 진정으로 성공하는 사람은 소수이다. 이 책 속에 성공의 열쇠가 담겨있다.

반딛 으아-아폰 Bundhit Eua-arporn
쭐라롱껀 대학교 총장

사람들은 대부분 혁신으로 인해 오늘날 성공을 이루었다고 생각하지만 진정한 혁신을 창출하는 방법과 분야를 이해하는 사람은 극히 소수이다. 『BRANDiNG 4.0』에서 삐야찻Piyachart은 브랜드의 역할을 달리 보도록 새로운 경영 개념을 제시한다. 이제 브랜드는 조직의 '사람들'을 연결하는 중심 역할을 한다.

브랜드는 사람들이 분리되어 일하는 조직을 변화시키고 실질적인 성취를 위해 조직 내에서 서로 협력하고 헌신하도록 도와준다. 이러한 변화는 그 어떤 시스템이나 시책을 통해서는 불가능하며, 가치와 영감을 통해서만 가능하다. 브랜드는 궁극적으로 혁신을 일으키는 지속 가능한 문화가 되어야 하며, 그것이 곧 혁신을 구축하는 열쇠가 된다.

이 책을 읽고 모두가 관심을 가지도록 추천할 기회가 주어져 매우 기쁘다. 혁신이 필요한 시대에 이 책은 브랜드 구축을 위해 매우 치밀하고 명석하게 구성되었다.

깐 뜨라꿀훈 Karn Trakulhoon
SCG 경영자문위원회 위원장

'브랜드'라는 단어는 비즈니스 분야에만 국한되는 것이 아니라 '협력' 상황에서 사람들의 필요를 충족시키고 만족시킬 수 있도록 정부 부문을 돕는 데 필수적이다. 그리고 '협력'은 이 시대의 핵심이다. 역할이나 '브랜드'는 분명해야 하며 협력하기 위하여 서로의 가치를 반영한다. 『BRANDiNG 4.0』에는 브랜드에 대한 모든 것이 담겨 있다.

타와랏 수따붓 TwarathSutabutr
태국 에너지부 에너지 정책 및 기획국 국장

기술 및 고객 행동 변화로 인해, 미래에는 기업이 시장 위치 설정과 정체성(正體性)에 적응하는 것이 중요하다. 그러므로, 이 책은 나와 내가 속한 조직에 매우 유익하다는 것을 알게 되었다. 삐야찾Piyachart은 체계적으로 변화를 분석했다. 그리고 그는 곧 모든 사람에게 영향을 줄 새로운 세계와 조화를 이루는 브랜드 경영의 새롭고 흥미로우면서도 실용적인 관점을 제시했다.

티라닌 시홍 TeeranunSrihong
까시껀 뱅크 회장, 까시껀 비즈니스-테크놀로지그룹 회장

『BRANDiNG 4.0』에서 삐야찾Piyachart은 우리의 생각보다 더 빨리 오게 될 미래에 관해 언급했다. 그 미래에는 많은 사람이 디지털에 익숙하게 되며, 거의 항상 인터넷에 접속하고, 최상의 잠재력을 발견하기 위하여 다양한 활동을 한다. 이 책을 읽는 동안 많은 흥미로운 생각들이 떠올랐으며 계속 더 많은 것을 생각하게 되었다.

솜끼앗 땅끼앗와닛 Somkiat Tangkitvanich
태국 개발 연구원 원장

오늘날 기업의 사회적 책임(CSR)은 해야 할 일에서 하지 않으면 안 되는 일로 바뀌었다. 또한 질문은 '왜 해야 하는가'에서 '어떻게 해야 하는가'로 바뀌었다. 이 책은 인상적인 개념을 보여준다. 즉 모든 산업은 산업 자체를 브랜드로 보아야 하며 과거에서처럼 피상적으로 일을 하려는 노력 대신에 산업이 사회에서 어떤 위치에 있는지를 명확히 제시해야 한다. 삐야찾Piyachart이 저술한 『BRANDiNG 4.0』을 읽고 '브랜드'에 대한 나의 인식은 완전히 바뀌었다.

파이롯 까위야난 Pairoj Kaweeyanun
쉐브론 타일랜드 탐사 및 생산회사 CEO

사람은 모든 조직의 핵심이다. 특히 서비스 산업에서 더욱 그렇다. 나는 중앙집중식 브랜드 관리 개념에 동의한다. 모든 사람이 서로 긴밀한 관계에 있는 시대에 직원들은 그들이 맡은 직책만을 수행하는 것이 아니라, 직원들이 고객에게 브랜드 가치를 전달하는 것이 중요하며, 브랜드는 모든 사람을 서로 연결한다. 『BRANDiNG 4.0』은 탁월한 질문을 제기할 뿐만 아니라 질문에 대한 현실적인 답을 제시한다.

니티나이 시리사마타깐 Nitinai Sirismatthakarn
태국 항공 CEO

우리는 디지털 기술이 고객 행동과 사람들의 삶에 영향을 미치는 시대에 살고 있다. 비즈니스 분야가 이러한 변화를 이해할 필요가 있으며, 자신의 목표에 도달하기 위해서는 이런 변화에 적응할 수 있어야 한다.

그러나 브랜드 가치를 중심으로 여기지 않는 적응은 경쟁에서 손실을 일으킬 수 있다.

우리는 모두 디지털 사회에 살고 있으며, 『BRANDiNG 4.0』은 디지털 사회의 모든 요소를 규정하는 가장 어려운 일을 수행했다. 이것을 이해하는 사람은 흔치 않다.

논타왓 품추시 Nontawat Poomsusri
액센츄어 솔루션 전무이사

서 문

『BRANDiNG 4.0』은 소비자와 생산자의 삶을 개선하는 브랜딩의 역할 및 파워의 최신 버전이다. 이 책에는 브랜딩의 예술 과학 the art science of branding을 배우는데 도움이 되는 아이디어와 그 증거들이 넘쳐난다.

필립 코틀러 Philip Kotler

노스웨스턴 대학교 켈로그 경영 대학원 석좌교수

저자의 생각, 마음 및 경험으로부터

"훌륭한 마케팅 및 브랜드 구축이란 어떤 것일까? 훌륭한 마케팅 및 브랜드 구축은 어떻게 비슷하고 어떻게 다른가"를 알고자 하는 호기심에서 이 책은 시작되었습니다.

과거와 비교하면 비즈니스를 시작하기가 훨씬 쉬워진 이 시대에 사람들은 대부분 성공한 사람들이 사업체를 가지고 있다고 믿습니다. 그에 따라 비즈니스 수는 매년 증가하고 있습니다. 모든 기업가는 사업을 성공적으로 이끌려면 기본적으로 '마케팅 지식'을 갖출 필요가 있습니다. 이러한 종류의 지식을 얻는 가장 손쉬운 방법은 책이나 교재를 안내서로 취하는 것입니다. 이러한 책과 교재는 대부분 과거의 사례 연구를 통해 성공을 주장하고 요약해서 정확한 마케팅 이론이 무엇인지를 가르쳐 줍니다. 그런데도 오늘날 현장에서 적용한 수많은 이론이 원하는 결과와 다르게 나타나는 것을 알게 되었습니다. 이에 대해서 많은 것들이 설명되지 않았으며, 어떤 책에서도 명확한 답을 찾기가 어려웠습니다.

결론은 명확한 답을 얻으려면 우리 스스로 종합해야 한다는 것입니다.

과거에 저는 엔지니어였습니다. 제 학위는 전기 공학 및 우주 기술과 행성 탐사입니다. 저는 과학과 기술을 통해 수치에 집착하는 것을 배우면서 "숫자보다 더 진실한 것은 없다"라는 말을 자주 들었습니다. 그 덕분에 어떤 결정을 내릴 때마다 먼저 수치로 확률부터 따져보게 됩니다. 그것이 과학적으로 결정을 내리는 방법이라고 저는 확신했습니다.

또 다른 측면으로 보자면, 과학과 기술로 인해 규칙에 지나치게 집착했기 때문에 새로운 질문이나 답을 추구할 만한 용기가 없었습니다. 숫자나 통계치가 없기 때문에 저는 고정 관념에서 벗어나지 못했습니다(그것은 과학 분야 및 기술 분야 종사자들에게 드문 일이 아닙니다). 그래서 새로운 사고를 하는 것은 매우 위험하다고 생각했습니다. 결국, 저는 삶에서 배운 진리 중 하나가 과거에 성공한 사람들과 유력한 사람들은 고정 관념의 틀에서 벗어난 사람들이라는 점을 발견했습니다. 그들은 결코 일어난 적이 없는 것들과 아무도 볼 수 없는 것들을 생각했고, 마침내 그것이 존재하도록 만들었습니다.

헨리 포드Henry Ford, 아이작 뉴턴Isaac Newton, 토머스 에디슨Thomas Alva Edison 그리고 가장 최근의 인물인 스티브 잡스Steve Jobs가 대표적인 예라고 할 수 있습니다.

저는 여러 해 동안 "어느 것이 더 낫지?"라고 여러 번 자문하였습니다. 완벽한 비율로 둘 다 소유하는 것이 중요했기 때문에, 궁극적으로 더 나은 것은 없다는 것이 제가 알게 된 답이었습니다.

그것은 사업에서의 성공도 마찬가지입니다. 경험, 이론 및 마케팅 지식을 적용하는 것은 한 걸음 더 나아가는데 좋은 기초가 됩니다. 그러나 창의성과 고정 관념의 틀에서 벗어나는 것은 다른 사람들이 쉽게 볼 수 없는 것을 볼 수 있도록 도와줍니다.

그것은 더 나아가 비즈니스에서 성공하기 위한 중요한 기회입니다. 두 요소 간의 균형은 필수적입니다. 창의성과 고정 관념의 틀에서 벗어나는 것은 기업가, 관리자나 마케팅 담당자뿐만 아니라 일반인들에게도 성공의 열쇠가 됩니다. 그러므로 모두가 자신의 목표를 달성하기 위해서 연구하고 이해하려고 노력해야 합니다.

이제까지 필자가 언급한 것은 이 책을 집필하게 된 동기와 그 과정에 대한 설명입니다.

"훌륭한 마케팅 및 브랜드 구축이란 어떤 것일까? 훌륭한 마케팅 및 브랜드 구축은 어떻게 비슷하고 어떻게 다른가?"

우리는 오랫동안 비즈니스 및 마케팅 분야에서 브랜드에 대해 알고 있었고, 또 그에 대해 많은 이야기를 했습니다. 최고 경영자에게 브랜드가 중요하냐고 질문하면, 대부분 그렇다고 대답합니다. 그러나 브랜드에 많은 투자가 필요할 만큼 중요한지를 물으면, 많은 이들이 여전히 대답하기를 주저합니다. 왜 그렇습니까?

그 이유는?

첫째, 브랜드와 마케팅이 어떻게 다른지를 이해하지 못했고, 투자 효과에 대해서도 확신할 수 없기 때문이다.

둘째, 브랜드를 위해 비용을 지급해야 할 때 브랜드 구축의 실제적인 한계와 브랜드 구축의 실제 작업을 이해하지 못했기 때문이다.

셋째, 브랜드 구축 결과를 구체적으로 설명할 수 없기 때문이다.

넷째, 그동안 완전한 시스템으로서의 브랜드 구축 과정을 보지 못했기 때문이다(사람이 바뀌면, 구축 과정도 바뀐다).

결과적으로 브랜드 구축과 꿈을 파는 것은 같은 것으로 이해되지만, 사실상 브랜드 구축은 비즈니스 경영과 같은 것입니다.

사람들은 이러한 질문에 대한 명확한 답을 갖고 있지는 못해도 비즈니스와 삶 모두에서 성공을 거두고 싶어 합니다. 그런 분들에게 필자의 책이 실질적인 도움이 되기를 소망합니다.

이 책에는 날이 갈수록 더 복잡해지고, 동시에 브랜드 구축이 여러분의 손안에 있는 21세기에서 그 중요성이 날로 확장되어 가는 마케팅 세계가 압축되어있습니다.

이 책의 독자들은 단기간에 그 세계를 이해할 수 있게 될 것입니다. 여러분이 완벽한 학습을 할 수 있도록 『brand building 4.0』팀은 이 책을 '모바일 브랜드 구축 및 경영 컨설턴트'로 디자인했습니다.

개인 컨설턴트 역할을 하는 이 책은 글과 그림의 지각 통합에 의한 현대 브랜드 구축의 새로운 이론을 제시할 것입니다. 그리고 이 책은 처음부터 끝까지 글과 그림이 연결되어 있어서 독자들이 단지 읽는 것으로 끝나는 것이 아니라, 진정으로 '이해'하도록 도울 것입니다.

또한 필자만의 의견일지 모르지만, 이 책은 (과거를 모르면 미래로 나아갈 수 없기 때문에) 기본 지식과 고정 관념을 벗어난 창의성과 완벽하게 결합하였습니다(처음에는 혼란스러울 수 있지만, 나중에는 흥미를 느끼게 될 것이며, 결국 감동하게 될 것입니다).여러분은 자신이 예상하는 것 그 이상을 하실 수 있습니다.

이 책의 집필을 완료한 날 이후에도 필자의 작업은 계속되고 있다는 것을 여러분에게 말하고 싶습니다. 이후의 스토리는 모두 독자 여러분에게 달려있습니다.

여러분은 모두 브랜드에 관하여 정확한 이해를 하고 있는지 서로 증명하고 더 나아가 브랜드에 더 많은 가치를 계속 추가하도록 돕는 전적인 조력자입니다. 이것은 여러분 자신, 여러분 주위의 사람들, 사회, 국가, 그리고 우리 모두의 세계를 위한 일이기도 합니다.

환영합니다. 『brand building 4.0』의 세계로 함께 여행을 떠납시다.

– 삐야찻 이사라팍디 Piyachart Isarabhakdee –

CONTENTS

1

마케팅 시대의 도래

마케팅 시대 이전 | 물가

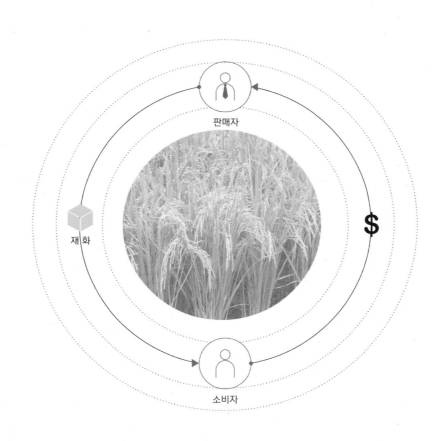

그림 01

소비자   재화

판매자 $ 돈

마케팅 시대의 도래

수백만 년 전에는…, 내가 당신이 원하는 것을 갖고 있고, 당신이 내가 필요한 것을 가졌다면 물물 교환이 이루어졌다.

언제 어디서 마케팅이 시작되는지 궁금한가? 세계는 수요와 공급(타밀리아, 2009)이라는 개념을 통해 '마케팅'이라는 단어를 처음 접하게 되었다. 수요와 공급은 오늘날 비즈니스 세계의 선조로 여겨진다. 전통적인 농촌 사회에서 사람들은 필요로 하는 것과 수확물을 교환하였고 이로써 마케팅 초기 형태인 '물물 교환 시스템'이 수립되었다.

상품이 사람들의 수요를 초과하자 물물 교환 모델은 '돈'을 '매개체'로 하여 구매자를 '소비자'로, 생산자를 '판매자'로 규정하는, '판매와 구매 시스템'으로 진화했다. 이 시스템의 메커니즘은 음식, 의류, 주거지 및 의약품과 같이 주로 인간에게 기본적으로 필요한 재화를 사기에 충분한 돈을 버는 것이다. 마케팅 초기 단계에서 판매 및 구매 활동은 일반적으로 지역 사회 내 또는 동료들 간의 작은 영역으로 제한되었다.

마케팅 시대 이전 | 산업화

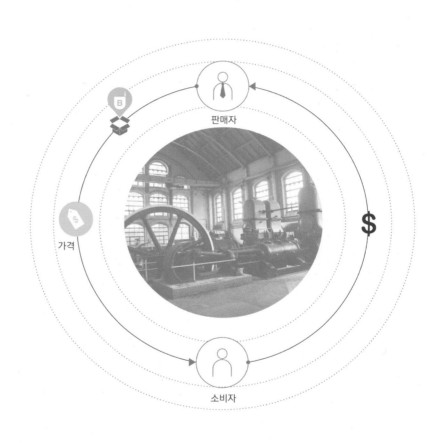

그림 02

- (아이콘) 소비자
- (아이콘) 제품
- (아이콘) 가격
- (아이콘) 식별자
- (아이콘) 판매자
- $ 돈
- B 브랜드

몇 년 후⋯

소비자 수가 많이 증가하였고 생산자(판매자) 또한 대량의 상품을 판매하길 원했다. 사람들의 요구에 부응하여 대량 생산 제품을 목적으로 하는 산업화 시대가 시작된 것이다. 물류 및 유통 시스템의 개발로 판매자는 넓은 영역까지 제품을 유통할 수 있는 더 좋은 위치에 있었다. 그러나 소비자는 이전과 마찬가지로 생활필수품에 대한 접근과 획득만으로 충분했다. 그들의 의사 결정은 직접적인 제품 혜택에 달려있었다. 그리고 가격이 중대한 역할을 하기 시작했다. 분명히 생산 원가가 낮고 생산성이 높은 판매자에게 가격 경쟁력이 있었다. 결과적으로 제품과 가격은 시장 점유율을 높이기 위한 마케팅 전략의 중요한 요소가 되었다.

산업 시대의 제품은 소수의 생산자에 의해 만들어졌지만, 시장에는 판매자가 넘쳐났다. 마케팅 전략은 시장 진입 시 제품의 출처를 밝히는 데 중요한 역할을 하게 되었다. 당시 '명칭'은 제품 소유권을 명시 할 뿐만 아니라 소비자와 제품 기능 간의 관계를 소비자의 마음 속에 확립시키는 식별자로서 도입되었다. 그 당시 대부분의 제품명은 판매자의 이름이었다. 또한 일부 판매자는 제품을 시각화하여 소비자에게 각인시키기 위한 상징물을 만들었고, 이는 더 큰 시장에 진출하는 데 도움이 되었다. '명칭'과 상징물의 사용을 통해 '브랜드'라는 단어가 존재하게 되었다.

마케팅 1.0 | 제품 중심의 산업 혁명

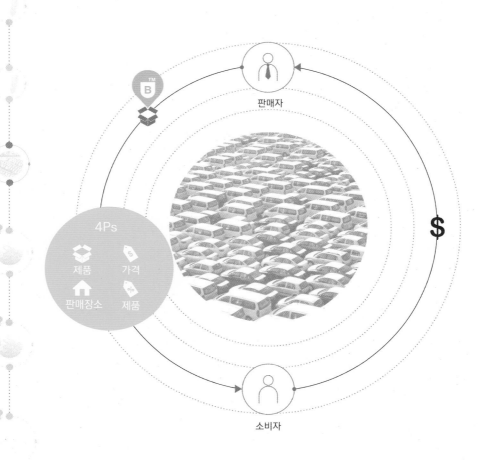

그림 03

#마케팅 1.0
대량 생산에 의한 대중 제품, 더욱 치열해진 경쟁

만약 당신 제품이 다른 판매자의 것과 같다면,
무엇이 나를 당신 제품으로 이끌겠는가?

몇 년 후, 생산자는 소비자가 성장하는 분야에 대한 공급을 위해 생산성 향상을 도모할 기회를 얻게 되었다. 필연적으로 생산 능력이 높을수록 단위 비용이 직접적으로 줄어들고 결과적으로 제품 가격은 낮아질 것이다. 이러한 메커니즘은 '산업 혁명 시대' 또는 '#마케팅 1.0'으로 널리 알려진 산업 발전의 근원이 되었다. 생산 시설, 재고 시스템 및 물류를 포함한 전체 공급망의 개선과 같이 생산 능력과 효율성을 높이기 위한 현대 기술의 중대한 이행이 이루어졌다. 결과적으로 생산자는 대규모의 소비자가 접근하기 쉬운 제품을 대량으로 생산할 수 있게 되었다. 산업 혁명은 현대 비즈니스의 큰 도약 중 하나였다.

자동차 산업용 파일럿 모델인 포드 모델 T를 예로 들어보자. 그 기간 자동차에 대한 엄청난 수요가 있었음에도 불구하고 제한된 생산으로 야기된 비싼 가격 때문에 소수의 사람만이 차주가 될 수 있었다. 포드 모델 T는 이러한 제약을 뛰어 넘어 "그 차는 결국 내 것"이라고 표방하는 첫 번째 브랜드가 되었다. 헨리 포드가 1,500만 대 이상의 T 모델을 조립 용 벨트에서부터 소비자에게 전달하기까지 단 10년이 걸렸을 뿐이다. 지금까지도 이 사례는 산업 혁명의 성공 사례로 입증되고 있다.(클라이머와 플로이, 1995)

산업 혁명으로 저렴한 가격의 대량 생산이 가능해지자 불가피하게도 판매자 측면의 경쟁은 더욱 치열해졌다. 판매자는 대중에게 각인되기 위해 진부하고 단순한 마케팅 기법 (제품과 가격)을 전략적이고 체계적인 방법으로 전환하는 새로운 전략을 강구해야만 했다. 이것은 비즈니스 메커니즘의 모습을 완전히 바꾸었다. 이 시대 이전 우리의 유일한 질문은 "어떻게 재화를 만드는가?"였다. 그 질문은 곧 "무엇을 생산해야만 하는가?" 그리고 "어떻게 그것을 판매해야 하는가?"로 재구성되었다. 판매자가 소비자에게 제공했던 마케팅 전략 요소인 #4Ps(맥카시,1960)의 출현 덕분에 소비자 요구에 부합하는 제품을 설계, 생산 및 판매하는데 기여할 수 있었다. #4Ps 구성 요소는 다음과 같다.

그림 04

#4P의 주요 개념은 경쟁 우위를 점하려는 판매자를 위해 고안되었다. 시장에서 판매되는 (소수의 생산자에 의해 만들어진) 제품이 모두 유사하기 때문에 판매자는 시장의 빈틈을 채울 수 있도록 어떻게 새로운(또는 일부 변경된) 제품과 기능을 만들지 고심해야만 했다. 가격 또한 경쟁에 사용된 주요 요소였다. 그런 관점에서 판매자는 다른 판매자보다 상대적으로 저렴한 가격으로 제품을 판매하기 위해 생산 비용을 낮추려고 노력했다. 소비자는 유사 기능 제품이라면 더 저렴한 가격으로 구매하고 싶은 것이 당연하다. 판매장소는 #마케팅 1.0에서 새롭게 소개된 요소이며 마케팅 담당자의 이목을 집중시켰다. 예를 들어, 판매장소가 사람들이 붐비는 지역에 위치했다면, 이는 상품 노출 비율이 더 높은 것을 의미하며, 다시 말해 더 많은 판매 기회를 뜻한다. 제품을 다른 판매자의 제품과 차별화하기 위한 마지막 요소는 홍보 캠페인이었다. 효과적인 홍보는 소비자가 제품을 다른 제품대비 얼마나 매력적인지 인식하도록 유도할 수 있었다. 이러한 이유로 판매자는 할인, 무료 증정품, 1+1 할인 등 여러 가지 홍보용 판촉행사를 시행하기 시작했다.

결론적으로 #4Ps의 효과적인 위치 선정은 소비자의 요구를 이해함과 동시에 '시장조사'라는 방법을 통해 구현될 수 있었다. 시장조사는 주로 #마케팅 1.0 시대의 전략 구상을 위한 정보 수집으로 주로 사용되었다. 공급이 수요보다 여전히 적어 제품 자체적으로 판매되는 경향이 있었던 이 전 시대보다 #마케팅 1.0 시대에는 제품 판매에 더욱 집중하였다.

생산 과정보다 판매 과정이 더 중요했던 #마케팅 1.0 시대에 '브랜드'라는 단어는 마케팅 도구 중 하나로 널리 알려졌다. 결과적으로, 판매자는(시장조사에 의해 확인된) 소비자 요구와 제품 기능을 연결하는 데 더욱 집중했다. 브랜드는 결과적으로 식별자의 역할에서 판매자의 제품 품질과 (#4Ps에 따라) 마케팅 제안을 나타내는 '상표'로서 격상되었다. 브랜드에 마음이 사로잡히면 소비자는 원산지에 상관없이 제품 표준에 맞는 품질이라고 제품에 대해 확신을 가졌다. 제품에 대한 소비자의 신뢰가 높아지면서 브랜드 제품의 판매가 보다 쉽고 효율적으로 이루어졌으며 국내외적으로 더 많은 영역까지 진출하게 되었다.

브랜드의 역할과 정의는 마케팅 전략 패러다임의 거대한 변화에 영향받았던 이 전과 달라졌다. 브랜드는 판매자와 마케팅 담당자가 제품의 차이점을 반영하여 경쟁 우위를 구축하는 데 필수적인 도구로서 자리매김 했다. 다음은 미국 마케팅 협회와 세계 최고의 마케팅 전문가 필립 코틀러 교수가 내린 '브랜드'에 대한 흥미로운 정의이다.

한 판매자의 재화나 서비스를 다른 판매자의 것과 구별시키는 이름, 용어, 디자인, 상징물 또는 기타 기능. 브랜드에 대한 법적 용어는 상표이다. 브랜드는 한 품목, 한 품목의 군 또는 그 판매자의 모든 품목을 식별한다. 브랜드가 회사 전체에 대해 사용되는 경우에는 상호라고 한다.

- American Marketing Association

브랜드란 한 판매자 또는 판매자 그룹의 재화 및 서비스를 식별하고 경쟁 업체의 재화 및 서비스와 차별화하기 위한 이름, 용어, 기호, 상징물, 디자인 또는 이들의 조합이다.

- Philip Kotler

#마케팅 1.0에서는 커뮤니케이션 모델이 두각 되었기 때문에 성공적인 브랜드는 주로 광고와 홍보의 효과적인 역할에 달려있었다. 이전에는 브랜드 생산이 소극적인 커뮤니케이션(수요가 공급을 초과하여 자체적으로 판매되는 제품)을 강조했다면 이후에는 TV, 광고, 라디오 광고, 게시판 그리고 인쇄물과 같이 마케팅 기반 메시지를 대중에게 전달하는 미디어를 통해 적극적인 커뮤니케이션(판매량 촉진을 위한 소비자에 대한 판매자의 접근)으로 바뀌었다. 소비자는 오로지 판매자의 정보만을 근거로 구매 결정을 내렸다. 마케팅 메시지가 소비자의 필요와 관심과 일치할 경우 구매 경향은 높은 수준으로 올라갔다. 따라서 #마케팅 1.0에서 브랜드와 소비자의 관계는 단기적인 성향이 강했고 최대한 비즈니스 및 제품을 수반한 것이었다.

그림 05   판매자   고객

결론적으로 #마케팅 1.0 시대에 브랜드의 역할은 판매자가 판매 및 마케팅 전략을 뒷받침하기 위해 사용하는 도구 중 하나로, 결과적으로 더 높은 판매량과 비즈니스 성공을 이끄는 것이었다.

마케팅 2.0 | 정보 혁명 고객 중심

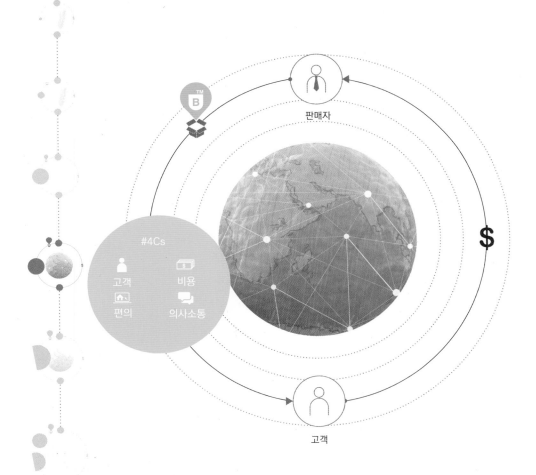

판매자

$

고객

#4Cs

고객   비용
편의   의사소통

그림 06

 소비자   제품   #4Cs #4Cs:
고객, 비용, 편의,
의사소통

 만족도

 판매자   돈   B 브랜드

#마케팅 2.0
정보와 지식의 세계가 이어지기 시작한 단계

정보의 흐름….

소비자는 훨씬 더 많은 지식과 이해를 갖게 되었지만 그들의 요구는 더 높아졌다.

1980년대에는 '인터넷'과 '정보 기술'이라는 현상에 의해 세계화의 물결을 목격할 수 있었고 그 결과 전 세계 커뮤니케이션의 벽이 무너졌다. 비록 인터넷이 상당한 기간 군에서 사용되었지만, 상업적인 사용은 이제 시작한 것이다. 2년 안에 인터넷은 빠른 속도로 사회의 모든 구조에 침투하여 비즈니스뿐만 아니라 소비자 일상의 일부가 되었다. 이러한 기술은 '정보 혁명' 또는 마케팅 문맥에서 '#마케팅 2.0'의 시대로 알려지게 되었다. 소비자는 이전처럼 거리에 구애받지 않고 정보를 훨씬 쉽고 빠르며 편리하게 얻을 수 있었다.

더 많은 정보를 소비한다는 것은 암묵적으로 소비자가 더 현명해지고 교육받았다는 것을 의미한다. 특히 소비자와 판매자 간의 지식 격차가 더 줄어들게 되었다. 갑자기 지식이 비즈니스 차별화의 임무를 수행함에 따라 판매자는 더는 소비자의 무지를 악용할 수 없게 되었다. 대신, 판매자는 제품에 대한 정확한 이해와 구매 의지를 고무시키는데 의사소통의 이점을 활용하였다. 따라서 #마케팅 2.0에서 고객은 이전보다 훨씬 더 큰 구매력을 갖게 되었다.

#마케팅 1.0시대에 소비자는 이미 시장에 나와 있는 제품만을 구매할 수 있었다. 그러나 #마케팅 2.0에 이르러 소비자는 가능한 자신의 요구에 맞는 특정 제품을 검색하고 요청할 수 있길 바랐다. 따라서 제품은 무엇보다 먼저 소비자 요구를 고려하여 개발되었다. 한편, 인터넷에서 유입되는 정보 및 뉴스에 영향 받는 소비자의 수가 증가함에 따라 사회적 트렌드가 그들의 의사 결정에 더 높은 영향을 미치게 되었다. 이것은 최신 유행 제품이 왜 전반적으로 시장에서 우세하기 쉬운지를 입증하였다. 구매력을 쥐고 있는 소비자에 의해 발생하는 이런 상황에 대응하여 마케팅 전략은 #4Ps를 강조했던 #마케팅 1.0 시대에서 고객 중심 시대, 즉 #4Cs (루터본, 1990)으로 진화했다. #4Cs는 시장 전체적으로 다음과 같이 지대한 영향을 미쳤다.

그림 07

상품>고객	소비자들은 시장에서 대중 제품을 찾기보다 새로운 사회적 수요에 잘 부응하며 차별화를 제공할 수 있는 판매자를 원했다. 예를 들어, 소비자는 단지 신발 한 켤레를 요구하지 않고 특정 스포츠 활동을 위해 특별히 제작된 신발을 원할 것이다. 소비자는 제품 가격만 비교하는 것이 아니라 구매 전체 과정에 대해 개인적으로 지불해야 하는 총 가격을 고려했다.
가격>비용	예를 들어, 제품 가격은 100달러이지만 소비자는 판매장소에 이르기까지 300달러 상당의 이동 비용을 지불해야 했다. 그래서 그 또는 그녀는 총 지불 가격이 400달러라고 이해하였다.
판매장소>편의	이것은 그들이 지불해야 하는 실제 비용이다. 소비자는 이동이 불편한 먼 거리에 위치한 전통적인 판매장소보다는 차라리 편한 곳에서 제품을 구매하고 싶을 것이다. 편의는 거리상의 문제 또는 일상적으로 지하철을 타고 통근하는 길에 제품을 구매하는 것과 같이 편한 일상생활의 행위 등을 포함한다.

홍보>의사소통 소비자는 판촉 행사뿐 아니라 제품 이미지를 표현하고 감정에 호소하는 광고와 같은 다양한 형태의 커뮤니케이션 방식에 관심 있었다. 따라서 새로운 마케팅 요소로서 감성적 커뮤니케이션은 소비자 의사 결정에 중대한 영향을 미칠 것이고 그 결과 소비자의 제품 및 브랜드와의 관계 발전으로 이어질 것이다.

마케팅 2.0에서는 소비자가 사업 방향과 마케팅 실행을 지배한다고 해도 과언이 아니다. 소비자 만족은 비즈니스 성공에 중요한 역할을 했다. 이 시대에 판매자의 시험대가 된 것은 소비자 관점에서 그들의 요구를 이해해야 한다는 것이었다. 다양한 구매 이유를 파악하여 제한된 예산 내에서 마케팅 전략을 실행하고 궁극적인 목표에 도달하기 위한 지원 정보로 활용하기 위해 판매자는 마케팅 연구를 해야 했을 뿐만 아니라 '소비자 행동 수준'을 파헤쳐야 했다.

마케팅 2.5

정보 혁명
전자 상거래

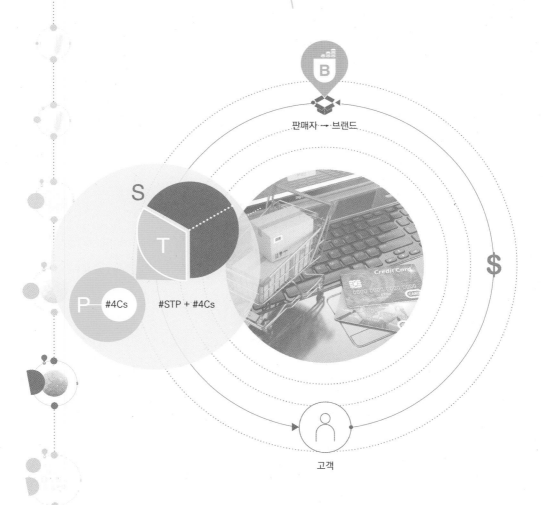

그림 08

 고객   제품   #4Cs #4Cs :   #STP #STP: 자산
                                고객, 비용, 편의,   세분화,
                                의사소통   타겟선정,
                                                    위치선정

판매자 $ 돈   브랜드

데이터 수집에서 전자 상거래에 이르기까지.

커뮤니케이션 혁명을 넘어 세계화의 원동력이었던 인터넷의 급격한 발전으로 전자 상거래(#마케팅 2.5)라는 새로운 거래 메커니즘이 도입되었다. 통신 채널 외에도 전자 상거래를 통해 소비자는 원하는 제품을 검색하고 온라인 시스템을 통해 구매할 수 있었으며 이로써 판매자 - 구매자의 물리적 접촉에 종지부를 찍게 되었다. 전자 상거래의 가장 큰 이점은 더 다양한 제품과 전 세계의 더 많은 소비자에게 접근 가능한 시장 규모의 확대였다. 전자 상거래는 소비자의 진정한 구매 기회에 힘을 실어줬다. 한편 판매자는 물리적인 상점이 더는 필요 없었기 때문에 비즈니스 비용을 대폭 절감할 수 있었으며 온라인 또는 가상 상점을 통해 24시간 동안 판매할 수 있었다.

가장 유명한 예로는 세계 최대 온라인 구매 커뮤니티인 아마존Amazon과 온라인 입찰 커뮤니티인 이베이eBay가 있다. 두 브랜드 모두 전 세계의 판매자와 구매자를 유치하여 전자 상거래 비즈니스를 시작했다. 그들의 성공으로 다른 전자 상거래 비즈니스가 지속해서 등장하였다.

인터넷과 전자 상거래의 성장이 판매자와 구매자에게 긍정적인 영향을 미쳤지만, 구매 결정을 유도하는 메커니즘과 전략은 더욱 복잡해졌다. 더 큰 시장 규모는 소비자 다양성, 즉 다양한 수요로 이어졌다. 기능적 혜택과 감성적 혜택의 결합으로 소비자는 사회적 관점, 생각, 필요 및 경험과 관련된 '제품 가치'를 알아보고 요청하였다. 경쟁이 치열해짐에 따라 이제 소비자는 의사 결정을 식별하고 분류하고 지지하기 위해 '시장 부가가치'라고 하는 차별화 요소에 대해 확실한 증거가 필요하다.

판매자는 판매 효과와 효율성 향상을 위해 타깃집단의 필요와 중요한 가치에 부합하는 제품으로 모든 자원을 정확하게 배치해야 했다. 따라서 판매자는 어느 소비자 그룹을 대상으로 삼을지 분명하게 정해야 했다. 비즈니스 목표는 대중 시장으로부터 시장조사에 의해 분류된 타깃집단의 세분화된 시장으로 초점을 옮겼다. 따라서 마케팅 전략의 채택은 #4Cs와 #STP (코틀러, 1994)가 혼합된 것이다.

그림 09

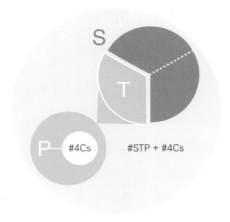

S (segmentation) 세분화   타깃선정은 인구 통계학적 특성, 심리학적 특성(기호 또는 생활 양식), 행동 특성 및 지리적 특성 등에 근거한 소비자 분류 및 범주화를 일컬으며 특정 대상을 선택함으로써 결정되었다.

T (targeting) 타깃선정   시장 규모, 잠재적 기회, 성장 가능성, 잠재적 수익성, 기존 경쟁자 및 사업 방향 등을 고려해 적합한 타깃집단을 선택하는 것.

P (positioning) 위치선정 위치선정은 #4Cs 전략 및 타겟집단에 맞추어 시장의 위치 및 제품 기능을 파악하는 것이었다. 또한 어떻게 마케팅 활동이 타겟 집단이 선호하는 방식으로 수행되는지 규명하였다.

성공 사례의 좋은 예는 소비재 분야의 거대 브랜드인 유니레버Unilever로, 이 경우에는 아이스크림 제품이었다. 유니레버는 소비자를 연령과 성별(S)로 분류했다. 이후 아이들과 여성 집단(T)을 대상으로 결정했다. 결과적으로 아이들 집단에 대해 레몬 에이지 롤리 아이스크림(P)을, 여성 집단에 대해 솔레로 베리베리 아이스크림(P)을 개발했다.

또한 유니레버 Unilever의 시장 세분화는 혜택과 구매 행위를 고려하여 소비자 행동에 주목했다(S). 건강에 예민한 소비자와 자녀를 위해 아이스크림을 선별하는 부모 집단(T)을 대상으로 선택했다. 결국 건강에 예민한 소비자의 요구에 부응하여 코르네토 미니 아이스크림(P)을 시판했고, 자녀를 위해 건강에 좋은 아이스크림을 고르는 부모 집단을 만족시키기 위해 칼슘 함유량이 높은 마이크 타임 아이스크림(P)을 출시했다.

#마케팅 2.0에서 브랜드는 전 세계적으로 동일한 제품 표준을 보장하는 상표일 뿐만 아니라 브랜드 및 제품에 대해 소비자가 인지하는 기능적이고 정서적인 혜택에 있어 소비자와 부가가치제품을 연결하는 상징적인 고리로 여겨진다. 그 결과, 소비자는 제품이 자신의 기호, 감정 및 특정 취향에 맞게 개발되었다고 결부 짓고 더욱 의미 있는 방식으로 브랜드와 관계를 맺게 된다. 그들은 신뢰할 수 있는 브랜드에 의지하며 희망하는 제품을 요구했다. 브랜드의 시장 가치가 높아짐에 따라 다수의 마케팅 담당자들은 브랜드를 비즈니스 자산으로 여기고 법적 보호를 요청했다. 이는 브랜드가 제품에 더 많은 가치를 부여하고 마침내 차별화 요소로 작용하게 하려는 시장 전략의 방향에 일조하였다.

소비자는 판매자보다 브랜드와 관계를 맺을 것이다.

그림 10

이 기간에 제품은 소비자 특성에 따라 제작되었다. 고객 관계 관리는 비즈니스 운영에 있어 필수적인 역할을 하기 시작했다. 브랜드와 소비자 간의 의사소통은 웹 사이트 또는 전자 메일과 같은 기술적 지원하에 쌍방향으로 이루어졌다. 소비자는 #브랜드에 대한 아이디어, 의견 및 생각을 표출할 수 있었으며 만족스러운 제품과 서비스 제작을 위해 개인 자료를 제공했다. 반면 #브랜드는 소비자 행동 연구를 통해 얻기 힘든 결정적인 이해를 위해 소비자와의 정보 교환이 필요했다.

그림 11

제품에 대한 피드백을 할 수 있게 되자 소비자는 그들 스스로가 특별하고 중요한 것처럼 느껴졌다. 이것은 브랜드의 의도, 즉 소비자를 특별한 인격체로 대하는 것과 일치했다. 이것은 양쪽 모두에게 이익이 되었다. 양방향 커뮤니케이션은 브랜드의 시장 가치에 직접적인 영향을 미치는 변수 중 하나였다. 그리고 의사소통 방식에 있어 또 다른 진보였으며 브랜드와 소비자 간의 관계를 향상하는 데 도움을 주었다.

그림 12

마케팅 3.0

온라인 소셜 네트워크
가치 중심

브랜드

S

T

P

#4Cs

사회적 가치

사회 경제

환경

$

고객

고객

판매자

제품

$ 돈

#4Cs 소비자,
비용, 편의
의사소통

#STP 세분화,
타깃설정,
위치설정

SV 사회,
경제,
환경 등

사회적,
가치
추가

B 브랜드

#마케팅3.0
소셜 네트워크의 영향력(온라인)

소비자는 이전보다 서로 더 가까워졌고 인간 정서에 대한 협상에서 아직도 더 우세하다.

지난 5~10년 동안 인터넷 네트워크가 지속해서 성장함에 따라 소비자들은 멀리 더 넓게 서로 연결될 수 있었다. 소비자 행동에 있어서 변화된 것은 인터넷에 더 많은 시간을 할애하는 것이었다.

일반 웹 사이트를 통해 정보 수집을 할 수 있었던 것 외에도 소비자는 친구 또는 온라인상의 지인과 개인정보 및 일상 이야기를 서로 나누기 시작했다. 이러한 소비자 행동은 온라인 '소셜 미디어' 플랫폼인 인터넷의 발전으로 이어졌으며 마침내 온라인 소셜 네트워크가 도입되었다.

그림 13

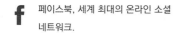 페이스북, 세계 최대의 온라인 소셜 네트워크.

트위터, 아주 짧은 블로그 형식의 온라인 소셜 네트워크로서 사용자가 140자 이하의 단문 메시지 또는 트윗을 게시할 수 있다.

유튜브, 비디오 클립의 공유 및 업로드를 지원하는 온라인 소셜 미디어.

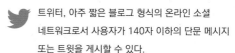 구글+, 구글이 제공하는 온라인 소셜 네트워크

초반 소셜 네트워킹의 핵심은 쉽고 편리한 의사소통 및 정보 교환을 목적으로 소비자를 상호 연결하는 것이었다. 소셜 네트워크로 개인 간 의사소통이 가능해지자 소비자는 권력을 갖게 되었다. 예를 들어, 소비자는 채팅 메신저를 통해 일대일 또는 일대다(개인방송 커뮤니케이션)의 형태로 서로 이야기할 수 있게 되었다. 이런 기능은 이전 인터넷 플랫폼과 차이가 있다. 과거 소비자는 #마케팅 2.0에서와 같이 비즈니스 및 공공 부문만 정보를 주고 받았다. 그리고 인터넷상 프로필을 만드는 것은 비용이 너무 많이 들었다. 따라서 소셜 네트워크는 의사소통의 한 형태로 그 어느 때보다도 소비자에게 힘을 실어준 또 다른 발전이었다.

소셜 네트워크에서 소비자가 게시된 정보와 이야기에 참여하는 것은 더할 나위 없이 좋은 일이다. 그들은 소셜 네트워크 메커니즘을 통해 이야기에 대한 자신의 의견과 감정을 표현할 수 있다. 예를 들어, 페이스북Facebook은 사용자의 인지와 선호를 나타내는 'like' 버튼, 동료와 관심사를 공유하기 위한 'share' 버튼, 다양한 게시물에 대한 자신의 의견을 표현하는 'comment' 버튼을 제공한다. 이러한 메커니즘은 문자 그대로 소비자가 세상을 손끝에 두고 움직이게 한다. #마케팅 2.0이 온라인 채널과 정보 습득에 관한 것이라면 #마케팅 3.0은 대인 간 의사소통 및 정보 교환으로 전환되었다. 간단히 말해, 소비자는 이제 의사소통에 있어 제한이 없다. 그래서 이 시대의 시장조사는 소비자 선호뿐만 아니라 사회적으로 영향받는 소비자 행동에도 초점을 두고 있다.

소셜 네트워크를 통한 관계 형성은 소비자의 생각과 생활 방식에 큰 영향을 미친다. 끊임없이 업데이트되는 '콘텐츠·스토리'는 분명 의사 결정에 영향을 미친다. 예를 들어, 소비자는 자신의 채팅 주제로서 다뤄지는 장안의 화젯거리에 관심을 두기 쉽다. 이는 '대화형 커뮤니케이션'으로 알려져 있으며, 더 빠르게 최신 정보를 접할 수 있는 소셜 네트워크에서 주목 받는다.

브랜드   소비자

그림 14

　그러나 대화형 커뮤니케이션은 정보가 쇄도하기 때문에 소비자의 의사 결정을 어렵고 복잡하게 만든다. 따라서 스스로 결정을 내릴 수 없을 때마다 소비자는 그들이 신뢰하고 존중하는 지인으로부터 의견을 구하는 경향이 있다. 이러한 지인은 소셜 네트워크의 '친구'를 말한다.

　소비자의 의견과 행동이 끊임없이 변화함에 따라 마케팅 전략에도 새로운 패러다임이 요구된다. 브랜드는 소비자의 기대를 충족시키는 것 외에도 정보의 홍수 속 관심사에만 귀를 여는 소비자를 인식하여 독창적인 마케팅으로 차별화된 브랜드를 창출해야만 한다.

　소셜 네트워크에서 보이는 공동체로서의 행동으로 인해 브랜드는 시장 위치를 자가 표현하는 데 초점을 둔 제품으로부터 소비자와 사회의 생활상으로 관심을 전환해야 한다. 즉, 브랜드는 사회적으로 공유되는 소비자의 생각, 염려 및 기대에 부응 할 수 있어야 한다.

　마케팅 #3.0이란 책에서 필립 코틀러, 카타하야 및 사티완(2011)이 지적한 바와 같이, 소비자가 온라인과 오프라인에서 공동체로 모여 참여할 때 그들의 사회적 염려와 관심사는 '인간 정서'수준의 토대가 서로 일치하여 더욱 주목 받았다. 이러한 생각은 브랜드 커뮤니케이션의 내용에서 구체적으로 명시된다. 결과적으로 브랜드는 비즈니스 혜택(제품 및 서비스 판매) 이상의 책임을 져야 하고 사회적 염려 및 관심사에 대해 탁월하게 대응해야 한다.

소비자의 협상력이 높은 시대에서는 소비자가 서로 의사소통하고 그들 관계에 관심을 기울이기 때문에 브랜드는 통제력을 잃게 된다. 전략적 차원에서 살펴보면 브랜드에 대한 소비자 기대에 대해 #4C와 #STP 이상으로 다음과 같은 사회적 관점이 더 있다는 것을 알 수 있다.

- P - 정치
- P - 가난
- E - 경제
- E - 환경
- E - 교육

그 외 수많은 수치.

#마케팅 3.0에서 가장 성공적인 브랜드는 높은 기대치에 대한 우려를 체계적으로 표출한다. 코틀러는 '#3i'로 알려진 3가지 요소를 소개했다. '3i'는 다음과 같이, 독창적 마케팅 메커니즘에 의한 '브랜드 정체성' – 투명성과 정직을 수반하는 '브랜드 무결성', 그리고 '브랜드 이미지'로 구성된다.

소비자의 브랜드에 대한 기대치가 높기 때문에 이러한 #3i의 요소를 조합하여 좋은 브랜드 이미지를 유지하는 것은 매우 중요하다. 이것은 소비자의 권력이 앞으로 브랜드와 비즈니스 존속에 영향을 미친다는 것을 분명하게 보여준다.

#마케팅 3.0과 팀버랜드Timberland의 브랜드 전략은 #3i에 의해 해석될 수 있다. 팀버랜드의 브랜드 위치는 아웃도어 신발 및 액세서리(브랜드 위치는 브랜드 무결성 및 정체성과 일치해야 한다)로 시민의 참여를 이끌고(브랜드 정체성), 인권에 관심을 가지며(브랜드 무결성), 환경을 생각하는(브랜드 이미지) 등 다른 사회적 관점을 내포한다. 모든 요소가 #3i 전략을 구성하고 있는 팀버랜드는 #마케팅 3.0에 적합한 브랜드라고 하겠다.

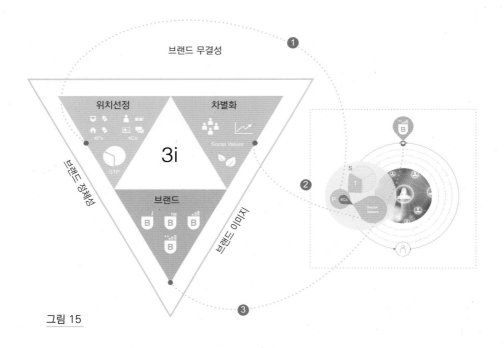

그림 15

#마케팅 3.0을 통해 이제 브랜드는 소비자의 공통적인 관심사뿐 아니라 비즈니스와 사회적 혜택(인간의 정서)을 모두 고려해야만 한다. 이를 위해 브랜드는 가치 중심 마케팅의 산하에서 관리되어야만 한다. 분명히, 이 시대의 소비자는 제품과 서비스뿐 아니라 브랜드의 사회적 가치를 기반으로 결정을 내릴 것이다.

왜냐하면 그들은 더 많은 정보에 노출되고 지인의 말과 의견에 영향을 받기 쉽기 때문이다. 브랜드가 이런 정보를 참고하지 않고 목표를 달성하는 것은 어려울 것이다. #마케팅 3.0에서 일어난 완전한 변화는 브랜드의 중요성을 더욱 부각시킬 것이다. 소비자가 제품과 브랜드의 사회적 가치를 동등하게 인정할 때 브랜드의 역할은 마케팅 전략만큼 중요하다.

지금까지 브랜드는 식별자로서의 상징물을 넘어 이제 표준 품질을 나타낸다. 그리고 판매자와 소비자 사이는 물론 소셜 미디어를 통한 온라인 사회에서 건설적인 참여와 관계를 이끄는 역할을 한다. 또한 제품, 비즈니스 및 브랜드 자체(부가 가치 브랜드)에 가치를 부여하는 방법으로 경쟁사와 차별화하기 위해 활용된다. 마케팅 및 브랜드 담당자는 브랜드를 다음과 같이 정의한다.

> "브랜드란 제품이 아니라 제품의 출처, 의미 및 방향성, 그리고 시간과 공간상의 정체성을 규정하는 것이다."
>
> 장-노엘 카페러

> "제품 또는 서비스가 제공하는 가치를 높이는(또는 낮추는) 브랜드 이름 및 상징물과 연결된 자산(또는 부채)의 집합."
>
> – 데이비드 에이커

어떻게 해야 할까? 정보화 사회 시대에 브랜드에 가치를 더하기는 쉽지 않다. 소셜 네트워크는 정보를 주고받는 전통적인 양방향 커뮤니케이션에서 상호적인 커뮤니케이션으로 진화했다. 결과적으로 브랜드와 소비자 간의 의사소통은 '대화형 커뮤니케이션'으로 발전했다.

브랜드는 이러한 진전에 의해 커뮤니케이션의 장단점을 의도적으로 고려하며 대화형 커뮤니케이션을 위한 기반을 마련했다. 브랜드와 소비자 간의 의사소통 기반은 일반적으로 대인 간 커뮤니케이션과 매우 유사하지만, 브랜드의 소임은 상대적으로 훨씬 높아서 사회와 브랜드 자체에 모두 영향을 미친다. 따라서 브랜드는 소극적 의사소통(소비자가 브랜드로 다가오기를 기다리는 것) 또는 적극적 의사소통(소비자에게 브랜드 스토리를 말해주는 것) 모두에 관심을 두고 설계되어야 하며, 결과적으로 성공적인 비즈니스 길로 이어지는 '긍정적인 느낌'을 유도해야 한다.

결론: 마케팅 시대의 도래

구매자와 판매자(즉 - #마케팅 1.0 및 #마케팅 2.0 시대의 렌즈를 통한 - 생산자)로 여겨지는 소비자 행동이 주목받는 경제 체제를 고려한다는 것은 마케팅 전략의 오랜 역사를 살펴보는 것과 같다. 비즈니스 성과를 높이려는 목적으로 '브랜드'라는 단어는 마케팅 전략 개발과 함께 항상 경제적 전망에 있어 중추적인 부분이 되었다.

브랜드가 #마케팅 1.0 시대에 제품 또는 서비스 기능을 보장하는, 상표를 뒷받침하는 식별자 역할을 했다면 #마케팅 2.0에서는 소비자 요구에 맞는 부가 가치를 창출하는 도구로써 사용되었다. 마침내 #마케팅 3.0 시대에 브랜드는 마케팅 활동의 중심축으로 비즈니스 운영에 영향력 있는 요소가 되었다. 사회적 책임과 인간의 정서를 반영하는 상징이며, 그중 상당수는 급부상하고 있다. 소셜 네트워킹을 통해 연결된 소비자 공동체는 브랜드가 그들의 요구뿐만 아니라 사회적 문제에도 대응하길 바란다. 이러한 추세는 현재 소비자의 구매 결정에 영향을 줄 뿐 아니라 더욱 심화하고 있으며, 그에 따라 세계는 #마케팅 4.0의 시대로 움직이고 있다.

용어 정리

산업 혁명(Industrial Revolution)

정보 혁명(Information Revolution)

온라인 소셜 네트워크(Online Social Network)

물물교환 시스템(Barter System)

마케팅 기법:#2Ps(Marketing Techniques: #2Ps)

전략적 마케팅:#4Ps(Strategic Marketing: #4Ps)

전자상거래(E-commerce)

고객 중심 전략적 마케팅: #4Cs(Consumer Based Strategic Marketing: #4Cs)

STP 전략적 마케팅: #STP(STP Strategic Marketing: #STP)

사회 중심 전략적 마케팅: #3i(Social Based Strategic Marketing: #3i)

시장조사(Market Research)

소비자 행동(Consumer Behaviors)

일방향 커뮤니케이션(One-way Communication)

양방향 커뮤니케이션(Two-way Communication)

대인 간 커뮤니케이션(Interpersonal Communication)

대화형 커뮤니케이션(Interactive Communication)

그림 16

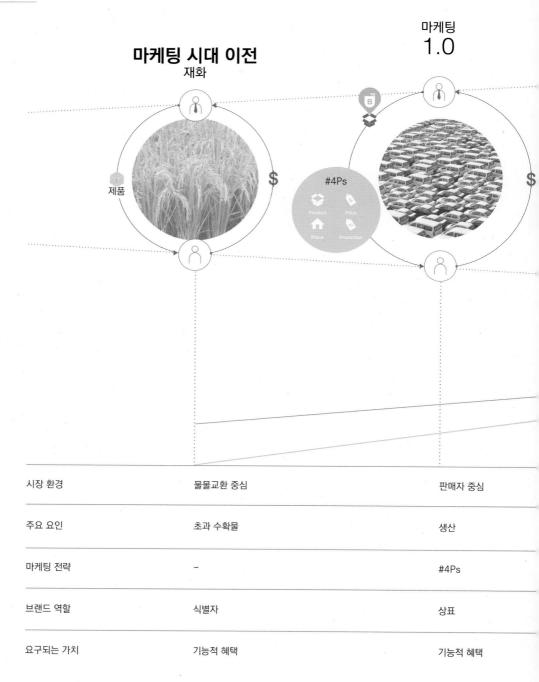

시장 환경	물물교환 중심	판매자 중심
주요 요인	초과 수확물	생산
마케팅 전략	–	#4Ps
브랜드 역할	식별자	상표
요구되는 가치	기능적 혜택	기능적 혜택

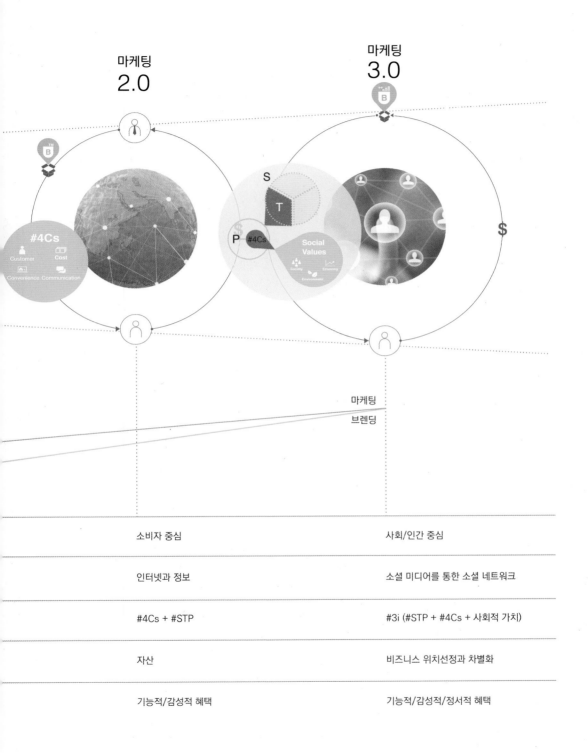

마케팅
2.0

마케팅
3.0

#4Cs
Customer   Cost
Convenience Communication

S
T
P   #4Cs
Social
Values

마케팅
브랜딩

소비자 중심	사회/인간 중심
인터넷과 정보	소셜 미디어를 통한 소셜 네트워크
#4Cs + #STP	#3i (#STP + #4Cs + 사회적 가치)
자산	비즈니스 위치선정과 차별화
기능적/감성적 혜택	기능적/감성적/정서적 혜택

2

마케팅 3.0시대에서 '디지털 사회'로

마케팅 3.0시대에서 '디지털 사회'로

새로운 세계에서 당신의 존재를 만드는 것

　오늘날, 우리의 세계는.

　마케팅 3.0시대를 지나오며 소비자 활동과 생활 스타일이 단계적으로 발전되어 왔다. 이러한 것들은 기술과 혁신으로 인해 끊임없이 미래를 향해 진보하고 있고, 우리 일상생활의 일부로써 잠재되어 있다. 이러한 진보는 기술이 소비자의 기본적인 욕구를 만족시키는 중요한 역할을 하기 때문에 가능한 것이다. 예를 들어, 자동화 기술은 우리가 자동주차를 할 수 있도록 도와준다. 로봇 기술은 우리가 집을 청소하는 것을 훨씬 쉽게 만들어 준다. 에너지 기술의 발전으로 우리는 노트북이나 휴대용 컴퓨터를 충전기 없이 10시간 이상 사용 할 수 있다. 의료, 유전 기술은 더 많은 생명을 구하고, 인간의 평균 수명을 증대시키는 데 일조하고 있다.

　이러한 기술들은(여기 언급되지 않은 많은 기술을 포함하여) 현재 우리의 사회가 어떻게 존재하는지, 그리고 전 세계 소비자들에게 정보를 제공하는 것을 목표로 하는 통신 기술이 어떻게 연결되었는지 설명 해 준다.

　사회적 존재로서, 인간은 여러 수단을 통해서 연결되어 있기를 원한다. 이러한 점을 고려해 보았을 때, 데이터와 정보 기술이 향후 가장 크게 발전을 할 것이라 예측되는 것은 전혀 놀랍지 않고, 현재도 소비자의 삶에 심대한 영향을 미치고 있다(McKinsey, 2014). 마케팅 2.0시대 이래로, 온라인 미디어를 통한 커뮤니케이션은 높은 소비자 수용률에 힘입어 가장 빠르게 성장하고 있는 기술이다. 이 기술은 소비자를 위한 네트워크 용량과 효율성 증대를 통해 더 넓은 지역에 서비스할 수 있도록 발전되고 있다. 최근 (2014~2015), 데이터와 정보 기술의 주목할 만한 발전이 이루어졌다.

2015년 5월 국제통신연합(ITU)과 유엔 인구국이 합동으로 수행한 조사결과에 따르면, 인터넷 사용이 가능한 세계 인구는 31억 7천 4백만 명 이상으로, 이는 조사 당시 세계 인구 약 73억 1천 7백 60만 명의 43.4%에 해당하는 수치이다. 이 숫자는 2005년부터 21억 5천만 명 이상 증가한 것으로, 세계 인구의 3분의 1이 인터넷에 접속할 수 있다는 것을 의미한다. 이 통계 결과는 앞으로도 이러한 성장세가 지속된다는 점을 시사한다.

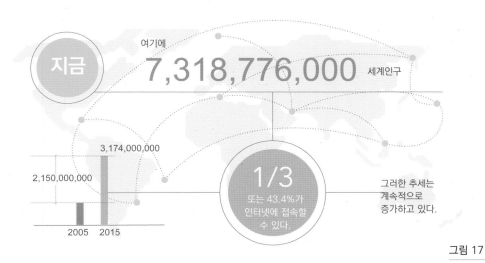

그림 17

이렇듯 증가하는 인터넷 이용자 수를 넘어서는 중요한 점은, '온라인 세상'으로 알려진 인터넷에서 소비자들이 보내는 시간이다. 소비자의 욕구 충족에 잘 부합하는 선택 및 활동들과 더불어, 소비자들은 온라인에서 매우 오랜 시간을 보내고 있고, 이는 그들의 새로운 습관으로 보인다. 한 연구에 따르면, 소비자들은 하루 최소 7.5시간을 소셜미디어 접속, 데이터 및 정보 검색, 인터넷 서핑, 게임, 음악 감상, 휴대폰 사용 등의 온라인 활동에 보내는 것으로 나타났다.

온라인에서 보내는 시간과 함께, 인터넷에 접속하는 소비자 수는 정보통신 기술의 성장과 직접 연결된 온라인 세상의 확장을 의미한다. 이러한 극적인 확장의 이유에는 각국의 투자로 인한 네트워크 인프라 발달, 인터넷 접속 지식의 이용 가능성, 그리고 정부와 공공의 경쟁에 의해 가능해진 저렴한 서비스 이용료와 장비 등이 있다. 소비자들은 온라인 세상에 점점 익숙해지고, 또한 중독되고 있다.

요인1 스튜디오 2014

그림 18

　소비자들이 인터넷에 쉽고 효과적으로 연결하도록 도와주는 요인 중 하나로, 디지털 모바일로 대표되는 데스크톱 컴퓨터와 스마트 폰 등 디지털 기기의 진화를 들 수 있다. 이 두 기기 모두 인터넷 시스템과 온라인 세상으로 접속하는 관문 역할을 한다.

소비자 → 온라인 세상

그림 19

다가오는 미래는 어떨까?

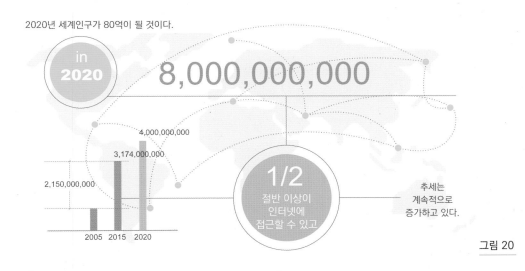

2020년 세계인구가 80억이 될 것이다.

in 2020

8,000,000,000

4,000,000,000

3,174,000,000

2,150,000,000

1/2
절반 이상이
인터넷에
접근할 수 있고

추세는
계속적으로
증가하고 있다.

2005 2015 2020

그림 20

소비자들이 더 많이 연결되고, 더 오래 온라인에 머물고, 그리고 디지털 기기들이 더욱 발전하면, 무슨 일이 일어날 것인가? 이것이 경제, 사회, 그리고 소비자 행동에 어떤 다양한 방식으로 변화를 불러올 것인가? ITU에 의해 수집된 데이터에 따르면, 2020년, 세계 인터넷 사용 인구는 2014년을 기점으로 15억 명 이상 증가 될 것으로 예측된다. 이것은 결과적으로 세계 인터넷 이용자 수가 40억 명에 도달한다는 것이다. 이 수치는 2020년에 이르러 인터넷 사용자 수가 세계 인구의 절반을 훌쩍 넘어서리라는 것을 명확하게 밝혀주고 있다.

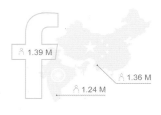

소셜 네트워크는 어떻게 보면 당연하게, 하나의 신흥 국가로 볼 수 있다. 2015년 1월, 세계에서 가장 큰 규모를 자랑하는 소셜 미디어 페이스북에 등록된 계정 수가 13억 9천만 명까지 증가했다. 만약 이를 국가로 본다면, 페이스북은 인구로 따지면 중국(13억 6천만)과 인도(13억 4천만)를 제치고 가장 높은 순위에 자리하게 된다. 또한, 2020년 말에는 페이스북 사용자가 20억 명에 이를 것이라 예측된다. 페이스북 인구는 온라인 세상에서 지구상에 존재하는 다른 국가들과 유사하게, 같은 규칙, 이해를 바탕으로 그들의 삶을 영위할 것이다.

그림 21

User Intelligence의 보고서는 소비자들이 하루 7시간 정도를 온라인 활동을 하면서 보낸다고 밝혔다. 컴퓨터와 휴대폰, 이 두 가지 플랫폼이 주로 이용된다. 또 다른 연구 역시 소비자들은 다른 일상적인 활동을 하면서 온라인 활동도 함께 하는, 즉, 멀티태스킹을 한다고 지적했다. 소비자들은 먹는 동안(약 1.5시간), 공부 또는 일하는 동안(6.5시간), 운동하는 동안(1시간), 그리고 심지어 자는 동안(7시간) 온라인에 접속 해 있길 선호한다. 온라인에 소비하는 시간은 앞으로도 더욱 높아질 것이다. 이러한 추세가 계속된다면, 2020년 소비자들은 하루 절반 이상, 15시간 이상을 온라인에서 보내게 될 것이다.

상기의 예측들은 온라인과 오프라인이 융합되는 새로운 세상, 새로운 영역으로 우리를 나아가게 하면서, 가능한 미래 시나리오를 분명하게 밝혀준다. 그러한 세계는 완전한 디지털 환경, 즉 '디지털 사회' 시대를 만들면서, 장치들과 기술들에 의해 하나로 연결되어 우리에게 알려진 세상의 일부가 될 것이다. 이는 의심할 여지없이 우리가 사는 방식, 경제, 사회에 영향을 줄 것이다. 또한, 이는 소비자들의 행동뿐만 아니라 비즈니스 세계에도 영향을 미칠 것이다.

디지털사회에 오신 것을 환영합니다

그림 22

우리는 단어, '디지털'을 예전부터 들어왔다. 디지털 기술은 사회 전반에 걸쳐 성장과 확산을 해 왔다. 이러한 디지털 전환은 우리의 아날로그 세상에서 그 영역을 확장하고 있고, 중요한 역할도 한다고 볼 수 있다. 소비자들은 이러한 변화를 인식하지 못할 수도 있는데, 이는 디지털 기술은 소비자들, 장치들, 그리고 모두와 상호작용하며 더 단순한 생활방식을 제공하기 때문이다. 디지털 기술의 핵심은 소비자들에게 더 편하고 안락한 삶을 제공하는 것이다. 이를 실현하기 위해 기술은 소비자들에게 그들의 생활 방식을 제어하고 디자인할 힘을 건네준다. 즉, 디지털 사회는 커뮤니케이션을 넘어서는 어떤 무언가라 할 수 있다. 그것은 소비자들이 디지털 기술에 의해 더 나은 삶으로 인도된다는 믿음을 가짐으로써, 일상생활의 일부가 되었다. 오늘날 소비자들이 아래의 일들을 어떻게 처리하는지 생각해보자.

우리가 어떻게 요금을 지급 하는가?

우리가 어떻게 정답을 찾는가?

우리가 어떻게 올바른 방향을 찾는가?

어떻게 상호 간 커뮤니케이션이 진행되는가?

이런 질문들에 대한 5년 전의 대답은 현재와 매우 달랐을 것이다. 그리고 앞으로 더욱 달라질 것이다. 오늘날 디지털 사회는 정부(디지털 사회가 정책과 국가 경쟁력에 영향을 미침), 비즈니스 분야(디지털 사회가 소비자 행동과 구매 결정에 영향을 미침), 그리고 학자들(디지털 사회가 지식, 교육 시스템에 영향을 미침)을 포함한 더 많은 구성원으로 이루어져 있다. 소비자들 역시 디지털 사회 문제에 더 많은 관심을 기울이고 있다. 비록 지금은 해석의 차이에 따라 디지털 사회에 대한 다양한 정의가 있지만, 이 책에서는 다음과 같이 디지털 사회를 정의한다.

디지털 사회는 온라인 세계(인터넷으로 연결된)와 오프라인/물리적 세계(인터넷이 연결성이 없는)가 완벽하게 혼합된 세상이다. 소비자들은 커뮤니케이션뿐만 아니라 언제든, 어디서든 사적, 네트워크적 생활방식과 연결된 활동들에 의해 삶을 영위한다. 삶을 디자인하는 힘이 완전히 소비자의 통제 속에 있는 것이다.

디지털경제

그림 23

맥킨지 글로벌 연구소McKinsey Research Global Institute는 '디지털 경제'로 언급되는 디지털 사회의 경제에 미치는 영향에 대해 추산했는데, 이에 따르면 2025년, 디지털 기술은 10조 8천억 달러의 가치를 가지는 고부가가치 산업이 될 것이라고 한다. 이는 개발도상국의 경제에 활력을 주는 신흥경제와, 튼튼한 경제 기반과 높은 국제 경쟁력을 가진 선진국에 관련된 기존 경제 모두에 영향을 미친다. 디지털 경제는 40억 이상의 삶들과 2천 5백 70만 개 이상의 연결 장치를 수반한다. 이 수치는, 놀랄 것도 없이, 지금도 꾸준히 상승하고 있다.

"상기의 정의와 연구 자료에 의하면, 현재의 사회적 환경은 디지털 사회로의 완성을 위한 온라인 소셜 네트워크(#마케팅 3.0)시대에 의해 발전되었다. 디지털 사회는 단순히 소비자들이 온라인에서 소통하는 공간을 의미하지 않는다. 그것은 소위 디지털 생활양식/추구를 만드는, 삶에 있어 필수적인 일부분이다." 이러한 점에서 디지털 사회는 세계적으로 디지털화된 사회 혁명의 완벽한 버전이라 할 수 있다. 이는 모든 사회 구성요소들이 디지털 사회로 이동이 준비되기 전까지 배양되어 왔음을 암시한다. 디지털 사회에 대해 좀 더 자세하게 이해하기 위해, 우리는 우리의 세계를 온라인 소셜 미디어 시대로부터 완전한 디지털 사회의 세계로 안내할 디지털 사회 건축의 3가지 기초 기둥들을 검토하였다. 이 세 가지의 기둥은:

1. 디지털 모바일 기기Digital Mobile Devices

디지털 기기부터 디지털 '모바일' 기기까지, 소비자들은 언제 어디서나 온라인에 접속해 머물면서, 그들이 원하는 모든 것을 할 수 있다.

2. 디지털 활동Digital Activities

소셜미디어를 매개로 한 소통부터 소비자들을 함께 연결 해 주는 활동까지, 현시대의 소비자들은 단순히 연결된 상태의 유지를 추구하는 것이 아니라 참여하고 있다.

3. 디지털 원주민Digital Natives

세계 주민부터 디지털 원주민까지, 그들의 행동은 전 세계적으로 공통의 특성을 공유하고 서로 순응한다. 이것은 그들이 스스로 누구인지를 믿는 방식을 진정으로 변화시킨다.

그림 24

디지털 사회 건축

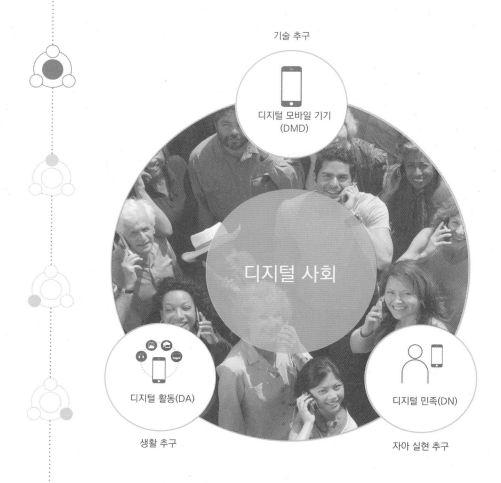

기술 추구

디지털 모바일 기기
(DMD)

디지털 사회

디지털 활동(DA)

디지털 민족(DN)

생활 추구

자아 실현 추구

그림 25

1

디지털 모바일 기기(DMD)
세상은 다시 개인적(유동적)이다.

10년 이상, 기술은 경제와 사회 추진동력의 중심이 되어왔다. 이는 마케팅 2.0, 즉 소비자들이 디지털 기기를 이용하여 인터넷에 접속했던 정보와 데이터 통신 시대 이래로 매우 중요한 점이다. 그 시기 동안에는 데이터와 정보에 접속하는 능력은 매우 제한적이었다. 마케팅 3.0시대가 도래하는 동안, 디지털 기기 기술은 매우 발전하였다. 기기들은 소비자들의 인터넷 유용성, 즉 데이터와 정보를 자유롭게, 개인적으로 접속하고 교환하는 능력을 극대화하는 데 크게 도움을 준다. 가장 눈에 띄는 것은 이동 중에 그러한 기기를 작동시키는 능력이다. 소비자들에게 언제 어디서나 인터넷을 이용 할 수 있도록 해 주는 이러한 진화는 다음의 2가지 기본적인 요인들에 기초한다.

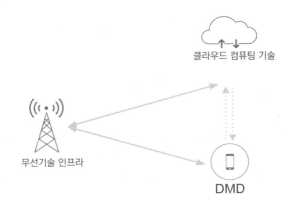

그림 26

첫째, 무선 기술 인프라 성장과 확장은, 특히 무선 기술이 운용되기 어려운 지역에서의 인터넷망 접속 제한 문제를 해결한다. 이를 제외하고, 무선 기술은 더욱 빠른 속도와 큰 용량의 데이터 전송에 집중, 그 효율성 측면에서 많은 개선이 이루어졌다. 최초의 무선 기술은 음성 통신(매우 작은 데이터 크기)과 단문 메시지 전송만 지원했다. 현재 무선 네트워크는 초고속 3G~5G 네트워크를 바탕으로 고품질의 이미지와 동영상들로 대표되는 다양한 데이터 통신을 매우 빠른 전송 기술을 통해 제공하고 있다. 이 기술은 소비자들이 어디에서나 데이터에 접속 할 수 있도록 도와준다.

두 번째는 전 세계적으로 클라우드 컴퓨팅으로 알려진 데이터 저장과 처리기술의 발전이다. 과거에는 소비자의 데이터가 개별적으로 저장되었다. 예를 들어, 업무 데이터는 사무실 데스크톱 컴퓨터에 저장하고, 개인정보는 주로 집에 저장했다. 이 때문에 다른 장치와 장소에서 그러한 데이터에 접속하는 것이 거의 불가능했다. 장치끼리의 데이터 이동 방식은 속도와 이동성을 요구하는 소비자들의 생활방식에 부합하지 않아 보였다. 클라우드 컴퓨팅 기술은 개인의 데이터 보관과 처리를 클라우드 한 곳에서 가능하도록 해결책을 제시했다.

이 기술은 소비자들이 그들의 개인 데이터를 어떤 기기나 장소에서라도 자유롭게 접속 할 수 있도록 해 주었다. 클라우드 컴퓨팅은 편리함을 주었을 뿐만 아니라 데이터를 그 어떤 기기로도 접속 할 수 있는 중앙부에 저장함으로써, 데이터 처리 시간 역시 줄여주었다. 데이터 저장 공간은 소비자의 일상적이고, 대용량의 개인적인 데이터를 저장하기에도 적합하다.

이러한 두 가지 근본적인 요인의 비약적인 발전은 소비자가 많은 시간을 온라인에서 보낸다는 사실에 부응한다(즉, 그들은 데이터의 크기와 관계없이 보관에 대해 걱정할 필요가 없고, 어디서든지 데이터에 접근할 수 있다).

전에 없던 인프라와 기반 기술이 준비됨에 따라서, 디지털 사회로 가는 문은 활짝 열렸다. 소비자에게 가장 중요한 마지막 퍼즐은 디지털 기기이다. 디지털 기기는 소비자의 온라인 활동을 장소와 시간에 구애받지 않도록 지원해야 하고, 그들이 하고자 하는 어떤 행위와 욕구를 충족시켜주어야 한다. 컴퓨터와 모바일폰은 이러한 이유로 크게 발전했는데, 이들 기기의 개발은 '이동성과 휴대성' 조건을 만족시키고, 소비자들이 마치 한 몸처럼 어디로든 편리하게 가지고 다닐 수 있도록 하는 것에 그 목적이 있다. 한편, 이러한 장치들의 기능과 잠재력은 기존의 디지털 장치들의 그것에 뒤떨어져서는 안 된다. 이에 대한 해답은 디지털 모바일 기기로써 가장 잘 설명되는 경이적인 혁신일 것이다.

디지털 모바일 기기는, 컴퓨터에 비견될 수 있는 디지털 시스템 장치임에 더해, 인간 중심적이고, 더 작으며, 이동성 역시 더욱 좋다. 그들의 기능은 인터넷에 연결하고, 그 어떠한 형태의 개인용도에도 부합하는 것이다.

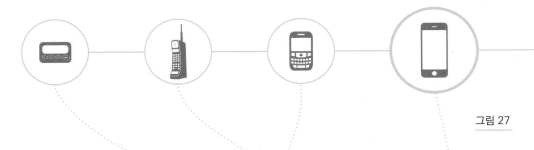

그림 27

디지털 모바일 기기의 역사는 짧은 메시지를 전달하는 최초의 커뮤니케이션 장치인 무선호출기와 함께 시작되었다. 그것은 곧이어 음성 통신 기능을 주목적으로 하는 피처 폰으로 진화하였다. 이러한 유형의 디지털 모바일 기기는 서비스가 더는 소비자의 욕구를 충족시킬 수 없을 때까지 시장에 존재했다. 피처폰은 이후 단순히 음성 통신만을 전달하는 기기에서 다양한 기능을 함께 가진 멀티미디어 폰으로 바뀌었다. 멀티미디어 폰은 다른 기기들의 기능을 하나의 기기로 통합했는데, 특히, 음악과 게임 등 엔터테인먼트 기능이 추가되었고, 이는 소비자가 주머니에 여러 가지 기기들을 한꺼번에 넣을 필요가 없도록 만들어 주었다. 이러한 통합, 이동 편이성의 발전은 여기에서 그치지 않고 더욱 진화하였는데, 이는 결국 오늘날 우리가 '스마트폰'이라 부르는 기기의 탄생을 불러왔다.

넓게 정의하면, 스마트폰은 가장 새롭고 진보된 형태의 디지털 모바일 기기이다. 무엇보다도, 스마트폰은 인터넷에 연결할 수 있어 소비자들이 다양한 일들을 온라인에서 할 수 있게 만들어 주었다. 멀티미디어 폰의 상위 버전으로써, 스마트폰은 광범위하게 서비스가 가능하여 소비자들이 진정으로 모바일 라이프를 영위할 수 있게 해 주었고, 이는 곧 스마트폰 사용자 수를 기하급수적으로 늘려왔다. 2015년 GSMA의 데이터에 따르면, 71억 명의 모바일 폰 이용자 중 27억 명이 온라인에 접속해 있고 (38%), 이 수치는 현재도 증가하고 있다. 흥미롭게도, 2015년, 스마트폰을 통한 인터넷 접속은 39% 증가했지만, 데스크톱을 이용한 인터넷 접속은 13%나 감소하였다.

그러한 이유로 스마트폰은 소비자들의 온라인과 오프라인 생활방식을 윤택하게 해주는 완전한 디지털 모바일 기기의 전형이 되었다. 스마트폰은 디지털 사회의 진보를 이끌면서 다른 디지털 기기들을 압도하고 있다.

7.1억
휴대폰 이용자로부터

2.7억
접속

39% 성장
모바일 폰을 통한 인터넷 접속

13% 하락
데스크톱을 통한 인터넷 접속

그림 28

오늘날 음성 통신은 디지털 모바일 기기가 담당하는 여러 가지 기능 중 하나에 불과하다. 디지털 모바일 기기의 능력은 디지털 사회와 관련된 모든 사용 형태를 포함한다. 가까운 미래에 디지털 모바일 기기는 소비자 개인의 특정한 활동을 수행하기 위한 기기에서, 디지털 사회의 메커니즘(이는 또 다른 디지털 네트워크 활동 양식도 끌어내는데, 이는 나중에 검토될 것이다)을 통해 자신과 동료에게 어떤 일정한 영향력을 행사할 수 있는 주요한 요소로 또 한 번 변화 할 것이다.

디지털 모바일 기기가 여러 종류의 디지털 장비를 휴대하는 것을 무의미하게 만드는 것은 확실해 보인다. 하나의 장치에 불과하지만 가장 효과적이다. 이것은 기술융합 아이디어와 일치하고(Dipak, 2014), 하나의 도구로서의 디지털 기기에서, 인간의 잠재력을 발현시켜주는 플랫폼으로써의 전환을 불러오는 기기로써 간주 되고 있다.

스마트폰이 모든 디지털 모바일 기기 중 가장 탁월하지만, 아직까지 발전에 있어 한계는 없다. 오랜 기간, 디지털 모바일 기기는 매우 다양한 생활 방식을 충족시켜주면서 많은 형태로 발전되어 왔다. 이렇게 새롭게 개발된 기기들은 여전히 디지털 모바일 기기의 강점들, 즉, 사용과 휴대 편리성을 계승 받고 있고, 마치 우리 신체의 일부분처럼 여겨지고 있다. 이러한 기기들은 이제 디지털 사회에서 살아가기 위한 필수적인 부분이 되고 있다. 대중적인 디지털 모바일 기기 중 하나인 태블릿(스마트폰보다 더 넓고 가독성이 좋은)을 예로 들어보자.

2015년 통계에 따르면, 세계 태블릿 판매량은 이미 데스크톱과 개인 컴퓨터를 넘어섰다. 스마트폰 성장과 함께, 태블릿은 디지털 사회에서의 디지털 모바일 기기의 중요성을 명확하게 보여주고 있다. 이뿐만 아니라 또 다른 형태의 디지털 모바일 기기들이 있는데, 대표적으로 웨어러블wearable 기기들을 들 수 있다.

스마트 워치 : 시계의 일반적인 기능인 시간을 알려주는 것을 넘어, 스마트 워치는 개인적인 특성의 측정 및 운동과 건강증진에도 이용될 수 있다. 스마트 워치는 또한 다른 디지털 모바일 기기들을 연결하는 허브로서 기능하며 소비자가 편리하게 이러한 기기들을 사용 할 수 있도록 도와준다. 예를 들어, 스마트폰에 기록된 개인 스케줄과 예약을 스마트 워치에서 볼 수 있는데, 이는 사용자가 좀 더 실용적인 일상생활을 영위할 수 있도록 도와준다. 스마트 워치는 최근 디지털 시장에서 매우 인기 있는 아이템으로 스마트폰과 마찬가지로 인기반열에 올랐다.

스마트 글래스 : 스마트 글래스는 한때 시력 보조의 도구로만 사용하다가 여러 가지 다양한 기능들을(특히 시각적인 면에서) 가진 디지털 모바일 기기로 진화하였다. 눈으로 제어하여 캡처하는 이미지와 비디오, 위치 인식과 방향 탐지 기능을 비롯하여 디지털 TV를 켜고 끄는 명령처럼 다른 디지털 모바일 기기와 연결기능도 가지고 있다. 가장 대표적인 제품은 구글에서 개발한 구글 글래스를 들 수 있다. 비록 출시가 성공적이지는 않았지만, 미래 기술의 한 축으로써 스마트 글래스가 발전하는 매우 중요한 시작점이라 볼 수 있다.

스마트 밴드 : 이 디지털 모바일 기기는 스마트 워치와 유사한 점이 많다. 다만, 유일하게 중요한 차이점은 스마트 워치보다 좀 더 세부적인 기능을 가졌다는 점이다. 스마트 밴드가 이동 편이성이 더 높고, 세세한 기능이 많으며, 배터리 수명도 더 길다. 이러한 특징들로 인해 주로 스포츠 활동, 특히, 연소율이나 운동 속도 등의 신체적성 측정에 널리 쓰이고 있다. 스마트 밴드는 또한 걷는 속도, 칼로리 소비량, 수면 특성 등 우리의 일상생활에 관련된 정보들을 분석, 제공해 준다. 즉, 스마트 밴드는 우리 자신을 평가하는 데 도움을 준다고 볼 수 있다.

그림 29

현재 우리가 가진 지식을 토대로 보았을 때, 디지털 모바일 기기들과 함께 하는 우리의 미래는 어떤 모습일까? 이러한 기기들의 발전과 성장은 분명하고, 또 예측할 수 있다. 하지만 이러한 기기들이 소비자의 삶에 미치는 영향은 여전히 관찰 대상이다. 다만, 이러한 영향력은 지금보다 몇 배는 더 증가할 것으로 예상한다.

2014년 5월 2일, 세계 최대의 인터넷 장비 제공업체인 Cisco System에서 발표한 디지털 모바일 기기와 인터넷 네트워크에 대한 연구결과에서, 디지털 모바일 기기들은 가까운 미래에 인간의 생활 방식에 강력한 변화를 가져올 것으로 예측했다. 그 연구결과에서 나타난 흥미로운 수치들을 정리해 보면 다음과 같다.

in **1**달

전 세계적으로 디지털모바일장치를 통해 전송된 데이터

15 exabytes

17,000 images (1 x 10⁶ bytes/image)

in **2016**

인터넷속도가 2Mbps보다 빠르게 될 것이다. 모든 이용자들은 영화를 실시간 스트리밍 할 수 있다.

실시간 스트리밍 **2** Mbps.

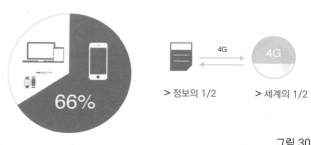

in **2018**

휴대폰은 모든 모바일장치의 66%가 될 것이다.

정보의 절반 이상이 세계 절반 이상을 커버하는 4G를 통해 전달할 것이다.

66%

4G

> 정보의 1/2   > 세계의 1/2

그림 30

디지털 모바일 기기의 생태계(인프라, 기기의 효율성, 소비자의 적응 등)가 준비될 때, 의심의 여지없이, 스마트폰을 위시한 디지털 모바일 기기들은 전체 디지털 사회를 묶는 중심 가교역할을 할 것이다. 이러한 직접적인 혜택 외에도, 디지털 모바일 기기의 효과는 다방면으로 퍼지고 있다. 디지털 모바일 기기 산업이 전반적으로 성장함으로써, 긍정적인 경제적 효과가 나타난다. 이에 더하여 비즈니스 영향도 있는데, 이는 효율성 제고를 위한 공급처와 경영관리 전반에 디지털 모바일 기기가 총체적으로 사용되고 있기 때문이다. 마지막으로 또 중요한 점은, 디지털 모바일 기기는 산적한 사회 문제들을 해결하는 창구로써 더 나은 사회적 효과를 만들 수 있다는 점이다.

그림 31

디지털 모바일 기기: 경제적 영향

디지털 사회가 세계 경제에 직접적인 영향을 미친다는 것은 일반적으로 받아들여 지는 견해이다. 세계적인 경영 컨설팅 회사 맥킨지&컴퍼니McKinsey&Company의 맥킨지 글로벌 연구소는 2025년 세계 경제에 영향을 미칠 기술 동향에 대한 연구를 발표했다. 이 보고서는 디지털 모바일 기기(인터넷 연결이 가능한 스마트폰)는 다양하고 유망한 기술 중 가장 큰 경제적인 영향력을 만들어 내고, 그만큼 가치 있는 기술이 될 것을 확인시켜주고 있다. 디지털 모바일 기기의 고효율 저비용(높은 가격 적정성)특성은 소비자가 이러한 기기를 소유하는 것을 쉽게 만들어준다. 이러한 특성은 역시 경제적으로 큰 영향을 가진 다른 성장하는 기술들에 의해 지원되는데, 대표적으로 클라우드 기술과 모바일 기기 운용에 필수적인 에너지 저장 기술을 들 수 있다.

경제적 성장 가능성이 큰 혁신 기술들의 성패를 가를 속도, 범위, 그리고 경제적 영향

	기술 개선과 보급률의 실례가 되는 비율	영향을 받을 수 있는 실례가 되는 집단, 제품, 자원	영향을 받을 수 있는 경제적 가치의 물자 (인력 등)
모바일 인터넷	**5백만 달러 대 400달러** 1975년 가장 빠른 슈퍼컴퓨터의 가격 : 아이폰 4의 가격, 성능은 같다 (MFLOPS)	**43억** 잠재적으로 모바일인터넷을 통해 인터넷에 연결하는 사람들	**17조** 인터넷과 관련된 GDP
	6배 2007년 아이폰 출시 이래로 스마트폰과 태블릿 판매 성장	**10억** 거의 세계 노동력 40%, 거래와 상호작용하는 노동자들	**250억** 세계고용비용의 70%, 상호작용과 거래 노동자 고용비용
클라우드 기술	**18개월** 달러 당 서버 성과를 두 배로 하는데 걸리는 시간	**20억 Gmail,** 야후, hotmail과 같은 클라우드 기반의 email서비스 전 세계 이용자	**17조** 인터넷과 관련된 GDP
	3배 매달 서버를 소유하는 비용 vs 클라우드 임대	**80%** 클라우드에서 중요한 앱을 호스팅하거나 호스트할 계획이 있는 북미기관들	**3조** IT를 소비하는 기업
에너지 저장	**40%** 2009년 이후 전기자동차 리튬 배터리 팩 가격 하락	**10억** 전 세계 자동차와 트럭	**2조5천억 달러** 가솔린과 디젤의 세계적 소비를 통한 수입
		12억 전기 접속 없는 사람들	**1000억 달러** 접속 없는 현재 세대별 전기 평가가격

Mckinsey&Company

그림 32

GSMA이 수행한 연구에서 제시된 것처럼, 2020년 디지털 모바일 기기(태블릿과 스마트폰을 위시한)의 수는 108억 대까지 상승할 것이다(한 명당 하나 이상의 기기를 소유함을 암시). 이는 디지털 모바일 기기 전체 시장 규모가 2013년 약 10억 달러에서 28,970억 달러까지 상승하게 된다는 의미이다. 이러한 거대한 양적 팽창은 네트워크 인프라, 부품, 모바일 앱, 광고, 장치, 운용사들로 구성되는 전체 디지털 모바일 기기의 생태계와 공급망의 발전도가 반영된 결과이다.

그림 33

상기한 데이터에 따르면, 디지털 모바일 기기의 지속적인 산업은 좀 더 의미 있는 방식으로 고용창출을 일으키는 경향이 있다. 디지털 모바일 기기 시장의 성장으로, 2020년에 이르러 1,540만 개 이상의 일자리가 더 만들어질 것이다. 이는 2013년보다 500만 개 이상의 일자리가 만들어진다는 의미이다. 이 수치는 디지털 모바일 기기가 최종적으로 소비자에게 전달 될 때까지 진행되는 경제 시스템의 효과에 의해 가능한데, 이러한 과정은 주로 더 큰 경제 영향 및 고용창출 효과를 가진다.

디지털 모바일 기기: 비즈니스 영향

경제에 대한 직접적인 영향과는 별개로, 디지털 모바일 기기는 비즈니스 분야의 상승 여력과 운영 효과 측면을 지원하기 위해 효율적으로 사용된다. 이러한 활용은 개별적으로 위치한 부서 (제작 및 마케팅 등의) 지사, 사무실 간 협력, 실시간 데이터 및 정보 추적(물류 모니터링과 제품 추적), 그리고 국제 경영의 효율성 강화 등의 활동을 수반한다. 게다가, 디지털 모바일 기기는 연구개발, 조달, 물류, 유통, 소매, 금융과 회계, 종합관리, 마케팅, 고객 관련 관리(CRM)를 포함한 다양한 방식으로 전체 공급망에 가치를 창출하는 주요한 도구 역할을 할 것이다.

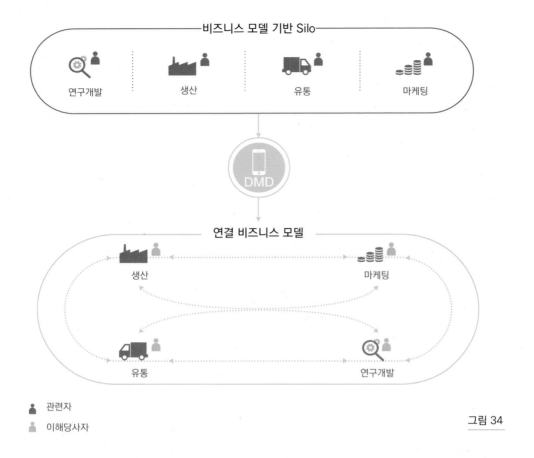

비즈니스 모델 기반 Silo

연구개발 생산 유통 마케팅

DMD

연결 비즈니스 모델

생산 마케팅

유통 연구개발

👤 관련자

👤 이해당사자

그림 34

　예를 들어, 디지털 모바일 기기로 인해 추진된 혁신적인 비즈니스 경영사례를 들 수 있다. 디지털 모바일 기기는 기업이 가장 발전된 연구개발 수준에 도달 할 수 있도록 모든 정보를 연결 해 준다. 보관과 운송이 수반되는 물류에서도 디지털 모바일 기기는 추적 시스템, 위치 측정 및 효과적인 배달 시간 측정에 큰 도움이 된다. 또한, 잘 알려져 있듯이, 디지털 모바일 기기는 소비자들이 그들이 원할 때마다 물품을 구입 할 수 있도록 하고, 기업은 세계 어디로든 그러한 소비자들에게 자신들의 서비스 및 물품을 제공 할 수 있다. 다른 부서에서 일하고 있는 근로자들은 다양한 활동에 함께 참여하며 더 깊은 관계를 맺게 될 것이고, 또한, 그들의 지식을 교환할 것이다. 게다가, 관리팀은 디지털 모바일 기기를 활용하여 데이터 중앙화를 구현, 전체 공급망에 대한 관리와 더 나은 모니터링을 할 수 있을 것이다. 마지막으로 또 중요한 점은, 디지털 모바일 기기는 적절한 조정을 통해 비즈니스 영역에 더 많은 혜택을 줄 수 있다.

디지털 모바일 기기: 사회적 영향

디지털 모바일 기기는 과거의 기술로는 해결하기가 불가능했거나 비효율적이었던 문제들을 처리하는데 이바지할 뿐만 아니라, 더욱 나은 삶과 사회적 복지를 제공하는 데도 매우 중요한 역할을 한다. 디지털 모바일 기기는 매우 개인적인 장치이기 때문에, 기업과 정부가 어떤 과정이나 정책을 개별 소비자에게 직접 전달하는 디지털 통로로써 자리 잡고 있다. 여기에서 다루어지는 사회적 이슈들에는 교육, 공중보건, 정부 서비스, 그리고 안전 문제 등이 있다.

교육 측면

디지털 모바일 기기를 통하여 소비자들은 언제 어디서나 지식과 정보에 접근할 수 있기 때문에, 학교에 직접 출석하지 않고도 그들이 있는 어느 곳에서나 공부 할 수 있다. 이러한 메커니즘은 오지에 사는 소비자들에게 생활과 삶에 필요한 지식에 접근할 엄청난 기회를 제공한다. 즉, 과거, 학습함에 있어서 큰 제약사항이었던 거리, 비용, 시간문제의 종식을 의미한다. 세계적인 교육기관들 역시 학습 및 배움의 과정이 반드시 실제 교실에서 이루어질 필요가 없다는 것을 깨닫기 시작했다.

디지털 모바일 기기의 앱은 지식이 소위 '비디오 콜'이라는 기능을 통해 교환되는 온라인 학습 교실을 만드는데 사용된다. 이것은 지식 검색(현재 모든 사람이 이용 할 수 있는)부터, 자체 학습의 영감을 경험하는 것까지 아우르는 이른바 '거꾸로 학습(플립러닝, Flipped Learning)'을 가능하게 만들어주고 있다.

iTune U는 양질의 교육에 접근하는 격차를 좁히기 위해 디지털 모바일 기기가 활용되는 좋은 예이다. 그것은 소비자들이 디지털 모바일 기기를 이용하여 세계적으로 유명한 대학의 지식 및 50만 개 이상의 과제물에 책, 음성 비디오 등의 어떠한 포맷으로도 접근할 수 있게 해 주는 채널로서의 역할을 한다.

엔자(Enza) 역시 iTune U처럼 지역 교육에의 접근성을 높이는 좋은 플랫폼이다. 엔자는 현재 케냐 전역의 400개 이상 학교, 10만 명 이상의 학생이 사용하고 있다. 학생들은 모두 디지털 모바일 기기를 통해 지식의 원천으로 접근한다. 위의 두 가지 사례는 교육에 대한 불평등을 줄이고, 질 높은 교육을 받을 기회를 효과적으로 증가시키고 있다.

공중보건 측면

교육에서의 사례처럼, 디지털 모바일 기기는 공중보건의 지형을 바꾸고 있다. 소비자들은 자신과 그들이 사랑하는 사람들을 위해, 먹는 것(식사마다 칼로리를 계산할 수 있다), 운동(효과를 명확하게 측정한다), 심지어 생활방식(얼마나 많은 걸음걸이가 좋은 것인지, 얼마나 계속해서 먹어야 하는지를 배운다)을 포함한, 여러 가지 건강 관련 지식을 얻기 위해 디지털 모바일 기기를 사용한다.

자가 진단을 위한 사용 외에도, 디지털 모바일 기기는 전문가로부터 예비 증세 진단을 직접 대면 없이 원격으로 진행 할 수 있도록 도와준다. 이를 통해 사용자는 시간과 치료비용을 크게 줄일 수 있다. 또한, 모든 영역에서 공중보건을 동일한 수준으로 향상하는 핵심적인 역할도 한다.

흥미로운 사례로 mHealth를 들 수 있다. mHealth는 공중 건강보험뿐만 아니라 치료서비스 관리를 위한 플랫폼으로 자리 잡고 있다. 공공 연구에 따르면, 2015년, mHealth는 연간 61% 이상의 성장률을 기록한 것으로 나타났다(SeamlessMD, 2015). 이 추세는 계속될 것으로 보이고, 2017년에는 미국의 디지털 모바일 기기 이용자 중 절반 이상이 보건 관련 응용 프로그램들을 다운로드 할 것으로 예상된다(연구2 지침, 2013-2017).

특히, EPG의 보고에 따르면, 보건전문가와 의사 64%가 치료절차에 사용하기 위해 mHealth 를 도입하고 있다(EPG health media, 2014). 미국 소비자의 다섯 명 중 네 명은 mHealth 솔루션에 흥미를 보였다(Float mobile learning, 2012). 이러한 사례들을 통해 공중보건에 있어 디지털 모바일 기기의 엄청난 영향력을 파악 할 수 있다.

생활 안전 측면

사회 안전과 평화의 핵심은 – 신속하고, 실시간으로, 그리고 정확하게 – 상황에 맞는 데이터로의 접근 가능성이다. 디지털 모바일 기기들은 사람들의 사회 안전과 평화 욕구를 충족시키기 위해 새로운 형태의 협력 방식을 형성했다. 소비자들이 의심스러운 사건이나 상황을 발견한 환경을 생각해 보자. 그들은 특정한 포맷, 이미지, 음성,

움직임으로 중요한 정보를 당국에 제공할 수 있다. 그 와중에 당국은 소비자로부터 상황을 업데이트한 추가적인 정보를 받거나, 카메라 네트워크에 연결할 수도 있을 것이다(사건 현장에 물리적으로 접근하는 동안).

이러한 협업은 사건의 부정적인 영향이나 손상을 최소화하는데 기여하고, 미래에 신속하고 효율적인 안전관리를 구축하는 데 도움이 된다.

범죄문제를 해결하기 위해 디지털 모바일 기기를 통한 소셜미디어를 이용하는 프로젝트, 이른바 Life 프로젝트를 통한 Paw 연구센터 조사에 따르면, 조사 대상 기관의 92% 이상이 소셜미디어를 통해 얻는 데이터와 정보가 사회적 안전을 증가시킬 것이라고 믿고 있고, 소셜미디어를 통한 이미지, 비디오, 위치조정, 급속한 데이터 확인 등의 데이터와 정보 중 세 개 이상이 범죄문제의 해결에 도움이 된 것으로 확인되었다. 또한, 모바일 기기를 통한 사고, 교통상황, 자연재난에 대한 보도들 역시 삶과 사회적 평화를 유지하는 데 기여할 것이다.

정부 서비스 측면

디지털 모바일 기기는 정부와 소비자 사이의 간극을 줄이고, 더욱 가깝게 했다. 정부는 소비자의 욕구를 더 쉽게 파악할 수 있고, 한편 소비자들은 정부 서비스에 대해 신속하고 더 편리하게 피드백을 주고, 정보를 제공하며, 접근을 할 수 있게 되었다. 정부가 디지털 모바일폰을 통해 제공하는 서비스들을 M-정부라고 부른다. 정부는 디지털 모바일 기기를 이용하여 방대하고 역동적인 데이터를 체계적이고 효과적으로 관리 할 수 있다. 이것은 가뭄, 오염, 저소득, 공중보건 같은 특별히 데이터 통합과 현장운영을 요구하는 소비자 문제들을 정부가 소비자 요구에 부응하여 신속하고 더욱 적절하게 제공할 수 있음을 의미한다. M-정부는 정책관리와 실제적인 행동 사이에서 발생하는 병목현상을 최소화하여 국민들의 지지도를 유지할 수도 있을 것이다. 결론적으로, M-정부는 정부가 소비자의 실질적인 요구를 해결할 수 있는 유일한 통로라 할 수 있다.

정부는 또한, 대 비즈니스 분야 서류조정 및 승인절차 서비스의 질을 높이기 위해 디지털 모바일 기기를 활용한다. 디지털 모바일 기기는 운영에 소요되는 시간과 복잡한 절차를 줄이는데, 이는 사후 정부 경영 효율성을 반영하는 지표가 된다. 이러한 발전은 여러 나라의 정부들이 원스톱 서비스 솔루션을 제공하고자 하는 통치 동향과 그 궤를 같이한다. 정부의 복잡한 통치 관리는 수백만 명의 사람들과 연관되기 때문에, 디지털 미디어 기기의 도입은 정부의 통치 관리 능력과 서비스를 획기적으로 향상시킬 수 있고, 이는 진정으로 소비자들의 요구에 부합하는 것이라 평가 할 수 있다.

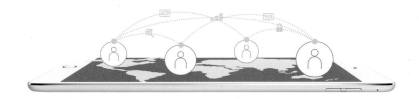

그림 35

경제, 기업, 사회적 영향에 대한 사례들은 소비자의 생활 스타일과 행동 양식을 완전히 바꿔 놓은 개인 장치 기술로서의 디지털 모바일 기기의 잠재력을 반영한다. 디지털 모바일 기기는 가까운 미래에 최대치로 향상되고 극대화될 수 있는 기술로 남아있다. 현재 진행 중인 변화는 의심할 바 없이 소비자, 정부, 기업, 사회 모든 분야에 혜택을 부여하는 방향으로 가고 있다. 그러나 위에서 언급된 강력한 영향과 더불어, 디지털 모바일 기기는 비즈니스 분야에 도전적인 질문을 던지고 있다. 즉, 디지털 모바일 기기가 성공의 주요 요소이자 힘인 디지털 사회에서 그들의 브랜드를 성장 및 성공시키기 위해 무엇을 해야 하는지 고민해야 할 때가 왔다.

위의 사례들에 관한 한, 디지털 모바일 기기는 엄청난 도약을 이루어냈다. 소비자들은 이제 다른 사람들과 활동을 설계하고 운영할 수 있다. 디지털 사회 체제에서 소비자들이 할 수 있는 것과 하고자 하는 것에 대한 이해가 디지털 사회에서 성공적인 브랜드 구축과 비즈니스 성공으로 가는 두 번째 열쇠가 될 것이다.

2

디지털 활동(DA)
더 많이 (함께) 하라, 더 많이 (디지털에) 참여하라

더욱 번영한 사회를 나타내는 것이 무엇인지에 대한 질문에 답변한다면, 아마도 가장 인기 있는 답변 중 하나는 시민/소비자의 보다 나은 삶이 될 것이다. 구체적으로, 소비자들은 그들의 욕구 중 하나가 만족되는 경우에 한해, 보다 나은 삶을 가질 수 있을 것이다. 매슬로우Maslow의 인간욕구계층 이론에 따르면, 소비자들은(인간) 생리적인 욕구, 안전욕구, 사랑과 소속 욕구, 존경 욕구, 자아실현 욕구 등 다섯 단계의 욕구를 가지고 있다. 이 모델에 따르면, 소비자 욕구는 1단계부터 5단계까지 각각 성취되어야 된다.

Maslow의 욕구 계층

그림 36

사회경제적 환경에 근거하여, 모든 시대의 경제 시스템과 마케팅 전략은 상향식 방식으로 기본적인 인간욕구를 만족시키기 위한 동일한 목적을 가지고 있다(1단계부터 5단계까지). 마케팅 1.0시대 소비자들은 물질적 욕구를 충족할 필요가 있었다. 따라서 그들은 네 가지의 기본적인 생활요소를 충족시켜주는 제품을 원했다. 그 후, 마케팅 2.0시대는 소비자들이 보다 나은 이해를 가지고, 그들의 삶 속에서 그러한 지식을 적용하여 좀 더 안전하게 느끼도록, 소비자를 교육하기 위해 지식과 정보를 제공했다(그들이 하는 것과 그들이 미래에 보고자 하는 것을 알고

있다). 마케팅 3.0시대에 접어들면서, 소비자들은 온라인 소셜미디어를 통해 서로 연결되었다. 가까워진 생활과 더불어(디지털 기기를 통해), 그들은 그들의 느낌을 전달하고 표현할 수 있고, 또 돌볼 수 있다. 이런 모든 것들에 의해 소비자들은 사랑하는 사람에 의해 사랑받고 있다는 느낌을 받을 수 있다.

최근에 무슨 일이 일어나고 있는가? 디지털 사회에서 소비자들은 단순히 가까운 사람들로부터가 아닌 사회로부터 인정과 존중을 받기 원한다. 이것은 마케팅 3.0시대부터 계속되는 현상이다. 그러나 그러한 사회적 수용은 커뮤니케이션의 결과로만 만족하지 않는다. 그것은 실생활에서의 성공을 바탕으로 수용되는 것이다(이것은 온라인 세상에서 일어나는 것만은 아니다). 디지털 사회에서 이러한 것을 성취하기 위해, 소비자들은 그들의 욕구와 일생 활동들을 온라인 소셜 미디어를 통해 상호 연결하는 것과 같은 방식으로 연결할 필요가 있다. 우리는 소비자들이 디지털 사회에서 온라인(커뮤니케이션을 넘어)을 통해 할 수 있는 것들을 디지털 활동이라고 부른다.

디지털 활동은 소비자가 디지털 모바일 기기를 통해 디지털 사회(온/오프라인)에서 할 수 있는 활동이다. 상호연결과 데이터 통신보다는 더 많이 참여하는 다양한 유형의 활동이 있다. 그러한 활동은 개인적으로, 또 사회적으로 수행될 수 있다. 일반적으로, 소비자들은 '애플리케이션'을 통해 디지털 활동을 경험한다.

디지털 모바일 기기와 마찬가지로, 디지털 활동은 우리에게 낯선 것이 아니다. 그것은 최근 몇 년간 도약해왔던 진화된 혁명일 뿐이다. 마케팅 2.0시대에, 기술은 기업과 정부 웹사이트와 같이 상당히 제한된, 개별적으로 신뢰받는 정보원에서 나온 데이터와 정보에 소비자가 접근할 수 있도록 도움을 주었다. 그런 초기의 디지털 정보활동은 구체적인 정보에만 접근하는 양상을 보였다. 이후 전자상거래가 생겨났고, 그것은 단순한 데이터 커뮤니케이션이 아닌, 실제 거래로써 최초의 디지털 활동으로 간주 되었다. 디지털 활동 중 하나에 불과한 전자상거래 그 자체가 오늘날까지 온라인세계 확장과 세계 경제 성장에 엄청난 영향력을 끼쳤다는 점에 주목할 필요가 있다.

준비된 디지털 모바일 기술과 디지털 활동의 발달이 융합되면서, 소비자들은 대부분의 삶을 디지털 활동을 하며 영위 할 수 있다. 데이터와 정보제공 웹사이트에 단순히 접속하는 것부터, 다양한 종류의 커뮤니케이션 채널들을 통해 그들의 친구들과 연결되는 것까지, 그 활동의 종류도 다양하다. 오늘날까지 디지털 사회는 소비자가 디지털 모바일 기기로 활동을 하고자 하는 욕구를 고려하여, 플랫폼에 기반을 둔 활동들에 더 많은 주의를 기울여 왔다. 소비자의 생활과 생활 스타일에 잘 대응하면서, 디지털 활동은 질적인 측면, 양적인 측면 모두에서 성장하는 경향을 보이고 있다. 디지털 활동은 아래에 제시된 네 개의 카테고리로 분류될 수 있다.

1. 온/오프라인에서, 새롭게 소개된 디지털 활동.
2. 과거 소비자들이 오프라인에서 수행했던 것을 지금 온라인에서 더 많이 하는 디지털활동.
3. 온/오프라인 둘 다 요구하는 디지털활동.
4. 소비자들이 사회적 특징과 참여를 통해 온라인에서 할 수 있는 디지털활동.
이것들을 디지털네트워크 활동이라고 부른다.

그림 37

디지털활동

2.1 온라인과 오프라인에서 새롭게 소개된 디지털 활동

이러한 유형의 디지털 활동은 디지털 사회에 새롭게 소개되었고, 디지털 모바일 기기의 높은 잠재력에 의해 큰 영감을 받았다. 이런 디지털 활동은 온라인 연결과 상관없이 수행할 수 있다. 디지털 활동은 디지털 모바일 기기와 함께 소비자들에게 이전에 결코 생각할 수 없었던 완전히 새로운 경험을 선사 해 주었다(오프라인 세상에서 할 수 없거나 디지털 모바일 기기 없이는 할 수 없는).
이런 디지털 활동은 디지털 사회의 진정한 산물이다. 몇 가지 사례를 살펴보면 다음과 같다:

3D 책이자 증강현실기술 ColAR Mix는 아이들의 컬러 그림책에 디지털 모바일 기기 스캔을 사용하는 디지털 활동이다. ColAR Mix 안에서 만화캐릭터들은 삼차원에서 형성된다. 또한, 비행기가 날아오르고, 용이 불을 뿜고, 신발이 춤추고, 새가 벌레를 쪼아 먹도록 명령하는 것 같은 놀라운 움직임을 수행하도록 캐릭터를 통제할 수도 있다. 이러한 디지털 활동은 디지털 모바일 기기를 통해 학습하는 새로운 경험을 제공한다(Digitaltrends, 2014).

Facetime™을 통한 가상 커뮤니케이션

향상된 음성통신의 버전에 대해서 이야기하고자 한다면, 페이스타임(Facetime)을 통한 커뮤니케이션을 꼽을 수 있다. 페이스타임은 사용자가 상대방과 함께하고 있다는 느낌을 받을 수 있도록 도와준다. 이 프로그램은 애플Apple이 디지털 모바일 기기를 활용하여 수행 가능한 디지털 활동 중 하나로써 개발하였다. 페이스타임을 통해 소비자들은 어디에서든지 음성과 움직임을 실시간으로 전달 할 수 있다. 이런 디지털 활동은 소비자들에게 서로 항상 가까이 머물 기회를 제공한다.

디지털 활동

2.2 과거 소비자들이 오프라인에서 수행했던 것을 요즘 온라인에서 더 많이 하는 디지털 활동.

이러한 종류의 활동은 소비자들이 과거 오프라인에서 수행했던 것이다. 디지털 모바일 기기들이 소비자들을 이런 활동과 연결할 수 있게 되자, 활동 양식이 오프라인에서 온라인으로 이동하기 시작했다. 그리고 소비자들이 온라인에서 더 쉽고 편리하게 이러한 활동을 하게 되면서, 소비자 행동에 많은 변화가 일어났다. 즉, 이러한 활동 양식의 디지털화로 인해 소비자가 더 많이 온라인 디지털 활동을 하고 오프라인 활동의 비율은 상당히 줄이면서, 소비자가 살아가는 방식을 변모시켰다.

내비게이션 시스템

일반적으로, 내비게이션과 라우팅 시스템은 종이 형태로 존재한다(또는 이동성이 덜한 디지털 내비게이션 시스템). 현재, 그것은 '구글맵'으로 불리는 디지털 활동을 통해 더욱 효율적으로 수행할 수 있다. 구글맵은 이동하거나 여행하는 동안 언제든지 이용 할 수 있다. 이 활동 역시 다양한 목적으로 사용된다. 좋은 사례 중 하나는 사전예약 없이 숙박시설을 찾는 사람들에게 적합한 '호텔 투나잇' 애플리케이션이다. 이 애플리케이션의 특징은 소비자와 근처에 있는 호텔·리조트의 좌표를 표시 해 준다는 점이다. 이것은 점유되지 않은 객실을 판매하려고 하는 호텔/리조트와 저렴한 가격에 좋은 방을 찾으려는 소비자 모두의 이익에 부합한다.

금융 활동(핀테크로 알려진)

과거에는, 소비자들이 금융 활동의 수행 및 관리를 위해 매우 바쁜 날에도 불편하게 실제 서비스 지점에 방문할 수밖에 없었다.

금융 관리 솔루션, '빌가드BillGuard'는 전반적인 금융 활동을 온라인에서 해결 할 수 있도록 도와준다. 소비자들은 그들이 원할 때 디지털 모바일 기기를 통해 이런 모든 금융 활동을 스스로 할 수 있다. 빌가드는 또한 예상치 못한 지출과 비정상적인 청구서를 예방하기 위한 보안시스템을 제공한다.

디지털 활동

2.3 온라인과 오프라인 둘 다 요구하는 디지털 활동

이런 활동의 특징은 인간의 삶에 가장 중요한 임무를 수행한다. 이것은 이러한 활동들이 디지털 모바일 기기를 중심으로 온라인 세상과 오프라인 세상 내 일상생활 사이의 교량 역할을 하기 때문이다. 많은 활동이 온라인, 또는 오프라인 한 곳에서만 행해질 순 없다. 그들 중 몇 가지는 온라인 세상에서 쉽게 수행될 수 있고, 특히 디지털 모바일 기기를 이용하여 편리성도 증대시킬 수 있지만, 현실적으로 물리적 세계에서만 일어날 수밖에 없는 경우도 있다. 또 다른 것들은 오프라인에서 행해질 순 있지만, 개선에 어려움이 발견될 수도 있을 것이다. 온라인과 오프라인 사이의 조화와 협업의 방도를 찾아내는 것이 이러한 활동을 더 자연스러운 방식으로 수행하도록 하는 해답이 될 것이다.

운동

운동은 디지털 사회에서 가장 인기 있는 활동 중 하나로 여겨진다. 이러한 점은 운동의 결과가 효과적으로 측정 가능한 디지털 활동으로써 변화될 때 더욱 강조된다. 'Instant Heart Rate'는 운동의 효과를 측정할 수 있게 하는 디지털 활동 애플리케이션으로, 디지털 모바일 기기에 탑재된 감지 시스템을 활용한다. 애플리케이션을 사용하여 운동하면, 심장박동과 연소율 같은 측정된 자료가 실시간으로 도표로 나타난다. 소비자들은 심장박동비율이 연소율에 적절한지를 분석하기 위해 그 데이터를 활용할 수 있다. 이러한 부분은 개인적인 운동 일과를 설계하는 데 매우 유용하다 (Digital Trends, 2015).

노래와 가수 찾기

가끔 어떤 노래의 일부를 듣고 그 노래의 제목과 가수를 알고 싶을 때가 있다. 이를 위해 우리가 할 수 있었던 최고의 방법은 노래를 들으며 기록 한 후 나중에 인터넷에서 검색해 보는 것이었다. '샤잠(Shazam)'으로 명명된 디지털 활동의 출현으로, 이 문제는 해결되었다. 음악을 들을 때 녹음 버튼을 누르면, 노래 제목, 가수, 그리고 가수의 이력이 사용자에게 전달된다.

서비스 포인트에서의 결제 방식

'애플 페이(Apple Pay)'는 디지털 사회의 미래 결제방식 변화를 선도할 디지털 활동 중 하나이다. Apple 및 신용 카드 업체인 Visa와 MasterCard, 그리고 많은 비즈니스 파트너들의 협력을 통해 비접촉 결제 방식이 도입되었다. 작동 방식은 간단하다. 소비자들이 디지털 모바일 기기를 카드 리더기 가까이에 놓으면 즉시 결제가 된다. 이 방식은 대단히 안전하고 편리하다. 애플 CEO 팀 쿡은 2달러 내지 3달러부터 애플 페이를 통한 결제가 가능하고, 디지털 모바일 기기 결제의 80% 이상이 애플 페이를 통해 이루어진다고 말했다.

포켓몬 고(Poketmon Go) 게임

포켓몬 캐릭터의 세계적인 인기를 활용한 포켓몬 고는 플레이어들이 디지털 모바일 기기를 통해 참여할 수 있게 하는, 사람들이 그 출시를 오랫동안 기다려왔던 게임 중 하나이다. 지령을 단순화하기 위해, 플레이어들은 몇 가지 방식으로 실생활 장소에서 포켓몬을 잡고 훈련시킬 필요가 있다. 그것은 온라인 플랫폼을 통한 플레이어의 행동을 실생활의 공간으로 자연스럽게 가져왔다. 이 게임은 공식 출시 이래로 크게 각광을 받아왔다. 포켓몬 고는 소비자들이 실생활 장소에서 게임을 즐기며 교감할 수 있는 디지털 활동으로써 또 하나의 좋은 본보기가 되었다.

디지털 활동들

소비자들이 사회적 특징과 참여를 통해 온라인에서 할 수 있는 디지털 활동들(McK insey, 2012), 이러한 것들을 디지털 네트워크 활동이라 부른다.

새롭게 시작된 활동들, 오프라인 활동, 온라인과 오프라인 둘 다 요구하는 활동 같은 모든 디지털 활동은 소비자들이 온라인에서 보내는 많은 시간을 설명 해 주는 주요한 활동들이다. 디지털 활동의 성장과 온라인 소셜미디어 확대 양상을 잘 살펴보면, 디지털 사회에서 가장 인기 있는 활동은 소비자들이 혼자서 하는 것이 아니라 세계 전역의 다른 사람과 함께하는 활동이라는 것을 알 수 있다.

새로운 활동은 공동 작업, 도움받기, 데이터와 정보의 공유, 기금 모금처럼 사람들의 생활 스타일과 욕구를 반영한다. 이러한 디지털 활동은 온라인 소셜미디어와 같은 능력을 공유하고 있기 때문에 가능하다.

간단히 말해서 이런 디지털 활동은 온라인 소셜미디어를 적절하게 활용하는 방향으로 설계되었다. 다양한 활동에서 소비자 참여를 만들기 위한 플랫폼으로서 역할을 하는 디지털 모바일 기기와 함께, 이런 디지털 활동은 '디지털 네트워크 활동'으로 진화하고 있다.

그림 38 매슬로우Maslow의 욕구 계층

디지털 활동에서 디지털 네트워크 활동으로의 향상은 진정으로 디지털 사회를 참여하는 사회로 만드는 중요한 과정이다. 이러한 동향은 단순한 커뮤니케이션이 아닌 사회적 생활 욕구에 잘 부합한다. 참여하는 사회는 일, 생활, 활동을 다른 욕구와 관점에서 함께 다룬다. 디지털 네트워크 활동은 소비자에게 데이터와 정보를 연결해줄 뿐만 아니라 가까운 동료만이 아닌 다른 동료와도 연결한다. 그러한 데이터는, 특히 접근 가능할 때, 의사 결정과 사회적 삶에 영향을 미칠 것이다. 다른 관점에서 보면, 디지털 사회에서 디지털 활동에 관련되는 것은 다른 소비자의 수용과 칭찬으로 이어진다(디지털 네트워크 활동은 다른 사람이 하는 것, 다른 사람이 중요하게 생각하는 것에 관한 것이다). 이점은 매슬로우의 기본적인 욕구 4단계의 내용과 부합한다. 다양한 흥미로운 사례들을 살펴보면 아래와 같다.

Scores & Review를 통한 호텔예약은 소비자의 의사 결정에 크게 영향을 미친다. AI와 게임을 하는 것보다 네트워크에서 타인과 게임을 하는 것이 훨씬 재미있다. Wiki에 내용이나 정보를 업데이트하는 것은 전 세계 사용자들에게 열려 있고, 공동으로 생성한 내용과 연구를 낳았다.

P2P(peer to peer)로 데이터를 공유하는 것이 대용량데이터를 전송할 때 더 효율적이다(예를 들면, 디지털 모바일 기기를 통해 실시간 비디오를 스트리밍한다).

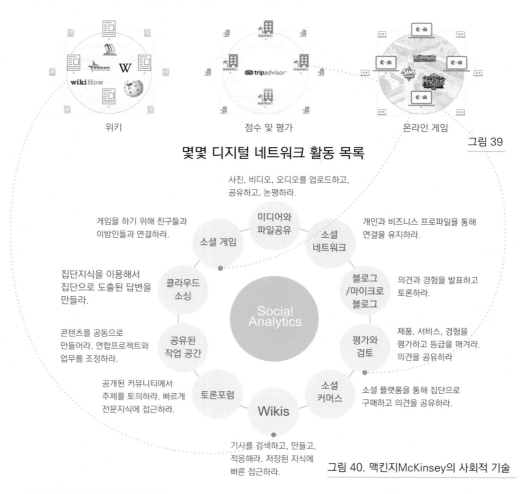

위키   점수 및 평가   온라인 게임

그림 39

몇몇 디지털 네트워크 활동 목록

사진, 비디오, 오디오를 업로드하고, 공유하고, 논평하라.

게임을 하기 위해 친구들과 이방인들과 연결하라.

개인과 비즈니스 프로파일을 통해 연결을 유지하라.

소셜 게임

미디어와 파일공유

소셜 네트워크

집단지식을 이용해서 집단으로 도출된 답변을 만들라.

클라우드 소싱

블로그/마이크로 블로그

의견과 경험을 발표하고 토론하라.

Social Analytics

콘텐츠를 공동으로 만들어라. 연합프로젝트와 업무를 조정하라.

공유된 작업 공간

평가와 검토

제품, 서비스, 경험을 평가하고 등급을 매겨라. 의견을 공유하라

공개된 커뮤니티에서 주제를 토의하라. 빠르게 전문지식에 접근하라.

토론포럼

소셜 커머스

소셜 플랫폼을 통해 집단으로 구매하고 의견을 공유하라.

Wikis

기사를 검색하고, 만들고, 적응해라. 저장된 지식에 빠른 접근하라.

그림 40. 맥킨지McKinsey의 사회적 기술

뭉치면 더 강해진다는 말은 오늘날에도 여전히 가치 있는 격언이다. 위에서 언급된 이유 때문에, 네트워크 기능을 가진 디지털 활동이 뚜렷하게 강화되고, 또 증가하는 경향이 있다. 소비자들은 데이터 수준에서 네트워크 활동까지 협업을 추구하게 될 것이다. 결론적으로, 디지털 활동은 커뮤니케이션과 행동(활동)의 결합이다. 이것은 디지털 모바일 기기와 온라인 소셜네트워크로 지원되는 디지털 활동에 소비자가 점점 더 많이 참여하도록 도와주는 플랫폼 창출로 이어질 것이다. 이러한 생각은 사용자 간(또는 사용자와 브랜드 간) 협력적인 행동의 연결을 낳고, 사용자와 사회를 창의적이고 더 나은 방향으로 변화시키는 힘을 토대로 진정한 디지털 사회를 형성한다.

누가 디지털 활동 개발자인가?

소비자가 사용자라면, 누가 디지털 활동 개발자인가? 디지털 사회는 아직 그것의 목표와 목적을 명확하게 할 필요가 있는 완전히 새롭게 태어난 세상이다. 이러한 상황은 충분한 기회를 제공한다. 디지털 활동에 참여하는 소비자가 증가함에 따라, 소비자로부터 새롭게 생겨난 수요들이 또 다른 디지털 활동 공급을 필요로 한다. 디지털 모바일 기기 발전과 디지털 활동 개발의 제약이 완화되면서(그러한 잠재력이 개인적이 되었다), 디지털 활동 개발자 수가 상당히 증가했다. 즉, 디지털 활동 개발자는 기업, 정부, 심지어 소비자 자신, 누구든지 될 수 있다.

위의 결론을 뒷받침해주는 또 하나의 중요한 이유는 디지털 활동이 구조적인 관리, 운영, 시스템 인프라에서 중요한 역할을 하는 경향이 있는데, 그러한 디지털 활동을 운영할 때, 자금 압박을 덜 받는다. 대신에, 디지털 활동 개발자의 가장 중요한 일은 가능한 많은 소비자 참여와 관계를 만드는 것이다(생성된 플랫폼에 참여). 이것은 디지털 네트워크 활동을 부드럽고 자연스러운 흐름으로 이끈다. 이러한 부분이 디지털 활동 개발업자를 소비자로 하여금 다른 사람과 함께하는 특별한 디지털 활동에 참여시키기 위해 지원하고 조정하는 조력자로 만들었다. 이런 메커니즘은 세계적으로 성공한 디지털 네트워크를 양산했는데, 예를 들면:

Airbnb: 부동산을 소유하지 않은 세계 최대의 숙박시설 플랫폼.

Uber: 자동차를 소유하지 않은 세계 최대의 택시 서비스 플랫폼.

Alibaba: 재고 제품이 없는 가장 가치 있는 전자상거래 플랫폼.

Facebook: 잘 알려져 있듯이, 자체 콘텐츠 생산이 없는 세계 최대의 소셜미디어 플랫폼 (wetpoint, 2015).

그림 41

이런 구체적인 특징과 함께, 그러한 디지털 네트워크 활동은, 사람들에게 서비스를 제공하기 위해 디지털 활동을 만드는 정부(서비스 플랫폼으로 알려진), 수익 창출을 위해 디지털 활동을 구축하는 기업(마케팅 플레이스로 알려진), 공유된 목적에 의해, 또는 어떤 사회적 문제를 해결하기 위해 디지털 활동을 형성하는 소비자 등, 다양한 목적을 가진 다양한 파트로부터 개발될 수 있다. 디지털 활동이 상당한 영향력을 만들 수 있지만, 디지털 활동 개발자들은 책임 면에서 위험을 덜 갖는 경향이 있다. 이것은 디지털 네트워크 활동에서 일어나는 일들이 소비자의 참여로 이루어지기 때문이다(따라서, 소비자는 책임을 공유한다). 디지털 네트워크 활동의 핵심은 같은 가치를 공유하는 소비자들에게 적합한 네트워크를 들여놓는 개발자들의 능력에 달려있다.

디지털 네트워크 활동은 디지털 사회의 핵심이고 이 시대의 변화를 만드는 소비자 행동과 직접 연결된다. 디지털 사회 소비자는 브랜드에게 더 많은 것을 요구할 수 있고, 또한 그들끼리 디지털 네트워크 활동을 만들어 낼 수 있다는 점을 유념해야 한다.

3 디지털 원주민(DM)

당신과 당신의 동료들이 세상 이야기를 시작한다.

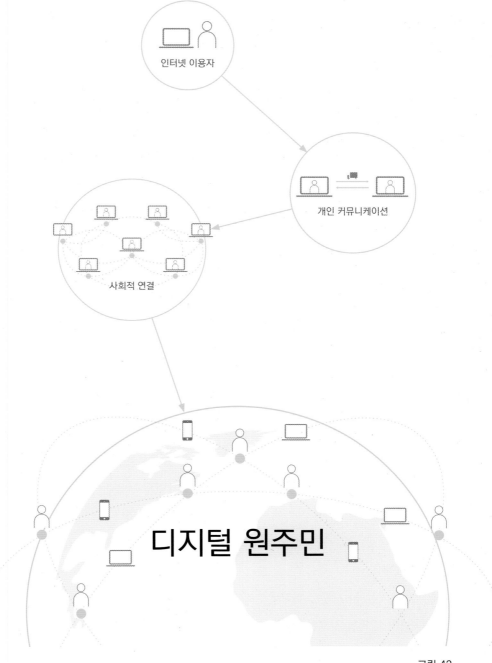

그림 42

우리는 이 파트를 소비자들이 그들의 손에 강력한 디지털 모바일 기기를 소유하고, 전 세계에 걸쳐 다른 사람들과 그들이 원하는 어떤 데이터 활동들을 할 수 있을 때 무슨 일이 일어날지를 생각하면서 시작한다. 이 질문은 21세기 소비자 행동 이해에 가장 강력한 해답을 준다. 경제와 사회 또는 이와 관련된 그 어떠한 생태계도 '인간'으로 불리는 가장 작은 사회적 단위로부터 나온 집단적인 결과임을 잊지 말자.

인간 또는 소비자는 사회적으로 연결되기를 갈망하는 살아있는 피조물이다. 이러한 갈망은 연결과 커뮤니케이션을 요구한다. 디지털 모바일 기기와 디지털 활동의 발달은 이러한 욕구에 부합하기 위한 목적으로 탄생했다. 분명히 이 둘은 더 이상 단순한 도구나 커뮤니케이션 채널이 아니다. 그들은 소비자가 온/오프라인에서 조화롭게 살게 될 디지털 사회로 가는 관문 역할을 한다. 디지털 모바일 기기의 성장은 소비자가 원하는 방식으로 삶을 통제하고 설계할 수 있도록 소비자에게 권력을 되돌려준다. 디지털 활동의 성장과 더불어, 소비자들은 개인적인 단계, 그리고 특히 네트워크 단계에서 다른 사람과 온라인에서 더 많은 것을 할 수 있다. 그들은 지금 완벽한 디지털 사회에 살고 있다.

새롭게 획득된 그러한 역할과 함께, 소비자들은 같은 맥락에서 디지털 원주민으로 알려져 있다(Kotlter, 2014).

디지털 사회에서의 소비자 분류는 과거의 그것과 완전히 다르다. 근본적으로, 베이비붐 세대(2차 세계대전 이후 태어난), X세대, Y세대, Z세대같이, 시대와 환경이 세대별 소비자 분류를 좌우했다. 그러나 디지털 사회 환경에서는, 나이, 세대와 관계없이 모든 사람이 똑같이 영향을 받는다. 지식이 모든 사람이 전보다 쉽게 획득하고 이용할 수 있는 공공재로 됨에 따라, 이는 더는 과거와 같이 인간 분류 방식 중 하나로써 사용될 수 없다. 그러나 오늘날 소비자들은 하나의 공통된 특징을 가진다(그들의 분류된 세대와 관계없이) - 그들은 자신의 동료들과 연결되어 있기를 원한다.

많은 전문가는 이 시대 소비자를 C세대 또는 연결세대로 정의한다. 이것은 우리가 과거의 조건을 넘어 디지털 사회에서 모든 사람(소비자)이 디지털 원주민이라는 믿음에서 출발함을 의미한다.

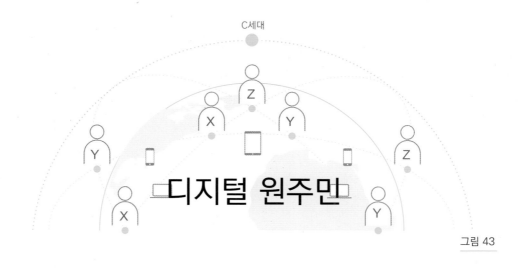

디지털 원주민

그림 43

통계에 따르면, 2020년, 인터넷에 접속하는 인구가 세계 인구의 절반을 넘어설 것으로 예상한다. 이것은 디지털 원주민 숫자가 40억으로 늘어난다는 것을 암시한다. 의심할 바 없이, 이런 디지털 원주민들은 디지털 사회에서 일어나는 현상에 영향을 미칠 것이다. 이러한 영향은 마케팅 3.0 시대에 일어났던 커뮤니티와 네트워크로부터의 영향에 한정되지 않고, 개인 간, 또는 개인적 수준에서도 영향력을 가진다. 디지털 사회에 함께 생활하는 것 외에도, 디지털 원주민은 '그들의 성취를 통제할 힘을 소유하고 있다는 믿음에 근거한 성공적인 삶으로의 강력한 동기를 표출한다.'

디지털 원주민이 현재 디지털 사회에서 일어나고 있는 것들에 주의를 기울이고는 있지만, 자기 자신과 관련된 것에 이전보다 훨씬 더 많이 초점을 맞출 것이다. 사회로부터 인정, 존경받고 싶어 하는 욕구는 마케팅 3.0시대부터 오늘날까지 분명해지고 있다. 그러나 이런 디지털 사회에서 디지털 원주민은 단순히 장삼이사가 되는 것을 원치 않는다. 그들은 자신을 다른 사람과 차별화시키려고 노력한다. 디지털 원주민은 중대한 변화를 만드는 데 참여하거나 사회로부터 존경받을 법한 입장을 견지하며 그들의 관심사를 좁히는 경향이 있다.

이것은 디지털 원주민이 사회적 관심을 넘어서 무언가를 찾는 것을 분명하게 보여준다. 그들은 자신의 가장 근본적이고, 또 가장 개인적인 욕구를 충족시키길 원한다. 따라서 디지털 원주민은 사회 안에 존재하지만, 자신과 관련이 없는 것에는 관심을 크게 두지 않는다. 반대로, 그들의 관심, 특히 성공에 관련된 것들과 부합 하는 사회적 이슈에 대해서는 크게 관심을 보일 것이다.

이유는 무엇일까? 지금까지 논의된 것처럼, 디지털 원주민은 그들의 손에 있는 권력을 믿고 있다(디지털 모바일 기기를 통해 만들어진). 그들은 자신의 삶 속에 들어오는 어떤 것을 선택하거나 거절할 권리를 가졌고, 자신의 개인적인 기대치를 만족시켜주는 것에만 초점을 맞춘다. 새롭게 조직된 디지털 사회에서, 그들은 알고자 하는 것을 알 수 있고, 하고 싶은 것을 할 수 있다(디지털 활동과 함께). 디지털 원주민의 세상은 최소화되었고, 디지털 모바일 기기의 화면만큼 크기가 작아졌다. 그들은 자신의 친구와 직접 만나는 형태의 상호작용을 덜 갖는 경향이 있다(그러나 온라인 세상에서는 더 많이). 기술이 발전하면 할수록, 소비자들은 그들의 삶을 관리하는 힘을 더 많이 가질 수 있다. 따라서 디지털 사회에서 데이터, 정보 그리고 온라인상의 업데이트 같은 실질적인 변화들이 '당신'과 '당신 주변의 사람들'로부터 시작된다는 것은 놀라운 일이 아니다. 우리의 행동들은 디지털 사회의 오늘과 미래의 중요한 요소로 작용할 것이다. 이는 분명하게 마케팅 4.0으로 알려진 디지털 사회의 마케팅과 브랜딩 전략에 영향을 미친다.

디지털 원주민과 소비자라는 용어는 상호 교환할 수 있다. 다음 섹션에서는 일관성을 위해 디지털 원주민을 '소비자'로 대신 사용할 것이다.

디지털 사회를 만드는, 디지털 원주민의 행동들

3.1 항상 연결된 소비자
커뮤니케이션(부분적으로 연결된)부터 강력한 관계까지(항상 연결된)

디지털 모바일 기기의 시작과 함께 소비자들은 데이터에 접속해서 디지털 활동을 하고, 대개는 그들의 동료와 유대 관계를 맺는다.

데스크톱 컴퓨터의 성장을 능가하는 디지털 모바일 기기의 성장은 소비자가 항상 온라인에 연결 상태를 유지 할 수 있는 시대로 접어들었음을 시사한다(디지털 모바일 기기 발전으로 이것이 가능해졌다). 디지털 모바일 기기는 인터넷을 접속할 때 한계의 벽을 깨뜨리고, 다섯 번째 생활 요소로서 소비자의 일상생활 중 일부가 되었다.

이러한 연결 행동은 온라인과 오프라인 세상의 틈을 줄인다. 소비자들이 아침에 일어나서

잠자리에 드는 순간까지 온라인에 머무는 것을 고려하면, 온종일 인터넷에 접속해 있는 것은 중독된 행동임을 보여준다(소비자들이 거의 하루 절반 이상을 온라인에서 시간을 보낸다는 사실로 입증된).

그림 44

더욱 흥미로운 것은, 소비자들은 온라인에 다양한 수단으로 머물 수 있는데, 이는 다른 모든 장치의 연결 기능을 가진 디지털 모바일 기기를 활용하여 TV, 태블릿 등 다양한 디지털 기기들을 매우 효율적으로 사용 할 수 있어서 가능한 일이다. 이러한 행동을 '다중화면'의 사용이라 부른다. 소비자들은 영리해서 어떤 유형의 화면이 그들의 현재 디지털 활동에 적합한지 알고 있다.

이것은 현재 '병렬성Parallelism'으로 알려진 현상, 즉, 동시에 많은 디지털 기기로 둘러싸인 삶의 형태를 만든다.

동시에 모든 디지털 화면을 사용하는 것과는 별개로(주로 오락과 휴식을 위해), 소비자들은 어떤 목표를 달성하기 위한 과정으로, 디지털 기기 이용 순서를 배열하는 방법을 알고 있다. 예를 들면, 소비자들은 데스크톱 컴퓨터를 통해 여행 정보를 검색하고, 데스크톱 컴퓨터를 들고 다닐 수 없기 때문에, 향후 추가적인 검색을 위해서 얻어진 데이터를 휴대폰으로 전송한다. 이러한 상황은 소비자가 디지털 기기를 명확한 목적으로 사용할 때 발생하고, 우리는 이러한 현상을 '순차론Sequentialism'으로 부른다.

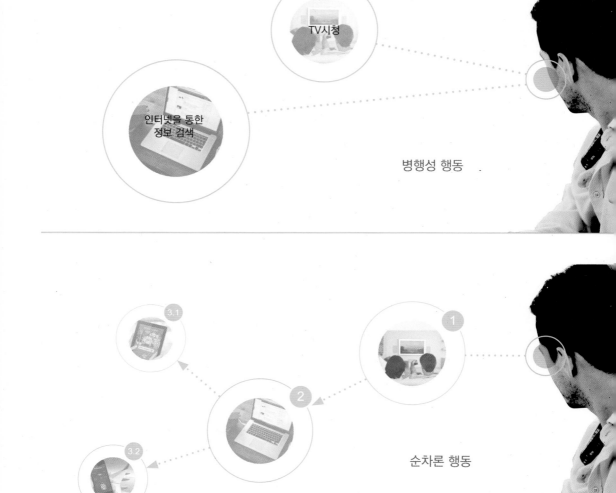

병행성 행동

순차론 행동

그림 45

이 두 가지 행동은 일과 일상생활 모두에서 사람들의 디지털 모바일 기기에 대한 필요성을 잘 반영한다. 전 세계 소비자들과 함께, 이것은 새롭게 세계화된 문화를 선도하고, 비즈니스를 위한 훨씬 더 많은 기회를 만들어준다. 소비자가 24시간 온라인에 머물 때, 브랜드 역시 24시간 그들에게 제품과 서비스를 홍보하고 제공할 기회를 얻게 될 것이다. 소비자는 인터넷을 통해 온라인 상점을 방문할 수 있고, 과거보다 물건을 훨씬 쉽게 살 수 있기 때문에, 실제 상점을 방문 할 필요성은 점점 더 줄어들게 된다. 뛰어난 보안성을 자랑하는 신용카드 시스템과 높은 효율성을 가진 물류시스템 등 이러한 구매 메커니즘을 지원하는 많은 요소도 있다. 세계 곳곳에서 24시간 이루어진다는 점에서, 온라인 비즈니스는 실질적으로 상시 운영될 수 있다. 우리가 자는 동안에도 다양한 형태의 구매 행위가 지구 반대편에서 일어나고 있을지도 모른다.

> 페이팔PayPal은 24시간 온라인 구매 시스템을 전 세계로 제공하는 성공적인 플랫폼 중 하나이다. 세계에서 가장 거대한 온라인 결재 솔루션 중 하나인 페이팔은 미국인의 79%로부터 가장 신뢰받는 결재 채널로 인정받고 있다. 실제 2014년, 460억 달러 이상의 돈이 디지털 모바일 기기를 통해 페이팔에서 유통되었다. 페이팔의 성장은 디지털 모바일 기기로 촉발된 지속적인 관련 시장이 성장하는 증거다. 디지털 모바일 기기는 현재 브랜드가 디지털 원주민에게 직접 제품과 서비스를 제공 할 수 있는 주요한 통로 중 하나이다(언제 어디서든지).

디지털 세상은 체계적으로 조직화하였다는 점에서 현실 세계와는 다르다. 소비자가 온라인에서 하는 단 한 가지의 디지털 활동도, 적어도 그들의 디지털 모바일 기기 안에는 기록될 것이다. 소비자가 그러한 정보를 대중에게 노출시키는 것에 동의할 때(그들이 인식하든 인식하지 못하든 간에), 제품브랜드는 개인적인·개별적인 측면에서 소비자의 행동과 정체성을 반영하는 정보를 탐색할 대단한 기회를 가질 것이다. 이러한 점은 소비자의 구매 행동을 명확하게 예측하는 데 도움을 준다. 이점은 또한 마케팅 연구의 패러다임을 소비자에게 원하는 것을 물어보는 것에서, 그들의 실제적인 행동을 관찰하는 것으로 변화시켰다. 이런 종류의 연구는 개별적인 연구로 볼 수 있을 것이다. 이러한 메커니즘은 '소비자가 말하는 것을 믿지 말고, 그들이 행동하는 것을 믿어라'라는 인용문의 내용을 잘 반영해 준다.

디지털 사회에서 브랜드는 소비자에 대해서 더 많이 배울 수 있는데, 이는 정보가 브랜드의 의도가 담긴 질문지로부터 오는 것이 아닌, 실제 소비자의 행동에서부터 얻어지기 때문이다. 오늘날, 디지털 모바일 기기와 함께 살아간다는 것은 의도치 않게 엄청난 개인정보를 시스템에 입력한다는 뜻이 된다. 이러한 정보들의 예는 다음과 같다.

개인의 일일 정보(소비자 표현과 행동), 위치와 움직임(그들이 방문하는 곳, 그들이 있는 곳, 그들이 방문을 원하는 곳), 개인 금융(그들이 돈을 지출하는 것, 지출하는 장소, 지출하는 방법), 신분과 분류(각각 소비자가 어느 집단에 속하는지), 사회적, 탐색 행동(그들이 동료들과 상호작용하는 방식), 흥미와 의도(개인 선호도) 등.

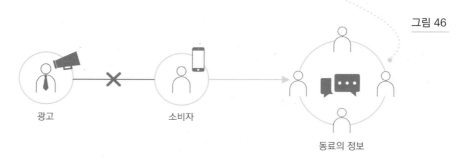

그림 46

광고   소비자   동료의 정보

그러나 소비자를 더 많이 안다고 해서 브랜드에 꼭 좋은 결과만 가져오지는 않는다. 어려운 점도 분명히 있다. 분명히 관찰되는 것처럼, 소비자의 행동이 변할 때마다 전체 경제 시스템과 브랜드에 새로운 과제가 주어진다. 비록 브랜드가 소비자에 접근할 수 있는 공간이 활짝 열렸음에도 불구하고, 소비자가 연결과 커뮤니케이션 파워를 가진 시대에서, 소비자의 구매 행위 및 선호도에 브랜드가 자신의 방식대로 영향을 줄 수 없다. 소비자들을 그들 사이의 유대를 강화하기 위해 24시간 온라인에 남아있다. 게다가 브랜드가 제공하는 것들을 수용할 수도, 또 거절할 수도 있다. 오늘날, 브랜드로부터 정보를 받는 것은 과거와는 달리 능동적인 행동이다. 소비자들은, '내가 알고 싶거나 사고 싶으면 내가 알아서 할게.'라고 말할 것이다. 소비자는 검색, 분석, 결정을 브랜드로부터 제공되는 정보가 아닌, 자신들이 믿는 정보를 바탕으로 수행한다. 디지털 사회에서 가장 신뢰받는 정보원은 동료의 정보로 알려진 소비자 측 정보이고, 특히, 소비자가 디지털 네트워크 활동 중 사회적 경험을 통해 얻은 정보에 대한 신뢰가 높다. 결론적으로 소비자들은 주로 소비자 자신들과 항상 연결되어 있다. 이것은 브랜드가 이러한 어려운 점을 타개하기 위한 브랜드 전략을 수립하는데 커다란 시련을 준다.

무엇이 브랜드가 정보를 얻는 것이 매우 중요하도록 만들었는가? 이유는 그것이 위험할 수도 있기 때문이다. 소비자들은 다양한 출처에서 비롯된 정보에 노출될 수 있다. 어떤 정보들은 모호해서, 소비자들이 사실과 의견을 구별할 수 없게 만든다. 이런 상황은 모든 사람이 자유롭게 연결되는 디지털 사회에서 발생할 수밖에 없다. 가능한 최고의 해결책을 찾기 위해, 브랜드는 소비자가 브랜드와 관련된 정보를 찾고 있다면, 자신들이 엄밀하게 통제하고 모니터링 하는 브랜드 자체 미디어에서 소비자가 정보를 찾도록 유도해야 할 것이다. 또한, 브랜드는 소비자가 잘못된 정보를 사실 확인도 없이 참고하여 사용하는 최악의 상황에도 대비해야 한다. 이러한 잘못된 정보는 브랜드에 부정적이고 매우 심대한 악영향을 끼칠 수 있다. 그렇다면, 브랜드가 어떻게 소비자를 브랜드의 긍정적인 정보의 원천으로 이끌 수 있을까? 더 중요한 점은, 브랜드가 소비자들끼리 신뢰를 주고받는 오늘날, 소비자로부터 신뢰를 얻는 방법에 대해 검토해 보는 것이다.

Digital Native Behaviors, driving the digital society.
3.2 소비자가 콘텐츠를 만든다.
개인 간 커뮤니케이션 부터 대중 커뮤니케이션까지

소비자들은 개인화된 콘텐츠를 만들고, 개인적인 가치를 창출 한다.

디지털 활동을 위해 정보에 접근하고 디지털 모바일 기기를 사용하는 것을 넘어, 개인 대 개인 커뮤니케이션이 디지털 사회에서 디지털 원주민을 위한 토대를 형성해왔다. 몇 년 전만 해도 커뮤니케이션은 텍스트 형태로 이루어져 왔다. 그러나 디지털 사회에서는, 디지털 모바일 기기가 규범이 되기 때문에, 소비자가 하루 24시간 지속적으로 연결되어 있을 뿐만 아니라, 다음과 같은 다양한 형태의 커뮤니케이션 수단을 통해서 유대를 강화한다.

텍스트에서 이미지로
이미지에서 활동적인 이모티콘으로
활동적인 이모티콘에서 비디오로
비디오에서 실시간 비디오로

위에서 언급된 유형들을 통해, 디지털 모바일 기기를 통한 커뮤니케이션은 면대면 커뮤니케이션에 준하는 경험을 가능하게 만들면서, 소비자들이 연결해서 머무는 것에 실질적인 변화를 제공한다. 그리고 다양한 형태의 커뮤니케이션과 대중들에게 도달할 수 있는 능력 때문에, 디지털 모바일 기기는 지인과의 소통 또는 공공 데이터와 정보에 참여하기 위해 디지털 모바일 기기를 사용하는 것에서, 소비자가 만든 콘텐츠를 대중에게 제공하는 것으로, 커뮤니케이션 패러다임이 변화했다. 이것은 소비자가 콘텐츠를 친구에게뿐만 아니라 디지털 커뮤니티에 발표함으로써, 사회적 참여를 만들어내는 사람이 되었음을 의미한다. 기본적으로, 이러한 커뮤니티는 서로에 대한 약간의 지식이 있는(또는 유대관계가 없는) 사람들부터 시작하여 이전에 관계가 없었던 더 많은 사람에게까지 확장될 수 있다.

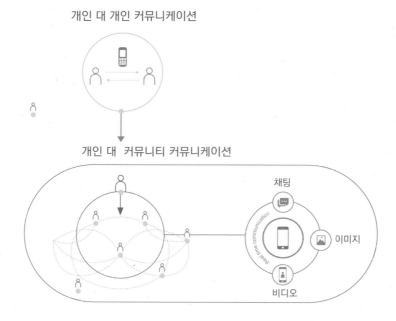

그림 47

마케팅3.0시대의 온라인 소셜 네트워크가 지금까지 지속적으로 확대되고 성장하여, 엄청난 크기의 소셜 네트워크와 상당히 많은 수의 소비자를 가지게 된 것을 고려하면(이전 장 초반에 언급된 통계를 참고), 소비자 스스로 그러한 사회적 네트워크를 분화시켜서 작은 집단으로 변모하기 시작한다. 초기에는, 소비자들은 그들이 이미 유대관계를 가지고 있는 사람들과 커뮤니케이션 및 유대를 강화시킬 목적에서 소셜 네트워크를 사용했다. 지금 그들은 더 많은 이야기와 구체적인 목적을 확립하기 위해 동료를 찾고 있다(기존과 새로운 관계 둘 다). 이러한 자연스런 메커니즘은 스스로 분화된 소셜 네트워크라 부른다. 이런 분파는 특별한 목적에 의해 결합된, 커뮤니티로 불리우는 독특한 집단의 소비자를 만들어냈다. 커뮤니티는 소비자들이 특정한 공통의 목표를 위해 소통하고 참여하는 콘텐츠를 만들 수 있는 공간을 제공하면서, 단순히 커뮤니케이션 통로를 넘어서는 역할을 한다. 현재 많은 커뮤니티들이 급성장하고 있는데, 예를 들면,

링크드인Linkedin, 전문적인 직업 커뮤니티

핀터레스트Pinterest, 전문적인 이미지 기반 커뮤니티

비메오Vimeo, 소셜 비디오 관련 커뮤니티

페이스북Facebook의 페이지

그 외 다수

디지털 세상
지리적 세상

그림 48

소비자들은 왜 콘텐츠를 만드는가? 왜냐하면 그들은 단순히 참여하는 사람에서 특별한 소셜 네트워크 참여를 만드는 사람이 되고 싶기 때문이다. 이러한 행동은 일반적인 커뮤니케이션 이상의 구체적인 목적이 있어야 가능하다. 소비자들은 네트워크 내에서 한 사람으로서가 아니라, 존중받는 개인(네트워크에 영향을 만들어 내는 사람으로서)으로서 관심받고, 또 인정받기를 원한다.

결론적으로, 소비자들은 '자신을 위한 가치'를 만들기 위해 디지털 사회에서 여러 가지 도구를 사용한다. 이러한 과정은 동료들에게 어필할 수 있는 매력적인 콘텐츠를 만드는 것에서부터 시작된다. 그러한 콘텐츠는 소비자의 전문성, 핵심 역량, 관점, 생각, 생활 스타일 등을 나타낼 것이다. 만약 그런 콘텐츠가 다른 사람들이 풀 수 없는 문제를 해결하는 것과 관련된다면

더 재미있을 것이다. 이것은 의미 있는 가치를 콘텐츠 제작자에게 돌려줄 것이고, 단순한 소비자에서 구체적인 역할을 하는 존재로 만들어 줄 것이다. 예를 들면:

- 기자: 자신의 위치에서 실시간 콘텐츠를 만드는 것.
- 마케터: 일생 생활에서 타인에게 유용한 브랜드와 관련된 데이터와 정보를 분석하는 것.
- 광고업자: 인상 깊었던 것들을 바탕으로 흥미로운 이야기를 만드는 것.
- 해설가: 사회적 문제를 비판하는 것.
- 활동가: 적극적 참여로 어떤 사안에 대해 반대하거나 지지하는 입장을 견지하는 것.
- 자산관리 전문가: 그들의 삶과 금융 투자에서 성공하는 방식을 보여주는 것.

디폴트든 디자인이든, 스스로 가치를 창조하는 메커니즘이 자기 인식 없이 자연스럽게 일어날 수 있다. 이것은 다른 경험에 기인한 개인적 욕구를 반영하는 개인적 가치 창출이다. 따라서 이러한 것들이 발생하는 이유와 관계없이, 눈에 띄는 것은 가치 창출 측면에서의 소비자 행동이 제품과 서비스의 가치를 창출하고자 시도하는 브랜드의 비즈니스와 매우 유사하다는 점이다. 유일한 차이점은 과거에는 대중들에게 접근할 때 막대한 투자비용이 들었기 때문에, 가치를 창출하는 힘이 기업 쪽에 있었다(예: 광고). 오늘날 디지털 사회 구조가 되면서, 가치를 창출하는 힘은 소비자나 기업에 상관없이 모든 사람에게 동일한 자본이 되었다.

어떤 것이 더 많은 관심을 받을 때, 그것이 덜 주의하는 것은 자연스러운 현상이다. 소비자가 서로에게 주의를 기울일 것이고 소비자가 만들어낸 콘텐츠에 그들의 시간을 보내게 되리라는 것은 이 책의 모든 파트에서 언급되었다(그들은 여전히 하루 24시간을 가지고 있음을 잊지 말자). 이것은 그들이 브랜드에 관해 더 작은 공간을 가지게 될 것임을 의미한다. 결과적으로, 브랜드는 소비자에게 이야기나 메시지를 전달할 잠재력을 잃을 가능성이 있다. 여러 가지 이유 중 하나는, 소비자 자신이 만든 콘텐츠는 접근성이 좋고, 흥미로우며, 매력적이지만 브랜드의 콘텐츠는 사업과 이윤 창출에 관련된 것이 많기 때문이다. 따라서 대부분의 소비자는 그러한 콘텐츠를 사용하는데 많은 시간을 들이지 않는다(그들이 진정으로 그러한 콘텐츠에 필요나 흥미를 느끼지 않는 한, 소비자는 스스로 관련된 정보를 적극적으로 찾으려 할 것이다). 소비자의 관심을 끌기 위한 경쟁은 이제 브랜드와 소비자 사이에서 벌어지고 있다.

흥미 요소뿐만 아니라, 소비자가 만든 콘텐츠는 신뢰감도 제공한다. 기본적으로, 소비자가 만든 콘텐츠의 뿌리는 개인 대 개인 커뮤니케이션이다. 이러한 특성은 소셜네트워크에서 '친구'로 정의되는 다른 사람에게서 나온 콘텐츠를 브랜드가 만든 콘텐츠보다 더욱 재미있게 만든다. 이것은 콘텐츠(가치를 창출하는 것)가 관계에 기반을 둬서 만들어지고(그들은 이미 유대감을 형성했다), '같은 편이라는 느낌'(소비자 측면)이 들기 때문이다. 반대로, 브랜드에서 나온 콘텐츠는 비즈니스와 상업에 기초하여, 소비자 구매에 동기를 부여하기 위해 마케팅 메커니즘과 전략을 사용한다. 소비자들은 이러한 것에 관심을 덜 기울이는 경향이 있다. 소비자가 만들어내는 콘텐츠는 또한 커뮤니티 내의 친구들이 서로의 생각과 의사결정에 상호 영향을 미치는 결과를 만들 것이다. 이것은 친구들이 이윤 창출에만 초점을 맞춘 브랜드보다 더 정직하다고 느끼기 때문이다. 만약 브랜드와 소비자가 경쟁하게 된다면, 결과는 소비자에게 유리한 방향으로 흘러갈 것이다.

만약 소비자가 브랜드와 단절된 느낌을 받는다면, 브랜드를 그들의 커뮤니티 일부가 되게 허용하기 어렵다는 것은 분명하다. 브랜드에서 나온 콘텐츠를 인식 할 때 매우 조심스러워질 것이고, 사실과 허구를 구별하기 위해 커뮤니티 내에서 소비자들 사이에 토론과 조언이 교환 될 것이다. 디지털 사회에서 옳고 그름을 성립시키는 것은 사실이 아니라 다수의 느낌과 인식이다. 이러한 새로운 도전은 브랜드가 소비자와 같은 편에 서서 무엇을 해야 할지를 알려준다.

그림 49

소비자 활동을 들어낸다

소비자 콘텐츠를 만들어낸다

브랜드에게 또 다른 나쁜 뉴스는 소비자가 커뮤니케이션과 콘텐츠 생산에서 브랜드와 경쟁할 뿐만 아니라, 브랜드가 현재 그들이 가진 힘을 바탕으로 하는 다른 것들과도 소비자들이 경쟁하려 한다는 것이다.

디지털 사회를 추진시키는 디지털 원주민 행동

3.3 소비자가 활동을 만들어낸다.
콘텐츠 생산부터 활동 창출까지

소비자가 개인적인 가치를 가질 때, 그들은 단순한 소비자가 아닌 그 이상이 된다.

개인적인 가치를 창출하는 과정은 관계와 소비자가 생산한 콘텐츠에 기초한 커뮤니케이션과 함께 시작한다. 이것은 정기적인 일상생활의 활동(어떤 특별한 목적 없이)이나 사회적 인정을 기대하는 방식으로 어떤 것을 할 목적으로 행해질 수 있다. 디지털 모바일 기기나 디지털 활동 같은 환경 변화와 더불어, 소비자들은 그들의 잠재력을 더 많이 과시할 수 있다. 그리고 디지털 사회에서, 모든 사람은 커뮤니케이션 및 연결에서 동일한 권력을 갖는다. 점점 더 많은 사람이 자기 자신의 가치를 발견한다. 이것은 인생에서 특정한 성취를 위해 이러한 가치를 이용하도록 하는 상황을 만들어내고 있다.

시대가 변해도, 소비자 행동은 항상 경제와 마케팅 시스템의 핵심이다. 2014년 일본 도쿄에서 개최된 세계 마케팅 서밋World Marketing Summit에서 『마케팅 3.0』의 공동저자인 필립 코틀러 Philip Kotler교수는 아래와 같이 발표했다.

"마케팅 3.0 시대 이후의 마케팅 4.0시대에는, 소비자가 사회적으로 인정받기를 원할 뿐만 아니라, 인생의 목적을 가지고 그들의 가장 깊은 욕구를 충족시킬 수 있는 무언가를 찾기 시작한다. 매슬로우Maslow's 모델의 가장 높은 욕구에 따르면, 가장 깊은 욕구는 자아의 최고 버전, 또는 '자아실현'에 대한 욕망이다."

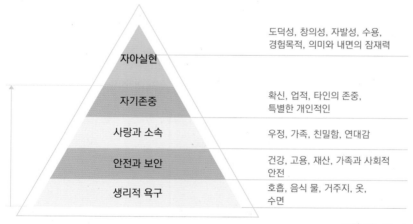

그림 50 Maslow 욕구계층

이 이론은, 소비자의 가장 높은 잠재력 성취 없는 사회적 칭찬은 디지털 원주민의 욕구를 만족시키지 않는 다는 것을 의미하는, 매슬로우 모델의 5단계와 부합된다. 가치 없는 명성은 그들이 원하는 것이 아닐 것이다. 비록 자아실현에 도달하는 것이 매우 개인화되고 구체적일지라도, 소비자들이 공통으로 가지고 있는 한 가지는 그들의 자아실현을 '인생 업적Life achievement'

이라는 단어와 연결하게 될 것이라는 점이다. 디지털 사회에서, 그들이 무엇을 하더라도, 소비자들은 그들의 성공에 실질적으로 중요한 것과 관련된 것을 시작할 것이다.

생각 해 볼 중요한 포인트는 다음과 같다.

- 만약 화장품이 소비자가 자신의 직업에서 성공할 수 있도록 도움을 주고, 그들에게 최고의 여성성을 가져온다는 확신이 들면, 화장품을 구매하게 될 것이다.
- 만약 교육이 소비자가 더 많은 돈을 버는 데 도움이 된다고 생각하면, 그들은 수업에 등록하게 될 것이다.
- 소비자들은 자동차가 그들의 업적을 반영해준다고 생각하면, 자동차를 사는 데 돈을 지급할 것이다.
- 기타

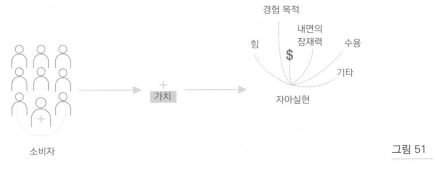

그림 51

다른 측면에서 보면, 소비자들은 지출된 돈이 대개 좋은 결과를 가져올 것이라는 생각과 더 많은 돈을 가져오게 될 것이라는 희망에서, 제품과 서비스에 대한 대가를 지급할 것인지 생각한다. 이는 흥미로운 부분을 만든다. – 제품과 서비스에 대한 구매는 인생에 대한 투자다.

앞에서 언급한 것처럼, 인생 업적과 디지털 원주민의 행동 사이에 연결은, 공통 관심과 선호를 가진 소비자들을 특별한 네트워크로 불러 모으는 커뮤니케이션에서 시작할지 모른다. 다행히, 어떤 소비자들은 스스로 가치를 만들어 낼 수 있다. 이런 메커니즘은 소비자들이 비즈니스 활동에 참여하는 방식과 유사하다. 따라서 그들의 지위는 브랜드와 똑같다고 볼 수 있다. 비즈니스를 하는 소비자와 브랜드 사이의 단 하나 주요한 차이는 기존의 비즈니스가 수익과 시장 가치(소비자들이 제품과 서비스에 지불하는 돈)에 우선적으로 초점을 맞추고, 이후 소비자에게 더 많은 돈을 청구하기 위해 브랜드에 가치를 만들어서 실적을 올리는 방식을 사용한다는 점이다. 그러나 디지털 원주민 입장에서, 그들의 과정은 브랜드의 그것과 반대다. 그들은 소비자들 사이에 좋은 유대를 구축하면서 시작하고, 그다음 그들의 가치를 이용하여 비즈니스를 확대시킨다. 다시 한 번, 의도가 무엇이든, 가치를 확대하려는 소비자의 시도는 과정이다.

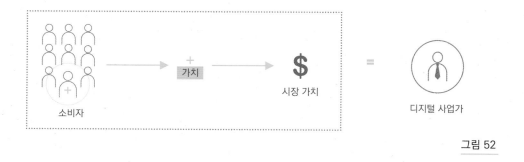

그림 52

소비자들은 그들의 개인적인 가치를 시장 가치로 바꾸려고 노력한다.

가치는 유익하다고 믿어지는 좋은 것들, 문제를 해결해주는 능력과 혜택, 다른 사람이 필요한 것들을 만들어주는 능력이다. 가치는 금전적 비용 없이 연결·네트워크를 가져온다.

시장 가치는, 소비자가 가격형태로 평가할 수 있는 수용된 가치와 관련된 어떤 것(제품이나 서비스)을 얻기 위해 기꺼이 지불하는 값(돈과 다른 금융적인 가치형태로)이다.

소비자의 가치는 뛰어나고 색다른 어떤 것을 가지고 있는 사람(현재는 그 브랜드에 필수적인 것), 또는 어떤 사람이 사회로부터 개인적인 가치로 존중받는 어떤 것을 하는 것을 의미한다(특별히 그들의 네트워크나 커뮤니티에서 인정받을 때). 가장 중요한 점은, 만약 누군가가 다른 사람이 할 수 없는 어떤 것을 할 수 있다면 그들은 매우 가치 있을 것이다. 예를 들면, 누군가가 사회적 혜택으로 이어지는 어떤 문제를 실질적으로 해결할 수 있다. 이러한 특징들은 소비자를 평범한 존재에서 규명된 가치를 토대로 비즈니스에서 보다 나은 기회를 가진 특별한 존재로 탈바꿈 시켜준다. 바꿔 말하면, 디지털 사회의 환경은 소비자의 생각에 영향을 미치고, 그들이 큰 변화를 만들도록 촉진한다.

'디지털 원주민 대 디지털 사업가'

디지털 사업가는 디지털 사회를 지지하고 디지털 사회로부터 혜택을 받는 사업가들이다. 그들은 가치를 먼저 만들어내고, 이후 그들 자신의 능력을 이용해서 이 가치를 시장가치로 탈바꿈 시킨다.

디지털 사업가들은 콘텐츠를 만들어내는 소비자 역할을 수행할 뿐만 아니라 '소비자가 만든 활동'으로 알려진 일에 참여한다.

가치를 시장의 가치(다른 소비자들이 구매할 수 있는 것)로 바꾸는 능력 중 하나가, 네트워킹 능력을 갖추고 소비자가 디지털 활동을 제품이나 서비스형태로 만들어 내는 것이다. 이것은 소비자에게도 익숙한 비즈니스 마케팅 활동의 일부와 같다. 소비자가 디지털 활동을 만들어 낼 수 있는 많은 선택지가 있다. 이러한 선택들은 소비자의 일상 활동을 지원하기 위해 디지털 사회의 힘을 효율적으로 사용하는 활동들을 뜻하는데, 예를 들면, 판매원들이 구매자를 만나도록 허락하는 활동(거래를 통한 이득), 광고 비즈니스(대상 소비자들을 브랜드로 이끄는 것), 또는 애플리케이션을 이용하여 서비스의 효율성을 증가 시키는 것(소비자에게 더 많은 편리성을 부여하는 것). 또는 이전에 언급된 네 가지 유형의 디지털 활동들을 꼽을 수 있다. 디지털 활동이 가치에 의해서 확장되고, 디지털 사회의 구조에 의해서 온전히 지원받는다는 점에서, 자연스럽게 생성되고 관리 될 수 있다는 점은 자명하다.

2012년 글로벌 기업 모니터링GEM에서 나온 연구에서는, 전 세계 54개 국가, 4억 명 이상의 사업가들이 기술적인 성장과 사회적 가치의 토대에서 나왔음을 밝혔다. 스타트업Start up, 인포푸르너Infopreneur, 핀테크Fintech처럼 디지털 기업과 관련된 많은 이름(특화된 목적에 따라서 다양한)이 있다. 폭발적으로 성장한 기업 및 사업자 수는 이들의 성장이 해마다 계속될 것임을 잘 보여준다. 이 수치는 상당한 숫자로 매일 늘어나고 있는 매우 작은 디지털 기업들은 포함하지 않았다(일단 온라인상에서 제품 판매를 시작하면, 디지털 사업가로 부를 수 있다). 많은 전문가가 디지털 기업들이 세계적으로 생겨날지, 아니면 특정한 몇몇 국가에서 생겨날지에 대한 질문을 던졌다. 버진 닷컴Virgin. com의 연구결과는 이에 대한 흥미로운 설명을 제공한다.

버진 닷컴을 통해서 드러난 연구결과는 경제적으로 힘이 없는 나라에서 증가하고 있는 디지털 사업가 수를 보여준다. 디지털 사업가의 숫자가 가장 많은 나라가 미국이 아니라 우간다, 그 다음이 태국이라는 사실은 놀라울 수도 있다. 상위 10개 국가 목록에는 앙골라와 보츠와나도 포함된다. 이러한 나라들에서 디지털 사업가가 성장이 가능했던 이유가 무엇일까?

버진 닷컴의 연구는 인구수와 실업률 같은 사회적 요소 외에도, 국민들에게 디지털 사회로의 접근 편이성을 제공하기 위해 인터넷 인프라에 집중적으로 투자한 정부와 공공분야의 정책 덕분에 가능했다고 주장한다. 이는 곧 '모든 사람이 온라인에서 팔리는 제품 하나는 가지고 있는' 단계로 이어진다. 이 연구는 또한 디지털 사회의 영향력을 명확하게 보여주는 세계 전역의 디지털 사업가들의 성장 분포를 지적하고 있다.

디지털 모바일 기기를 넘어, 디지털 활동은 디지털 사업가들의 출현을 위한 길을 닦아 왔다. 일반적으로, 디지털 사업가들은 아이디어, 자금원, 미래의 고객 등 3가지 중요한 요소들을 확보할 것을 요구받는다. 첫 번째, 두 번째 요소를 고려한다면, 디지털 활동은 자격요건과 가능성을 충분히 지원할 수 있다. 아이디어를 가졌지만 자금이 없는 경우, 디지털 사업가들은 아이디어를 믿고 기꺼이 지원할 사람들로부터 자금을 지원받기 위해 '크라우드 펀딩crowd funding'으로 불리는 새롭게 발명된 디지털 활동을 이용할 수 있다. 자금은 있지만, 아이디어가 없는 경우, 디지털 사업가들은 가치 있는 제품과 서비스로 이어질 수 있는 해결책을 생각하고, 해결하고, 찾아 주는 일에 종사하는 사람들로부터 아이디어를 모으기 위해 '크라우드 소싱crowd sourcing'으로 불리는 새롭게 발명된 디지털 활동을 이용할 수 있다.

세 번째 요소, 미래의 고객 문제는 사실 아주 간단하다. 디지털 사업가들은 디지털 사회에서 창출한 가치를 소유한 사람들이기 때문에, 그 가치를 알아보는 소비자나 네트워크 집단을 확보해야 한다. 이것은 기꺼이 도울 의향이 있는 친구와 동료들과의 기존 관계를 포함한다. 디지털 사업가들의 역할은 가치를 시장가치로 바꾸는 과정에 기인한다는 점에서, 잠재 고객을 확보하고 있다는 것은 소비자가 디지털 사업가로 변신하는 데 아주 큰 강점이다. 이 세 가지 요소는 디지털 사회의 하나라고 결론지을 수 있다. 그들은 소비자를 디지털 사업가로 바꾸는 핵심적인 변수일 뿐만 아니라, 마케팅 4.0시대의 소비자가 진정으로 추구하는 목적을 완수 할 수 있도록 진정으로 도와준다.

그러나 디지털 사회가 전 세계로 확산됨에 따라, 디지털 사업가가 된다는 것은 가치를 시장 가치로 변화시킬 수 있는 여러 가지 선택 중 하나에 불과하다. 디지털 사회 내에서, 이러한 메커니즘을을 반영하고, 또한 디지털 원주민을 그들의 궁극적인 목표에 도달하도록 도와주는 많은 역할이 있다. 어떤 것들은 그들의 작업을 지원하기 위해서(최고의 경영진에 도달하는 것), 그들의 가치를 시장 가치로 바꿀 수도 있다. 어떤 이들은 운동선수, 연예인 등 사회적으로 존경받는 사람으로 성공하기 위해 그들의 가치를 확대할지도 모른다. 어떤 이들은 성공적인 자기 계발 코치가 되거나 금융전문가로 성공하기를 원한다.

자아실현(사람들이 각자 다른 욕구와 목표를 갖는다)과 관계없이, 전체이야기의 시작은 동일한 목적-가치를 창출하는-데에서 출발한다.

디지털 사회가 매우 빠르게 확장되는 상황에서, 소비자들은 사회적 문제에 관심을 덜 기울이고, 개인적으로 자신들에게 가치 있고 혜택을 주는 문제를 찾게 될 것이다. 이러한 행동 패턴의 이유는, 디지털 사회에서 일어나는 모든 것을 포착하려고 노력하는 것은 어리석기 때문이다. 소비자에게 모든 사회적 문제와 우려에 대하여 책임을 지도록 요구하는 것은 훨씬 더 어리석다. 즉, 자기 가치를 만들어 내는 것은 그 어떠한 차원에서도 사회를 만족시키기 위한 시도가 절대 아니다. 오히려, 개별적인 소비자들이 특별한 방식으로 지도자로 인정받을 때까지 그들의 위치를 선택하는 방식이자, 사회(여전히 그들은 디지털 사회의 일부이다)와 관련해서 생각하고, 살아가며, 행동하는 방식을 반영하는 행위라 할 수 있다.

그림 53

마케팅 용어로, 디지털 원주민이 하려고 하는 이러한 행동들(활동을 연결하고 수행하는)은 그들 스스로 '개인 브랜드'로 부르는 것을 만들기 위한 노력으로 간주한다. 이러한 종류의 브랜드는 가장 강력하고 자연스럽다.

소비자   개인 브랜드   시장가치

그림 54

소비자들은 비즈니스 측면에서 시작하지 않는다. 그들은 그들 가까이 있는 사람과 연결하고 소통하는 소비자로서 출발한다. 디지털 사회 환경의 지원과 함께, 그들은 그들의 가치와 존재를 공동체에 알리는 콘텐츠를 만들려고 노력한다. 이러한 행동은, 그들의 소통방식을 그들이 알고 있는 사람에서 그들이 공개적으로 알지 못하는 사람에게 하는 것으로 완전히 바꾼다. 자기 가치를 창출하는 것은 소비자를 같은 생각, 믿음, 신념을 가진 사람들과 연결 하는 것을 도와준다. 그리고 이것은 그 누구도 풀지 못한 문제들을 푸는 노력과 함께 좋은 관계와 결말로 이끈다.

마지막 부분은 가장 높은 개인적인 목적을 달성시키기 위해 가치를 시장가치로 전환하는 절차이다. 결론적으로, 소비자의 자아실현을 완성하기 위한 단계는 스스로 만든 그들의 개인적인 브랜드(가치)를, 시장의 가치를 가지고 그들이 필요한 것에 적합한 제품, 서비스, 어떤 종류의 비즈니스 또는 업적으로 전환하는 것과 관련된다.

분명한 점은, 가치를 시장 가치로 바꾸는 과정은 시장 가치를 붙이고(가격표) 나중에 가치를 창출하는 것보다 훨씬 더 강력하다.

디지털 사회, '가치'가 시장 가치를 이끈다.

자본주의에서 가치 주의의 성장

마케팅 4.0시대: 브랜드의 지원을 받는 마케팅전략에서 브랜드 중심 가치창조로

디지털 원주민이 디지털 사업가로 전환되는 증가 숫자는, 비즈니스 분야가 이러한 환경 변화에 맞춰 그들의 전략을 재설계하도록 경고한다. 디지털 사회에서 브랜드의 경쟁은 더는 기업들 사이의 문제가 아니라, 한때 브랜드의 소비자에 불과했던 소비자와의 경쟁까지 포함한다. 소비자들이 그들의 개인적인 브랜드를 시장가치로 바꿀 때, 그들은 디지털 사업가가 되고, 마침내 브랜드 소유자가 된다. 기존 브랜드가 소비자가 만들어낸 브랜드와 경쟁을 해야 할 때, 다른 소비자들이 이 두 가지의 선택 사이에서 결정하는 방식을 상상 해 보자.

첫째, 소비자들은 그들이 같은 편이라고 믿는 사람들이 만든 제품이나 서비스를 선택한다(가치 우선). 둘째, 기존 브랜드에서 나온 제품이나 서비스를 선택한다(시장가치 우선). 따라서 소비자와의 경쟁이 이러한 디지털 사회에서 마지막 선택이 될 것이다. 반대로, 브랜드는 서로 간의 목표를 지원하고 완수하기 위해, 소비자와 관계를 쌓기 위한 그들의 전략을 분명히 규정해야 한다.

이러한 시대에, 브랜드와 소비자 사이의 관계는 완전하고 새롭게 정의된다. 디지털 사회 구성에 기초하여 브랜드와 소비자가 대등하게 되면서, 둘은 보완제로서 협업을 추구한다. 아이디어를 가진 소비자는 전 세계 소비자로부터 자금을 찾고, 반면에 자본을 가진 브랜드는 투자할 가치 있는 아이디어를 찾고 있다(제품과 서비스를 개발).

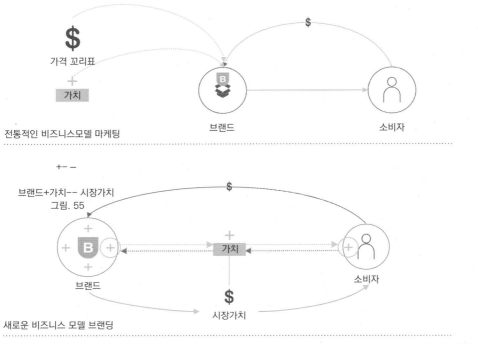

그림 55

디지털 사회에서, 소비자 관계와 참여는 브랜드와 기업의 위상을 판단할 수 있는 필수적인 요소가 되었다. 경제적인 면을 살펴보면, 우리는 가까운 미래에 디지털 사회에 영향을 줄 수 있는 몇 가지 변화를 발견할 수 있다. 돈과 시장 가치가 중요한 자본주의 내 상황은 디지털 사회의 그것과는 현저히 다르다. 오늘날, '세계적으로 연결됨'은 소비자 삶의 일부가 되었다. 이 점이 가치를 시장 가치에 앞서 믿는 사회로 이끈다. 이러한 사실을 뒷받침해줄 결정적인 증거는 없지만, 그것을 목격하기는 어렵지 않다.

디지털 사회는 자본주의에서 가치 주의로 우리를 이동시킨다. 가치 주의는 소비자들이 개인적 가치를 존중하는 경제 시스템이다.

브랜드 가치라는 단어는 다양한 맥락에서 사용되고, 기업뿐만 아니라 비영리 단체를 포함한 정부 분야의 그것까지 아우르고 있다. 비즈니스 분야에서 브랜드가치를 창출한다는 것은 특별한 방식으로 소비자와 브랜드를 결속시키는 것을 의미한다. 이러한 가치 창출은 소비자가 지불의사를 가질만한 문제 해결, 소비자 자아실현 등의 형태를 포함한다. 정부 입장에서 본다면, 시장 가치는 주로 소비자의 만족이 아닌 재정적 어려움 측면에서의 소비자 생활 수준과 연결되어있다. 이는 후자에서의 브랜드 가치를 매우 민감한 문제로 만든다. 정부처럼, 비영리단체도 그들의 사회적 목표를 달성하기 위해 가치를 전달할 필요가 있다. 그들의 시장가치는 보통 같은 가치를 공유하는 정부나 공공분야로부터의 인정을 의미한다. 즉 인정을 받게 된다면, 그들은 자신들의 사회 운동에 대한 후원을 받을 수 있다.

따라서 가치와 시장 가치는 브랜드 자체와 소비자의 기대치에 따라 변하기 쉽다. 가장 분명한 점은 가치를 시장가치로 바꾸는 과정이 사회 내 모든 분야에 실질적으로 영향을 미친다는 것이다.

이는 브랜드 유형과 상관없이, 소비자는 항상 어떠한 방식으로든 참여할 것으로 기대하기 때문이다. 소비자가 참여하는 이유는 상품이나 서비스로 부터는 얻어질 수 없는 자아실현의 성취를 원하기 때문이다. 즉, 세계의 소비자들은 제품과 서비스에 한정되지 않는, 소비자의 삶의 성취를 지원할 수 있는 가치(개별화된 그리고 특별한)를 요구한다. 만약 소비자들이 브랜드가치를 신뢰한다면, 그들이 이러한 가치를 위해 돈을 지불할 가능성이 커진다. 브랜드 역시 디지털 사회의 일부이기 때문에, 브랜드가 재소비자라 부르는 절차, 즉 가치를 만들고 이후 시장가치로 바꾸는 것과 같은 방향으로 소비자들에게 대응해야 한다. 그렇게 하려고 브랜드는, 과거에 브랜드가 해 왔던 전략과는 핵심 아이디어 측면에서 매우 다른 조건들을 수용 할 필요가 있다.

브랜드와 기업은 소비자가 물건이나 서비스를 시장 가치로 구매하게 하려고 마케팅 메커니즘을 사용한다(이러한 메커니즘은 가격, 비용, 그 밖에 선택된 모델에 달려있다). 그들은 브랜드에 가치(가치가 추가된 것으로 알려진)를 더해서, 제품과 서비스에 대해 소비자에게 더 많은 돈을 청구 할 수 있다. 이것은 시장 가치에서 시작해서, 이후 그 시장 가치를 증가시키기 위해 가치를 이용하는 것으로 간주한다. 지금 브랜드는 가치 창출을 우선으로 하는 디지털 사업가들이 취하는 것과 같은 방식으로 마케팅 전략을 설계해야한다. 소비자들이 커뮤니케이션부터 최고 수준의 참여까지 이러한 가치를 믿고 신뢰할 때, 브랜드가 가치를 시장 가치로 바꾸는 그들의 특별한 능력을 이용할 것이다(결국 비즈니스를 하고 있다). 브랜드 가치를 만드는 것이 바로 비즈니스로 이어지지는 않는다(제품과 서비스조차도). 그러한 메커니즘은 여전히 소비자에게 사업 의제를 상기시키기 때문이다(그들은 이러한 가치가 높은 가격을 요구하려고 의도적으로 생성되었음을 안다).

만들어진 모든 가치는 소비자가 개인 브랜드와 일반 브랜드가 연결되는 것처럼 살아있는 브랜드를 중심으로 연결돼야 한다.

그러기 위해서는, 브랜드는 비즈니스 모델과 비즈니스 관리 수준에서 그것의 가치를 실행해야 한다. 이러한 점에서, 종업원들은 브랜드를 발전시키고자 할 때 가장 중요한 임무를 수행한다. 과거의 경험에 의하면, 조직들은 대개, 특별히 큰 목표를 성취하기 위해, 명확하지 않고 분산된 목표를 추진하였다. 이것은 복잡한 경영 구조와 직무 기능들에만 의존하는 행태(사일로 효과)에서 비롯되었다. 이러한 조직 내에서 브랜드의 위치는 마케팅 부서의 일부에 불과했다. 대부분 종업원들은 그들의 직무 책임과 관련한 성과만으로 평가를 받았다. 대체적으로, 전통적인 구조적 관리는 혼돈과 사회적 관심의 부족으로 이어진다(각 종업원은 개인적 목표와 핵심성과지표 (KPI)를 위해서 일한다).

디지털 사회에서, 소비자로서의 종업원은 더욱더 중요하다. 그들은 그들의 가치에 대한 인식을 필요로 하고 더 많은 참여를 원한다. 따라서 조직은 불명확한 방향이나 다양한 목표를 가지고는 발전할 수 없지만, 브랜드 중심의 관리를 통해서는 앞으로 전진 할 수 있다. 브랜드는 모든 종업원이 공통의 가치를 통해서 서로 연결될 수 있는 유일한 해답이다. 그렇게 하려면, 브랜드 가치는 빈틈없고 뛰어나게 만드는 것이 중요하다. 이것은 조직을 구조적인 관리 체계로부터 기업의 목표를 달성하기 위해서 종업원들이 서로 돕는 문화적 경영체제로 변모시키는 데 도움을 줄 것이다. 이러한 것은 브랜드와 종업원 사이에 공통의 문화로써 목격된다. 따라서 종업원의 역할은 결국 완벽한 브랜드의 홍보 대사로 변모하게 된다.

브랜드 홍보 대사는 개인적인 목표를 만족시킬 뿐만 아니라 브랜드 가치 또한 향상한다 (이것은 직무 설명서로 구체화하는 것이 아니라 브랜드 홍보 대사와 조직이 함께 가지고 있는 공유된 가치이다). 조직이 통일된 움직임을 가질 때(브랜드 중심적인 관리에 의해서), 조직은 가치를 시장가치로 바꾸기 위해 브랜드를 지원하게 될 것이다.

이 이론을 바탕으로, 브랜드 전략은 외부요소를(뒤집어서) 브랜드로 가져오는 것을 덜 고려하도록 디자인되었다. 대신에 이러한 전략은, 소비자와 마찬가지로, 브랜드 실현이라는 궁극적인 목표를 달성하기 위해 브랜드 가치를 확장한다. 가치를 가지고 있는 살아있는 브랜드는 시장 가치로 전환할 수 있게 될 것이다. 관계 방식에 따라 브랜드가 소비자들로부터 확신과 신뢰를 얻게 될 것이다(그들은 브랜드가 그들 편이라고 느끼기 때문에). 이러한 과정은 소비자가 연결을 생성하는 주체인 디지털 사회에서 매우 근본적인 부분이다.

이것은 디지털 사업가(가치를 시장 가치로 바꾸려는 다른 형태)가 되려는 디지털 원주민을 지원하고 완성하는 관계가, 결국 그들의 자아실현 단계까지 도달하게 도와주는, 디지털 사회에서 가장 중요한 가치로부터 나온 결과이다. 이것은 한 번에 제품과 서비스를 파는 것만 강조하는 과정이 절대 아니다. 창출된 모든 가치는 브랜드에 연결되기 때문에, 브랜드가 사업의 중심적인 역할을 한다. 디지털 사회에서, 브랜딩 또는 가치를 창출해서 그들을 시장 가치로 바꾸는 과정은 비즈니스 성공의 열쇠이다.

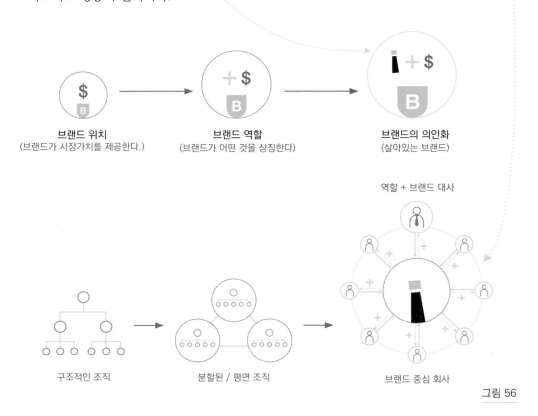

그림 56

결론: 마케팅 3.0시대에서 '디지털 사회'로 불리는 다음 시대로

이번 장에서 언급되었던 통계에 따르면, 우리의 세상은 문자 그대로 디지털 사회에 접어들고 있다. 세계인구의 절반이상이 잠재적인 인터넷 이용자이고 인터넷에서 보내는 시간이 하루에 절반 이상을 초과한다. 이러한 숫자들은 결국 디지털 사회의 중요성을 증명한다. 디지털 사회는 모든 측면에서 태동하고 있다. 예를 들면 권력을 소비자에게 돌려주는 디지털 모바일 기기 발달, 온라인 커뮤니케이션에서 디지털 활동, 특히 디지털 네트워크로의 발달, 그리고 마지막으로 행동과 생활 패턴을 바꾸기 위해 이러한 기술들을 수용하는 소비자 등이 있다. 마지막으로, 소비자는 실제 디지털 원주민이 되었다. 흥미롭게도, 그들은 단순히 완벽하게 연결된 상태에 머물지 않고, 그들 역시 스스로 가치를 창출하고, 그러한 가치를 그들의 성취와 자아실현과 직접적으로 연결된 시장 가치로 전환 시킬 기회를 찾으려고 노력한다.

놀랄 것도 없이, 디지털 사회의 도래는 비즈니스 양상을 완전히 변모시키고 있다. 마케팅 1.0시대에서 마케팅 3.0시대까지, 브랜드는 마케팅 전략을 지원하는 도구로써 인식되어 왔다. 처음에는, 브랜드는 단순히 판매자를 분리하는 상징에 불과했다. 이후 그것은 소비자에게 신뢰를 상징하는 상표 역할을 맡았고, 이는 기업과 조직에 귀중한 자산이 되었다. 이러한 발전은 브랜드와 브랜딩이 제품, 서비스, 비즈니스를 위한 가치를 만드는 경향이 있음을 잘 보여준다. 이것은 주로 소비자와 사회가 제품과 서비스의 가치를 수용하고 기대하기 때문에 작동한다. 따라서 이 시기 브랜드는 비즈니스를 위한 가치 창출의 지원 도구로서 역할을 했다. 마케팅 3.0시대에, 모든 전략이 가치 중심의 마케팅으로 정의되었기 때문에, 브랜드는 마케팅과 대등한 위치로 상승했다.

세계가 온라인과 오프라인에서 소비자가 규칙을 만들고 그들이 어떻게 삶을 살아갈지 설계하는 시대, 즉 '디지털 사회'로 접어들었을 때, 가치가 가장 중요한 것이 되었다. 따라서 가치를 창출하는 기업들은 존속 할 가능성이 높지만, 가치를 창출하는데 실패한 기업들은 소비자에게 이방인이 될 것이고, 결국 디지털 사회에서 설 자리를 잃을 것이다. 따라서 마케팅 4.0시대의 전략은 가치창출에 우선적으로 초점을 맞추고, 이후 그것들을 시장가치로

바꿔야한다. 그리고 모든 가치가(그들의 가치가 시장가치로 변하기 전) 무형의 '브랜드'에 연결되기 때문에, 모든 마케팅과 비즈니스 전략은 소비자와 관계에서 유대를 형성하기 위해, 살아있는 브랜드를 만드는 것을 강조해야한다.

이 책의 첫 번째 결론은 디지털 사회에서 비즈니스 전략의 재 정의이다.

마케팅 4.0에서 브랜딩 4.0시대로

용어 정리

혁신(Innovation)

아날로그(Analog)

디지털(Digital)

디지털 사회(Digital Society)

디지털 경제(Digital Economy)

디지털 사회 구성(Digital Society Architecture)

디지털 생활 스타일(Digital Lifestyle)

디지털 모바일 기기(DMD)(Digital Mobile Devices (DMD))

무선기술 인프라(Wireless Technology Infrastructure)

클라우드 컴퓨팅(Cloud Computing)

스마트폰(Smart Phone)

착용 가능한 디지털 모바일 기기(Wearable Digital Mobile Devices)

디지털 모바일 플랫폼(Digital Mobile Platform)

DMD 생태계(DMD Ecosystem)

디지털 활동(DA)(Digital Activities (DA))

Maslow's 욕구 계층(Maslow' Hierarchy of Needs)

디지털 네트워크 활동(Digital Network Activities)

참여 플랫폼(Engaging Platform)

디지털 활동 개발업자(Digital Activity Developers)

디지털 원주민(DN)(Digital Native (DN))

개인적인 연구(Individual Research)

소비자가 만든 콘텐츠(Consumer Generated Content)

자기 단면(Self-segmentation)

네트워크 특별한 목적(Network Unique Purpose)

소비자가 만든 활동(Consumer Generated Activities)

자아실현(Self-actualization)

가치(Values)

시장가치(Market Values)

디지털 사업가(Digital Entrepreneurs)

클라우드 펀딩(Cloud Funding)

클라우드 소싱(Cloud Sourcing)

개인 브랜드(Personal Brand)

가치주의(Valueism)

자본주의(Capitalism)

브랜드대사(Brand Ambassador)

브랜드 의인화(Brand Personification)

브랜드 중심(Brand Centralisation)

브랜드 실현(Brand Actualization)

재소비자(Re:consumer)

관계가 비즈니스를 이끈다(Relationship Leads Business)

디지털사회 구성

3 | 온라인 세상에서 생활을 가능하게 하라
2 | 모바일 연결성을 가능하게 하라
1 | 무선 커뮤니케이션을 가능하게 하라

기술 추구

디지털모바일
기기(DMD)

디지털
사회

디지털 활동
(DA)

생활 추구

디지털 원주민
(DN)

자아실현 추구

디지털활동을 수행하는 것 | 3
항상 연결되는 것 | 2
커뮤니케이션 | 1

3 | 비즈니스를 운영하려는 욕망
2 | 가치 창출 욕망
1 | 연결하려는 욕망

결론

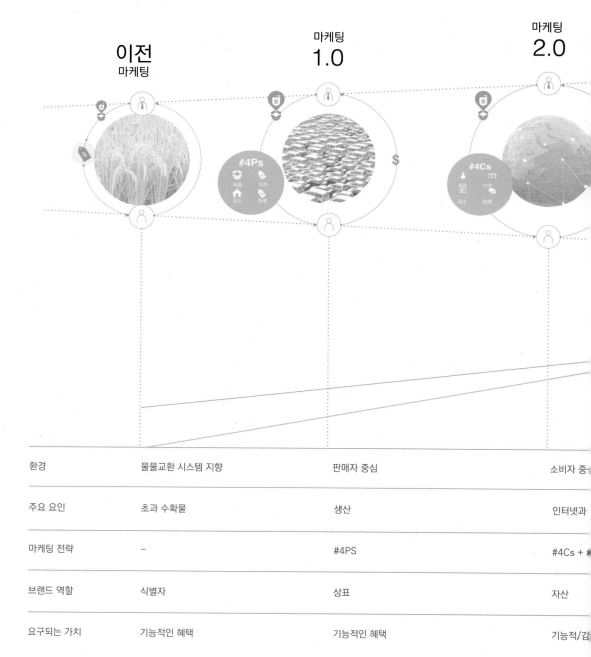

	이전 마케팅	마케팅 1.0	마케팅 2.0
환경	물물교환 시스템 지향	판매자 중심	소비자 중심
주요 요인	초과 수확물	생산	인터넷과
마케팅 전략	–	#4PS	#4Cs +
브랜드 역할	식별자	상표	자산
요구되는 가치	기능적인 혜택	기능적인 혜택	기능적/감

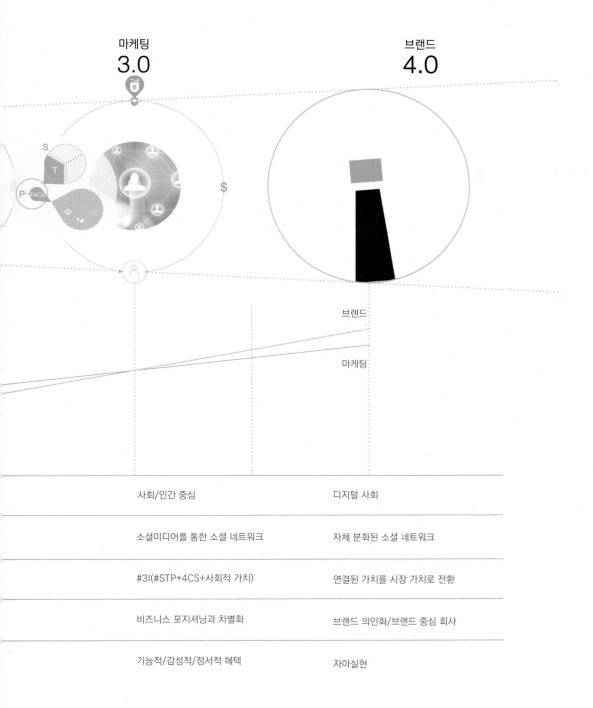

마케팅 3.0	브랜드 4.0
사회/인간 중심	디지털 사회
소셜미디어를 통한 소셜 네트워크	자체 분화된 소셜 네트워크
#3I(#STP+4CS+사회적 가치)	연결된 가치를 시장 가치로 전환
비즈니스 포지셔닝과 차별화	브랜드 의인화/브랜드 중심 회사
기능적/감성적/정서적 혜택	자아실현

3

브랜딩 4.0시대를 위한 전략
(규칙과 실행)

브랜딩 4.0시대를 위한 전략 (규칙과 실행)

가치에서 시장가치로

브랜딩 4.0시대는 일견 새로운 현상처럼 보이지만, 사실은 우리에게 아주 익숙한 디지털화된 생태계가 진화한 것이다. "누군가를 아는 것이 어떻게 하는지 아는 것보다 더 중요하다"라는 오래된 속담이 있다. 이러한 고전적인 인용구는 지금까지 생활과 일이 관련된 측면 모두에서 시간이 지나도 여전히 높게 평가받고 있다.

만약 브랜드가 브랜드 4.0시대에 성공하기를 원한다면, 소비자를 아는 것(소비자와 강력한 관계)과 방법을 아는 것(가치 창출을 위한 중요한 지식)에 진지하게 관심을 기울여야 한다. 그리고 가장 중요한 점은, 브랜드 실현(너 자신을 알라)을 깊이 이해하는 것이 소비자의 생각과 결정에 강력한 영향을 미치면서, 사회적 관계와 소비자 관계를 통해 가치를 전달하는 출발점이 되었다는 것이다. 비즈니스 경쟁력과 함께, 브랜드는 강한 토대 위에 그 특출한 점을 제공할 수 있다. 이것은 브랜드 4.0시대에 성공적인 비즈니스를 위해서는 가치와 능력을 시장가치로 바꿀 능력이 필요하다는 것을 재확인시켜준다.

디지털 사회에서 좋은 관계는 소비자 사이에만 한정되지 않으며, 브랜드와 소비자 사이의 관계에도 상당한 영향을 미친다. 우리가 알고 있는 일반적인 비즈니스를 생각해보자. 그러한 비즈니스는 일단 구매가 성사되면 관계가 형성되며(소비자가 고객으로 바뀐 후에), 브랜드가 관련 비즈니스 이익 및 고객(단순 소비자가 아닌)에게만 초점을 맞추게 된다. 그러나 브랜드 4.0시대에는 소비자와 좋은 관계를 맺는 것이 그들을 고객으로 전환하는 열쇠가 된다.

이러한 메커니즘은 자연스럽고, 또 강력하다. 소비자가 구매를 할 때 브랜드가 "당신은 이 제품을 원하시나요?"라고 질문하는 대신에, 소비자로부터 "당신은 내 문제를 해결할 수 있는 제품을 가지고 있다"는 메시지를 받게 된다. 소비자 대 소비자 관계가 자연스럽게 흘러갈 때, 브랜드가 소비자와의 관계에서 모방해야 할 유일한 것은 인간처럼 살아있는 브랜드가 되는 것이다.

살아있는 브랜드를 만드는 절차는, 삶 속에서 자연스럽게 형성되는 소비자의 개인적인 브랜드 구축절차와 유사하다. 브랜딩 4.0시대에 브랜드가 살아있게 만들려면 소비자가 주도하는 디지털 사회의 일부가 되는 것이 유일한 방법이다. 이러한 방법은 브랜드가 소비자와 유대관계를 맺을 수 있도록 도와주는데, 이는 소비자로 하여금 브랜드가 비즈니스 측면에서 떨어져 나와 있는 것처럼 느끼도록 도와준다. 숨겨진(비즈니스) 의제 없이, 마치 소비자끼리 관계를 맺는 것처럼, 브랜드와 소비자는 가치 공유를 통해 유대 관계를 맺을 수 있게 되는 것이다.

이러한 관계를 바탕으로, 소비자가 브랜드의 메시지를 주의 깊게 듣고, 활동에 참여하고, 마침내 섞이게 되는 과정이 더 자연스럽게 일어난다. 이러한 생각은 현시대에 성공적인 브랜드로 남기 위한 필수적인 전략의 시작점이 된다.

소비자가 브랜드에 의지하고 브랜드가 인간에 의지하는 '브랜드 중심' 시대.

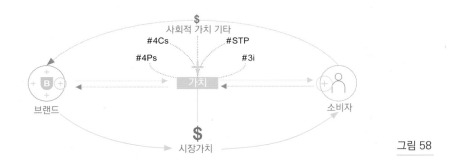

그림 58

경제의 진화(사회와 환경의 변화와 함께)에 대한 폭넓은 이해를 통해, 마케팅 1.0시대부터 마케팅 전략이 기존의 것과 정 반대인 디지털 사회까지, 브랜드에 대한 마케팅 전략과 역할은 가치에서 시작해서, 이후 그 가치를 시장가치로 전환하는 것이다. 마케팅 담당자와 브랜드 개발자가 반드시 알아야 하는 것은, 사업을 추진하기 위해서 #4PS, #4CS, STP, 3i같은 전통적인 전략들이 비즈니스를 운영하는 데 여전히 필요하다는 점이다. 기존의 마케팅과 차이를 만드는 것은 마케팅 3.0시대의 가치 추구 마케팅이다.

디지털 환경이 소비자 행동을 바꿀 때, 소비자는 우선 가치에 관심을 기울이는 경향이 있다. 그래서 비즈니스 운영은 시장가치보다 가치를 중심으로 앞세우는 살아있는 브랜드를 강조하고, 브랜드에 더 많은 가치가 더해지도록 문제해결에 초점을 맞춘다. 이러한 메커니즘을 만들기 위해, 마케팅 전략은 앞으로 정교해질 다른 비즈니스 과정뿐만 아니라 브랜드 중심 가치를 창출하는데 도움을 주기 위해 사용된다. 가치를 시장가치로(브랜드 중심의 시장가치 창출) 바꿀 수 있는 시대인 브랜딩 4.0시대에 브랜드를 구축하고, 성공적으로 지속할 수 있는 브랜드를 만들기 위해 반드시 따라야 할 세 가지 중요한 원칙들이 있다.

#규칙 1: 하이브리드 소비자 여정
소비자는 실제로는 물리적인 세계, 또는 오프라인에 살지만, 동시에 그들은 온라인 세상에 나타난다. 이 두 세상이 완전히 분리된다는 것은 상상하기 어렵다. 이런 상황이 새로운 하이브리드 소비자 여정을 일어나게 한다.

2장의 디지털 사회 구조에서, 우리는 소비자의 참여 순간(브랜드 가치)과 소비자의 구매 순간(상품/서비스/시장가치)을 발견했다.

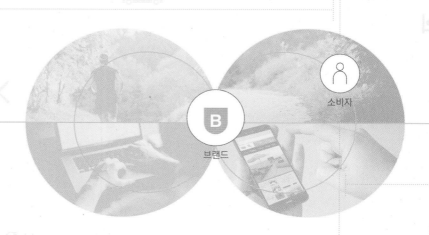

소비자가 참여하는 순간
(브랜드 가치)

소비자가 구매하는 순간
(제품/서비스/시장가치)

소비자

B

브랜드

1. 소비자는 더 많은 시간을 온라인 세상에서 보내게 될 것이고, 그 추세는 계속해서 상승할 것이다. 그들은 결국 모든 것을 온라인에서 할 수 있을 것이다(오프라인에서 온라인으로).

2. 그러나 온라인 세상이 아무리 성장해도, 소비자들은 오프라인 세상에서 숨 쉬고 있다. 그들은 거주하고, 먹고, 실제 옷을 입는다. 이러한 모든 것들은 온라인 세상에서는 일어날 수 없다(온라인에서 오프라인으로).

비록 모든 사실과 숫자들이 디지털 사회의 확장을 가리키고 있지만, 실제 인간으로서 소비자는 오프라인 세상에서 살아야 한다. 그들의 인생 여정은 온라인과 오프라인 세상의 결합이라 할 수 있다. 이러한 관계는, 분리하기 어려운, 항상 '왔다 갔다 하는 것'으로 간주된다. 이러한 순환은 종종 평행적이고 순차적인 패턴으로 생긴다. 디지털 원주민의 행동을 생각해보자. 예를 들면, 그들은 식사하면서 온라인 채팅을 하고 주가를 점검하면서 운동한다.

디지털 사회에 관한 깊고 상대적인 검토 후에, 인간은 사회의 일부로써 매일 다양한 형태의 행동을 반복적으로 수행한다. 우리는 이러한 행동을 '일반적인' 것으로 정의할 수 있다. 동시에, 일부 행동들이 온라인을 통해서만 수행이 가능할 때, 이러한 행동들은 '새로운' 것으로 정의될 것이다. 소비자가 온라인과 오프라인 세상에서 살아가고 행동하는 상황에서, 새로운 행동과 일반적인 행동 사이의 차이는 불분명하다. 따라서 우리는 현재와 미래에 하이브리드 소비자 생활/여행으로 정의하는, 이러한 행동 사이의 갈등을 '새로운 일반적인 것'으로 부를 수 있다.

정상적인 (사회)
육체적인 행동 추구

새로운 정상적인 생활스타일

새로운 (디지털)
디지털 행동 추구

소비자 참여 순간
(브랜드 가치)

브랜딩 4.0시대, 브랜드 설계자의 중요한 업무는 그들이 브랜드에 참여하면서 온라인과 오프라인사이의 간극을 좁히는 방법을 이해해야 한다는 것이다. 이것은 소비자가 이 두 가지 세상에서 전환하는 것을 쉽고 효율적이며 가장 합리적으로 또한, 소비자의 생활 방식에 가장 부합하는 방식으로 하도록 도와준다. 소비자의 여정은, 일시적인 일회성 행사가 아닌, 지속적이다.

각각의 사건이 소비자의 인식을 만들고, 이는 경험으로써 모아지고, 또한 브랜드와의 관계를 느끼게 할 것이다. 소비자의 행동이 자연스럽게 생기듯, 브랜드는 소비자가 그들끼리 하는 것처럼 자연스러운 참여를 위해 브랜드 여정과 함께하는 소비자 여정을 설계하고 연결해야한다. 이것은 브랜드가 살아있어야 할 이유를 지탱하는 또 다른 이유이다.

규칙 2 브랜드 파생물

다양한 유형의 브랜드들 사이에서 살아있는 브랜드를 만드는 행위는 개인적인 브랜드에 의해 직접 영향을 받는다. 이러한 살아있는 브랜드는 브랜드 파생물로 부르는 개인적인 브랜드의 파생물이다. 반대로, 소비자가 자연스럽게 그들의 개인적인 브랜드를 만들 때, 브랜드는 마치 인간처럼 살아 있게 될 수 있다.

결론적으로, 인간이 브랜드가 될 수 있고, 브랜드가 인간이 될 수 있는 세상에서 우리는 살고 있다. 이것은 브랜드 4.0시대에 진행되고 있는 일을 총체적으로 정의하는 최고의 표현이다. 브랜드와 소비자 사이의 관계가 수직적 관계(소비자 중심이나 브랜드 중심)에서 수평적인 관계로, 동등한 지위로 변화하고 있다. 이것은 소비자들 사이의 관계와 완전히 같은 것이다. 소비자가 브랜드와 평등할 때(지위와 권력), 그들은 가치와 그들의 개인적인 브랜드를 만들 수 있다. 그리고 이후 디지털 사회에서 그러한 가치들을 성공적인 시장가치로 바꾼다. 시장가치로 전환된 소비자 가치를 반영하는 몇 가지 성공적인 사례를 살펴보자.

세계적으로 유명한 아티스트 비욘세Beyoncé는 채식주의자, 엄격한 식단, 건강에 대한 관심 등으로 인정받고 있다. 이러한 가치들이 그녀의 명성을 구체화하는데 도움을 주었고, 그녀가 '22일간의 영양'이라는 브랜드로 채식주의 식단 배달과 관련된 비즈니스를 운영하도록 이끌었다. 모든 메뉴는 그녀의 일상생활 식단과 일치 한다. 예를 들면, 조리할 때 완전히 검증된 비유전자 조작 채소와 글루텐과 발암물질이 없으며, 대두가 아닌, 그리고 무엇보다 체중조절에 좋은 재료들만 사용해야 한다(Entrepreneur, 2015).

데이비드 베컴David Beckham은 위대한 축구선수인 것과 별개로, 진지하고 엄격하게 자기관리를 하는 신사이자 메트로 섹슈얼Metro Sexual의 아이콘으로서 정평이 나 있다. 베컴은 이러한 가치들을 자기 관리와 관련된 상품, 즉, 향수, 옷, 속옷, 상징성 있는 술인 헤이그 클럽Haig Club같은 것들로 전환하여 막대한 이윤을 거두었다. 게다가, 그는 가정적인 남자로 알려져 있다. 그리고 이러한 점은 그의 아내와 아이들 역시 다양한 상품들로 이윤을 남기는 데 도움이 되었다.

이들은 디지털 모바일 기기와 디지털 활동들의 성장으로부터 혜택과 지지를 받은 전형이 되고 있다. 즉, 그들의 가치를 다른 사람들에게 연결하여 그들의 개인적 브랜드를 만든 것이다. 지위와 명성이 대단히 성공적일 때, 이러한 유명 인사들은 그들의 브랜드를 비즈니스를 위한 시장가치로 바꿀 수 있다.

위의 사례들이 보여준 것처럼, 이러한 상황은 성공과 수익 창출로 이어진다. 브랜드가 이 규칙에 대하여 이해해야 하는 점은 브랜드 4.0시대에 차별화를 한다는 것은, 가식이나 외부의 독려로 이루어 질 수 없다는 점이다. 그것은 내적인 힘을 이해하는 것에서 자연스럽게 발생한다

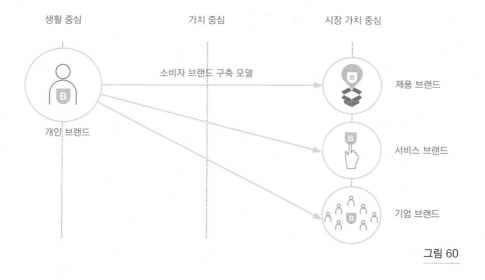

그림 60

연결과 커뮤니케이션이 곳곳에 있는 디지털 사회에서, 비즈니스 측면을 고려하면, 소비자의 목적은 제품과 서비스로의 접근뿐만 아니라, 깊은 수준의 브랜드 정보와 스토리에 접근하는 것이다(특히 브랜드/비즈니스 과정). 따라서 위대한 브랜드 스토리를 알리는 것이 세계의 거대 브랜드에도 중요하다. 어떠한 유형의 브랜드이든 제품 브랜드, 서비스 브랜드, 기업 브랜드 또는 국가 브랜드, 우리는 모든 위대한 브랜드 이면에 위대한 지도자가 있거나, 더 정확히 말하자면, 그들의 개인적인 브랜드가 있다는 사실을 인지해야 한다. 이는 다음과 같은 브랜드 소유자(또는 최고 영향력이 있는 사람들)를 통해서 쉽게 이해 할 수 있다.

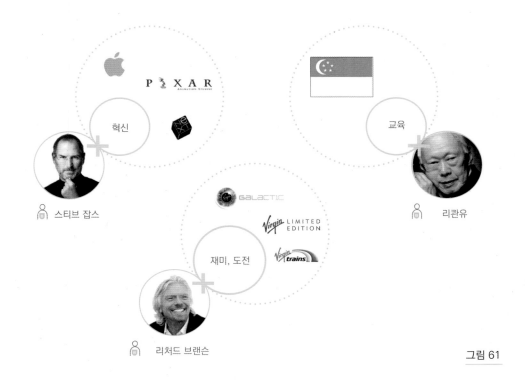

그림 61

스티브 잡스Steve Jobs는 이 시대의 가장 중요한 개인적인 브랜드 중 하나를 가지고 있다. 비록 그는 세상을 떠났지만, 잡스는 그의 개인적인 브랜드를 아이맥iMac, 아이팟iPod, 아이패드 iPad 같은 많은 제품 브랜드로 바꾸어 놓았다. 동시에 그는 혁신가로 잘 알려져 있듯이, 자신의 개인적인 브랜드를 기업브랜드 '애플'에 물려주었다. 브랜드 문화로서 구축될 때까지 잡스는 혁신가 캐릭터를 기업 캐릭터로 단단히 박아놓았다. 그는 애플뿐만 아니라 픽사Pixar, 넥스트Next같은 많은 브랜드를 성공적으로 만들었다. 오늘날, 우리는 도처에 있는 이런 제품과 기업들이 잡스의 브랜드가 근간이 되었음을 인정해야 한다.

리처드 브랜슨Richard Branson은 그의 개인적인 브랜드를 자신이 만든 다른 브랜드로 전환한 또 하나의 분명한 본보기이다. 그의 재미있는, 도전적인, 용감한 캐릭터들이 그의 제품과 서비스로 탈바꿈했다. 이것들은 여행 비즈니스Virgin Rail, 개인 섬 사업Virgin Limited Edition, 항공 비즈니스 Virgin Atlantic, 우주여행 사업Virgin Galactic 그리고 더 많은 비즈니스를 포함한다. 브랜슨의 브랜드는 그의 기업 브랜드 '버진Virgin'의 핵심 역할을 한다. 즉, 현대적인 경영, 즐거운 노동 문화 등, 브랜슨의 개인적인 브랜드와 그의 기업 브랜드가 정확하게 일치한다.

국가 브랜드와 관련해서, 싱가포르의 초대 총리를 지낸 리콴유Li Kuan Yew는 그의 개인적인 브랜드가 싱가포르를 올바른 방향으로 나아가게 할 수 있음을 증명했다. 제한된 천연자원을 가진 작은 나라에서, 리콴유는 자신이 어렸을 때부터 배움과 학습에 흥미를 느낀 것처럼, '교육을 통한 인간'에 초점을 맞춘 싱가포르 브랜드를 구축해왔다. 이러한 모든 것이 싱가포르를 세계적으로 높은 경제적 경쟁력을 가진 나라로 만들었다(한세대 만에 싱가포르는 후진국에서 선진국으로 도약했다). 지금의 싱가포르 브랜드는 가치 있는 인적자원을 가진 강한 나라를 상징한다.

위의 사례들은 다음과 같은 사실을 반영한다. 만약 제품과 서비스가 인간이 창출한 결과라면, 개인적인 브랜드를, 개인적인 브랜드 파생물로 알려진 다른 형태의 브랜드로 전환하는 것이 필수적이다. 이것은 브랜드를 살아 있게 만드는 가장 중요한 메커니즘이다(이러한 브랜드들은 배후에 인간이 있을 때만 살아있게 될 것이다).

따라서 가장 위대하고 성공적인 브랜드는 분명히 개인적인 브랜드를 가진 강한 인간에게서 나온다. 이러한 사람들은 그들이 만든 브랜드를 위해 비즈니스 전략을 설계하고, 그들의 가장 귀중한 자산인 개인적인 브랜드를 다른 브랜드(제품과 서비스가 아닌)로 이동시킨다. 이것은 브랜드 소유자뿐만 아니라 경영진, 관리, 종업원, 디자이너 등 브랜드와 관련된 모든 사람에게 적용될 수 있다. 그들의 개인적인 브랜드는 관련 브랜드에 영향을 미치게 될 것이다. 이 경우, 브랜드는 통일성과 방향성을 확보하기 위해 브랜드 중심의 경영을 요구하게 된다. 이것은 브랜드 4.0 시대에 주의가 필요한 또 다른 요인이다.

강력한 개인적인 브랜드로 시작해서 하나의 브랜드를 만들기 위해서는, 관련자들, 특히 브랜드 소유자들은 해당 독립체와 살아있는 개인 브랜드를 그들이 만들고자 하는 브랜드로 전환해야 한다. 이때 단순히 비즈니스 브랜드나 마케팅 모체로 포지셔닝 하는 것은 금물이다. 비즈니스 외에도, '살아있음'은 인간처럼 브랜드와 관련된 스토리와 사건들을 의미한다. 브랜드의 살아있는 측면이 브랜드와 소비자가 유대를 맺게 하고 강한 관계를 자연스럽게 형성하게 될 것이다(비즈니스는 생명을 가지고 있지 않기 때문에, 관계를 형성하는 것은 브랜드를 통해서 이루어진다). 브랜드의 가치는 소비자가 인지하는 가치이다(비즈니스는 불완전함을 고려하라). 소비자가 개인적인 브랜드를 만들고 자신을 판매자와 시장가치로 전환하지만, 소비자의 살아있는 측면과 결부시켜 브랜드 생명력을 유지하기 위해, 그 과정을 반대로 반복할 수 있다.

결론적으로 브랜딩 4.0시대는 브랜드 포지셔닝(비즈니스 중심)에서 브랜드 의인화(인간 중심)로 이동한다.

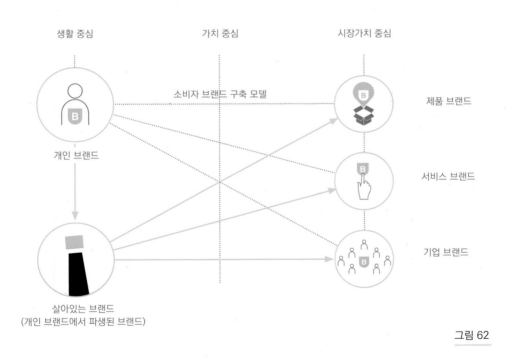

그림 62

#규칙 3 : 브랜드 가치= 공유가치 + 특별한 가치

브랜드 4.0시대에 브랜드 전략은, 브랜드 중심의 가치 창출로서, 살아있는 브랜드가
공유된 가치의 네트워크와 커뮤니티를 만들고, 들어가고, 참여하며, 이후 소비자에게
시장가치를 가진 어떤 것을 전달하기 위해, 소비자 참여를 통하여 브랜드에 특별한
가치를 부여하는 과정이다.

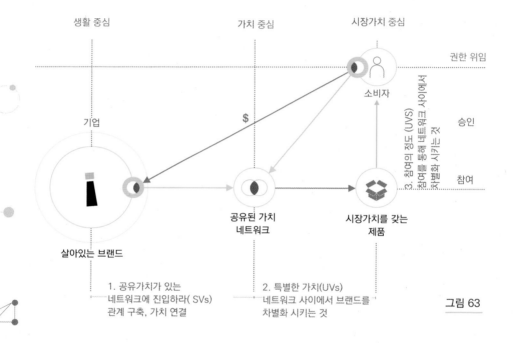

그림 63

마케팅 3.0시대에 전개된 마케팅 전략은 영적인 측면에서 인간 욕구에 대응을
꾀한다. 조건을 만족시키기 위해, 브랜드는 모든 소비자가 공유하는 그들 주변에
있는 것에 관심을 가져야 한다. 그러나 디지털 모바일 기기가 개인적 기기인 시대에
접어들자마자, 소비자들은 전체적인 상황 내 세부적인 사회에 초점을 맞추지 않는다.
그들은 자신들의 특별한 흥미와 관련지어 디지털 사회를 보고, 사회적 관심과는
별개로 특정한 가치를 믿고 그것에 연결하는 것을 선택한다(사회적 네트워크는 특별한
목적을 위해 자기 분화 되었기 때문에). 디지털 사회에서는 특정한 방식으로 같은 가치를
추구하는 사람들의 집단이 형성될 것이다.

이러한 집단은 소비자와 브랜드 사이의 관계가 건설적으로 발전하는 곳이다. 문제 또는 욕구가 발생했을 때, 이런 집단은 그들이 할 수 없는 어떤 것을 해결하기 위해서 다른 사람이나 브랜드를 찾게 될 것이다. 그리고 가능하다면, 그들의 자아실현 성취에 도움을 주는 것을 찾게 된다. 모든 사람이 그들의 삶에서 매우 특별하고 개인화된 욕구를 가지고 있음에 주목하자. 그들의 조건을 만족시키기 위해, 브랜딩 4.0시대에 브랜드 전략은 '소비자와 브랜드에 의해 공유된 가치 네트워크'로 불리는 구체적인 집단 내에서 브랜드를 만들고, 들어가서, 참여함으로써 시작된다.

'소비자와 브랜드에 의해 공유된 가치 네트워크'

공유된 가치의 네트워크는 인간 정신의 욕구를 개인적인 또는 '당신의 정신'의 욕구로 발전시키는 요인이다. 디지털 모바일 기기는 매우 거대한 온라인 소셜네트워크의 확장을 지원하고, 온라인과 오프라인 사이의 간극 역시 메꾸어준다. 그러나 만약 디지털 사회가 양적인 면에서 새로운 세상과 같다면, 그것은 커뮤니케이션의 목적을 넘어서는 어떤 특별한 목적 (연결 목적, 이것은 소비자들이 그들끼리 공유하고 있는 욕구에 반응한다) 없이 범세계적으로 연결된 것을 의미한다.

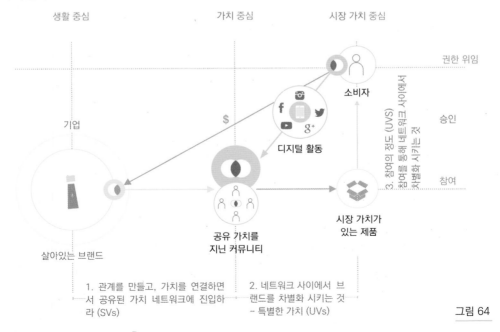

그림 64

디지털 사회가 커지고 소비자가 더 많은 통제 권력을 갖게 될 때, 디지털 사회 소비자들은 연결의 구체적인 목적을 제공하기 위해 자기 분화를 하게 된다(그들은 그들에게 가장 잘 어울리는 것을 선택할 수 있다). 따라서 브랜딩 4.0시대의 마케팅 전략은 제품과 브랜드를 판매와 이익으로 묶어두는 과거와 다르다. 브랜딩 4.0 시대는 브랜드와 가치를 묶는다. 브랜드와 소비자 사이에 공유된 가치를 '공유가치'라고 부른다.

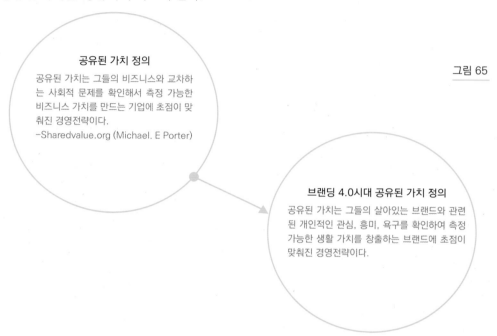

공유된 가치 정의
공유된 가치는 그들의 비즈니스와 교차하는 사회적 문제를 확인해서 측정 가능한 비즈니스 가치를 만드는 기업에 초점이 맞춰진 경영전략이다.
–Sharedvalue.org (Michael. E Porter)

그림 65

브랜딩 4.0시대 공유된 가치 정의
공유된 가치는 그들의 살아있는 브랜드와 관련된 개인적인 관심, 흥미, 욕구를 확인하여 측정 가능한 생활 가치를 창출하는 브랜드에 초점이 맞춰진 경영전략이다.

이것을 간단히 말하면, 소비자에게 제품과 서비스에 대한 지불을 요구하기 전에, 브랜드는 공통가치(브랜드와 소비자가 공통으로 가지고 있는 가치)를 판매하는 것이 중요하다. 이 이론을 실현 가능하도록 하는 핵심적인 개념은, 돈만큼 강력한 (공유되고 - 가치화된 네트워크에 근거한) 디지털 사회에서 가치를 측정하는 능력이다. 이는 기업의 투자와 결정에 거대한 영향을 미치는데, 왜냐하면 과거에는, 가치가 판매량 증가를 위해 추가되는 와중에서도 오직 판매량만이 비즈니스와 마케팅의 성공을 말해주는 유일한 필수 지표였기 때문이다. 그러나 분화된 소셜네트워크가 소비자를 공유된 가치와 연결함으로써 디지털 사회에서 생겨날 때, 그것은 브랜드와 브랜드의 마케팅 전략의 방향을 정확하고 효과적으로 정하는 데 도움을 줄 것이다.

이런 공유된 가치는 자동차 혁신, 건강한 삶, 기술, 그리고 다른 영역에서 그들의 관심·흥미·욕구로 집단화된, 소비자의 행동과 직접 연결된다. 이렇듯 명확한 커뮤니티에서, 소비자들은 자기들만의 신념과 욕구와 관련된 콘텐츠를 교환하기 시작한다. 이는 명확한 목적을 가진 네트워크 안에서 브랜드가 소비자가 무엇을 필요로 하는지 배우게 하는 통로를 열어준다.

각각의 네트워크에서 소비자들은 그들의 동료로부터 나온 공유된 콘텐츠와 스토리에 관심을 기울일 것이다. 흥미롭게도, 그들은 자신들이 다른 사람에게서 들은 것들을 믿을 것이다. 네트워크 내에서 신뢰가 생기는 이유는, 그 집단의 일부가 되려는 공유된 경험과 배경, 그리고 욕망이다. 이러한 믿음과 행동에 따라, 네트워크에서 일어나는 어떠한 일이든 구매 결정에 자동으로 영향을 미칠 것이다. 결과적으로, 브랜드가 이러한 네트워크에 참여하는 것이 중요하다.

게임애호가들: 플레이 스테이션(Play Station) 네트워크는 72개국 이상에 네트워크를 분포시켰다.

모터사이클 애호가들: 할리(Harley) 소유자 그룹 또는 할리데이비슨(Harley Davidson) 네트워크는 100만 명 이상의 적극적인 회원을 가지고 있다.

레고(LEGO) 애호가들: Lugnet of LEGO 네트워크는 호주, 프랑스, 미국, 캐나다, 이탈리아 같은 많은 나라에 대략 4만 9천 29명의 적극적인 회원을 보유하고 있다.

뷰티 애호가들: 온라인 소매 웹사이트인 Sephora에서 제공되는 미용 토크나 네트워크는 미용 전문가들과 최고의 제품을 찾는 사람들의 미용에 대한 논의들을 전달한다. Sephora에서 200만 개 이상의 기사를 찾을 수 있고, 이 기사들은 회원들에게 영향을 미쳐, 비회원보다 10배 이상 구매를 하도록 유도한다.

확실히, 살아있는 브랜드의 존재는 브랜드의 지위와 제품을 구별해주기 때문에 브랜드가 네트워크에 접근하기 쉽게 할 것이다(브랜드는 제품 상징이 아니라 인간이다). 예를 들면, 세계 최고의 브랜드 중 하나인 코카콜라는 브랜드와 제품 분리에 성공했다. 코카콜라는 청량음료(제품)를 제조하지만, 코카콜라 브랜드는 '행복'과 관련된다. 행복은 코카콜라와 소비자가 함께 가지고 있는 공유된 가치이다(모든 사람은 행복해지기를 원한다). 소비자가 소프트 음료와 유대를 만들어내는 것은 불가능하지만, 분명하게 그들은 행복을 믿는 사람으로서 코카콜라와 유대를 만들어 낼 수 있다. 1세기 이상을 코카콜라는 삶의 모든 측면에서 행복을 가지는 것의 본질에 대하여 증명해왔고, 이는 코카콜라와 소비자 사이의 유대를 강화했다. 이것이 바로 코카콜라 브랜드의 공유된 가치 네트워크가 세계에서 가장 큰 네트워크 중 하나가 된 이유이다.

브랜드의 처지에서 보면, 공유 가치 네트워크의 일부가 되는 것은 대단한 이득이 되는데, 그 이유는 네트워크 내 소비자들의 공유된 문제나 관심에 대한 이해를 할 수 있는 기회를 가질 수 있기 때문이다. 이러한 이유로 브랜드는 고객을 위해 그러한 문제들을 해결할 리더로서 해야 할 역할을 할 수 있는 기회를 가지게 된다. 이러한 기회는 공유된 가치를 강화하고 그들의 관계를 발전시킬 것이다. 과거에는 브랜드가 시장조사를 통해 소비자를 파악했는데, 획득된 자료가 현실과는 다를 수 있었고(통제할 수 없는 요소 때문에), 따라서 연구 결과를 실생활에 반영하는 것이 큰 효과가 없었다. 이것은 통신 속도가 나노초 수준에 육박하는 현재의 세계에서 훨씬 더 효과가 없을 것이다. 소비자들은 그들이 실질적으로 원하는 것들을 설명할 새도 없이 자신들의 마음을 재빠르게 바꾼다(몇 시간이 지나면 새로운 것이 될 것이다). 다행히, 각각의 네트워크의 욕구, 행동, 관심에 맞춰 설계된 디지털 활동들이 브랜드가 의견을 인지해서 교환하고, 소비자를 더 정확하게 알고, 브랜드 가치를 창출하기 위해 그러한 정보를 수용 할 수 있도록 이끌고 있다.

코카콜라의 사례로 돌아가서, 엄청난 소비자 네트워크와 판매에도 불구하고, 그것은 브랜드에 대한 가치 창출의 중요성을 간파하고 그렇게 하는 방법을 지속해서 찾고 있다. 좋은 사례 중 하나를 소개하자면, 코카콜라가 제조한 콜라를 사랑하지만 동시에 체중이 늘어나고 건강에 문제가 생길까 봐 걱정하는 소비자의 네트워크를 발견한 것이다. 코카콜라가 그 네트워크에 들어가서 소비자들이 필요한 것과 걱정하는 것을 알게 되었을 때, 그들은 해결책으로 그린 라벨이 붙은 Coca-Cola Life를 제공한다. Coca-Cola Life는 설탕을 저 칼로리의 단맛 나는 풀(그린 라벨로 암시된)로 대체한 제품이다. 이는 소비자들에게 그들의 건강에 대해 더는 걱정할 필요가 없게 만들어 주었다. 즉, 코카콜라가 소비자의 요구에 적절하게 응답한 것이다. 코카콜라는 공유된 가치를 제공했을 뿐만 아니라, 결국 기업에 재정적인 혜택으로 이어지는 대단한 해결책을 제공했다. 해결 과정은 다음에 검토될 것이다.

고객들은 왜 Coke Life를 지지했을까? 이것은 공유된 가치를 가지는 것과 소비자를 위한 해결책이 브랜드에 가치를 더해주고 소비자에게 브랜드가 같은 편에 있다는 느낌을 받게 하면서 브랜드에 대한 신뢰가 높아졌기 때문이다. 결과적으로, 소비자들은 그 브랜드가 만든 제품과 서비스에 더 우호적으로 마음을 열게 될 것이다. 그러한 느낌과 경험은 소비자의 미래 구매 결정에도 분명히 영향을 미칠 것이다. 디지털 사회에서 소비자들은, 다른 무엇보다도 더, 공유된 가치를 통해 브랜드와 연결되고 브랜드의 제품은 그다음이다(신뢰와 믿음 때문에 산다).

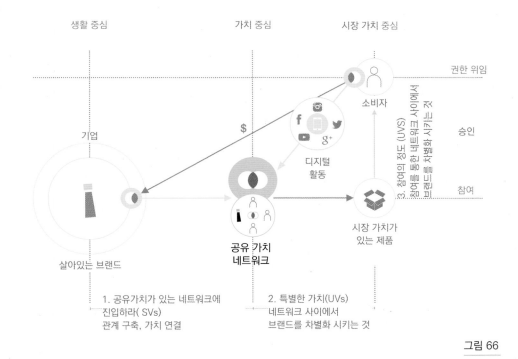

그림 66

같은 집단에 있다는 것은 서로에 대한 이해와 문제를 해결하는 실제 의도를 나타내 준다 (판매를 지원하기 위한 광고나 행동이 아닌). 살아있는 브랜드는 소비자가 진정으로 필요한 것으로 가는 표를 얻지만, 공유된 가치나 네트워크 연결이 없는 다른 브랜드들은 도태될 것이다. 공유된 가치의 브랜드 네트워크는 다른 방식으로 그것의 이야기를 알려주고, 소비자가 그 브랜드에 소속감을 느끼게 하는 방식으로 소비자와 유대를 만드는 통로로써 중요한 역할을 수행할 것이다.

공유된 가치는 네트워크 내에서만 제한되지 않는다. 소비자가 브랜드와 그것의 공유된 가치에 대해 더 많이 인지할 때, 그들이 알고 있는 것(소비자가 만든 콘텐츠)을 네트워크 안팎에 있는 사람들에게 전달 할 수 있다. 그러한 메커니즘(디지털 원주민의 근본적인 행동으로서)은, 소비자 간 신뢰와 브랜드에 대한 높은 이해(관계에서 나온)로 무장한 제3자에게서 전해 들은 브랜드 이야기와 함께 다른 소비자들을 브랜드 고객으로 변하도록 고무할 것이다. 비록 일부 소비자들이 제품과 서비스 구매에 관심이 없다 할지라도, 의도했든 안 했든 그들은 여전히 브랜드의 이야기를 인지할 수 있다. 즉, 이런 집단의 소비자들은 향후에 브랜드 소비자가 될 가능성이 있다. 결론적으로, 그들이 현재 또는 미래 소비자이든, 소비자와 공유된 가치 네트워크와 소비자와 강한 관계를 맺은 브랜드의 존재는 브랜드를 소비자의 마음속에 담아두게 하여, 결국에는 자동으로 그들에게 최고의 (또는 유일한) 선택이 될 것이다.

소비자에게 귀중한 어떤 것(제품과 서비스)을 전달하기 위해 소비자 참여와 함께 브랜드의 특별한 가치를 적용하는 것.

개인적인 필요성을 만족시키기 위해 통찰력을 키우는 것

브랜드가 공유된 가치의 네트워크를 통해 소비자와 연계를 해야 하는 중요한 이유는, 그 네트워크가 디지털 사회에서 브랜드가 소비자 네트워크에 들어갈 수 있도록 허용하는 유일한 연결고리이기 때문이다. 브랜드 형성은 브랜드에 가치를 가지는 것을 가능하게 한다. 이러한 가치들이 각각의 네트워크에서 소비자 가치와 일치할 때, 그것은 상호 간의 유대로 이어질 것이다. 살아있는 브랜드는 소비자가 자기들끼리 가지고 있는 것처럼 소비자와 좋은 유대를 만들 수 있고, 그것은 디지털 사회와 연결하기 위한 기본적인 필요사항이다. 이러한 결과는 브랜드가 예전에는 가지지 못했던 것을 충족시켜 줄 것이다(과거에는, 브랜드들은 시장가치에 초점을 맞추는 비즈니스에 관심을 기울였지만, 소비자 입장에서는 관계가 가치보다 우선이다).

브랜딩 4.0시대에 브랜드 전략은 그 지점에서 아직 끝나지 않는다. 소비자들이 스스로 가치를 만들고 가치를 시장가치(디지털 활동을 통해)로 바꾸기 위해 특별한 능력을 활용하여 디지털 사업가로 변신하는 디지털 사회의 본질을 고려하면, 소비자들은 자기들끼리 관계를 맺고 있기 때문에 그들이 하려는 것을 할 수 있다. 이것을 흥미롭게 하는 것은 공유된 가치를 시장가치로 변화시키는 능력은 디지털 사회에서 여전히 차이를 만들어 내는 중요한 부분이라는 점이다.

이러한 점의 이유는 가치를 시장가치로 바꾸는 것이 소비자를 디지털 사업가로 만드는데 가장 어려운 부분이기 때문이다. 비록 소비자 사이에 관계를 수립하고 공통 가치를 만들어 내는 것이 자연스럽게 일어난다고 할지라도, 가치를 시장가치로 바꾸는 것은 특별한 능력을 요구한다. 초기에는 디지털 사업가들은 분명 디지털 사회 구성, 즉 디지털 모바일 기기와 디지털 활동에 의해 지원받는다. 소비자들은 디지털 플랫폼 버전의 디지털 활동을 이용함으로써 가치를 시장가치로 바꿀 수 있다. 그러나 비즈니스 경영같이 가치 전환을 받쳐줄 명확한 기능이 분명히 존재할 것이다(그것은 일반 소비자에게 흔한 능력이 아니다).

이와 반대로, 가치를 시장가치로 바꾸는 것은 브랜드가 경쟁 우위를 유지할 브랜드의 힘이다. 그렇게 하는 능력이 비즈니스 과정이다. 과거와 달리, 디지털 사회에서의 비즈니스 과정에서는, 특히 디지털 사업가로 변신한 소비자(비록 그들의 사업이 유사하다 할지라도)들에게, 이러한 경쟁을 위한 힘이 수반되지 않는다. 디지털 사회는 평등하기 때문에, 브랜드는 소비자를 구매자로 보지 않는다. 대신에, 가능한 많은 소비자와 협업을 모색한다면, 그 브랜드는 성취를 이룰 것이다. 공유된 가치와 유대가 소비자를 브랜드에 연결할 때, 디지털 사회에서 가지고 있는 힘을 바탕으로 소비자 역시 그들이 가장 원하는 것을 - 그들의 자아실현을 충족시키는 것 - 확보하기 위해 브랜드와 협력하기를 원한다. 그리하여, 비즈니스 과정은, 위에 언급한 것처럼, 브랜드의 특별한 가치로써 정의된다.

특별한 가치는 브랜드에 대한 소비자의 신뢰와 소비자에 대한 브랜드 이해 속에서, 브랜드 행동과 소비자의 협업이 결합해서, 소비자의 욕구를 만족시키기는 브랜드의 능력이다(비즈니스 과정). 이것은 나중에 시장가치로 바뀌게 될 공유된 가치의 네트워크에 존재하는 관계를 통해서 일어난다. 특별한 가치의 결과는 소비자가 기꺼이 돈을 지불 하고자 하는 어떤 유형의 제품과 서비스가 될 수 있다. 그런데도, 특별한 가치는 주로 브랜드의 비즈니스 능력에 달려있다.

특별한 가치는 브랜드의 능력을 분명히 보여주지만, 디지털 사업가들은 그렇게 할 수가 없다(그러나 그들은 참여할 수 있다). 과거에는 특별한 가치가 소비자로부터 많은 관심을 얻지 못했다. 따라서 브랜드는 각 시대별 마케팅 전략과 관련된 제품과 서비스 제공의 중요성만을 파악했다. 이후, 소비자들은 더 많은 관심을 보여줄지도 모르지만, 그들은 자신들이 원하는 것만을 요구한다(협업이 이루어지는 플랫폼이 없음). 그러나 가치가 우선인(브랜드가 제품과 서비스를 시장가치로 팔기 전에 가치를 팔수 있어야 한다) 디지털 사회에서 협업은 소비자 결정에 중요한 역할을 실질적으로 수행한다. 그들이 브랜드에 의해 전달되는 시장가치(제품 또는 서비스)를 수용하는 것의 여부는 그들이 브랜드에 얼마나 많이 참여하는지에 달려있다. 그들의 참여가 많으면 많을수록, 시장가치를 수용할 가능성이 더 커진다. 이것을 단순화하여 살펴보기 위해, 브랜드의 특별한 가치와 함께하는 소비자로부터 협업을 세 가지의 중요한 유형으로 나누어 보았다.

1. 개인 맞춤 대응을 위한 협업(참여).
2. 새로운 특별한 가치로 신제품이나 서비스를 만드는 두드러진 공유가치에서의 협업(승인).
3. 공동 창출 수준에서 협업(권한 위임).

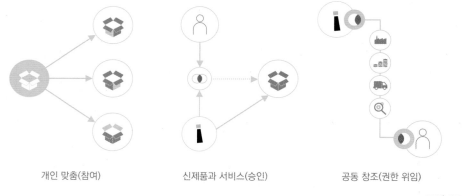

개인 맞춤(참여)　　　신제품과 서비스(승인)　　　공동 창조(권한 위임)

그림 67

브랜드의 특별한 가치

1. 참여
개인적인 욕구를 만족시키기 위해 개인적인 관계를 수립하는 것

공유된 가치 네트워크는 브랜드를 실질적으로 소비자와 연결되도록 허락하는 첫 번째 단계이다(공통의 공유된 가치를 통해). 도전은 브랜딩 4.0시대에 분명하게 목격될 수 있는 소비자 행동이다. 소비자들은 그들의 환경(그들이 훨씬 더 많은 정보를 알고 있다)과 디지털 모바일 기기 (그들이 많은 것을 스스로 할수 있다)에 의해 영향 받는 더 구체적인 욕구를 가지고 있다. 결과적으로,

소비자들은 자신들에 대해 더 많은 신뢰와 관심을 두고 있다. 자주 강조되는 것처럼, 그들은 자신들의 자아실현에 최고의 도움이 될 수 있는 것을 추구하기 위한 목표와 함께 외부적인 요소에 관심을 가진다. 디지털 사회에서 소비자의 욕구는 대단히 개별적이고, 상세하며, 서로 다르다. 이러한 변화 속에서 브랜드가 예전의 전략을 사용하는 것은 불가능하다. 따라서 브랜드는 '개인적인 맞춤'으로써 언급된, 개인적인 수준에서의 욕구를 제공하기 위해 더 깊은 수준의 관계에 초점을 맞출 필요가 있다.

개인적인 맞춤은 소비자가 그들의 욕구와 만족도에 가장 크게 부합하는 제품과 서비스를 선택할 수 있도록 한다(또한 맞춤 가격에 지불되는 것). 통계에 따르면, 소비자의 78퍼센트가 개인적인 제공을 선호하고, 그들 중 86퍼센트 이상이 더 나은 고객 경험을 받기 위해 비용을 더 지급할 용의가 있다고 했다(Infosys Survey, 2015).

개인적인 맞춤을 가능하게 하려면, 브랜드는 소비자로부터 데이터와 협업을 끌어내야 한다. 이것이 바로 과거에, 특별히 대량판매 시장에 집중했던 브랜드 입장에서, 개인적인 맞춤이 그들의 비즈니스 목표를 만족시킬 수 없었던 이유이다. 만약 브랜드가 개인적인 맞춤을 제공하는 것에 성취가 있었다면, 오히려 대량판매 시장의 요구를 만족시키는 데 실패할 수도 있었을 것이다(경제적인 측면에서 그렇게 할 필요는 없었다).

이것은 개인적인 맞춤은 자본투자와 생산 시간(틈새시장에 더 많은 투자)면에서 위험성이 크기 때문이다. 또한 소비자들은 제품과 서비스에만 집중하기 때문에, 맞춤 과정에서 여러 가지 복잡한 상황과 브랜드의 총체적인 책임에 관련된 문제가 제기될 수도 있다. 그러나 브랜딩 4.0 시대와 디지털 사회 전략을 바탕으로, 우리는 비즈니스 조건을 만족시키면서, 동시에 개인적인 맞춤을 달성할 수 있는 보다 높은 가능성을 발견하였다. 디지털 사회의 중요한 요인 외에, 중요한 역할을 하는 두 가지의 지원 요인들이 있다.

1. 빅데이터Big data는 개별적인 소비자에 대해 더 깊이 알 수 있도록 도와준다. 이것은 소비자의 생활 스타일을 커버하는, 24시간 온라인 소비자 행동과 디지털 활동의 결과이다(시스템에 기록된 모든 것). 이것은 브랜드에 네트워크와 개인적인 정보를 갖도록 한다. 그에 따라서 개인적인 맞춤이 계획되고 또 그러한 것들이 체계적으로 운영될

수 있다. 빅데이터를 사용하는 것은 커뮤니케이션부터 높은 참여까지 소비자를 만족시키도록 브랜드를 도와줄 것이다. 참여는 브랜드가 개인을 위해 맞춤식으로 제공하는 서비스로써 다루어질 수 있다. 즉, 개인 상담, 개인 대화, 브랜드의 특별한 관리 같은 맞춤 서비스를 통해 이루어 질 수 있는 것이다. 이러한 모든 것들이 소비자에게 특별하고 또 특권을 가지고 있다는 느낌이 들도록 할 것이다.

빅데이터는 브랜드가 모든 제품이나 서비스에 대해 대금을 지불 하도록 소비자를 통제하기보다는, 오히려 소비자가 필요한 것을 선택할 자유를 제공하는 플랫폼을 만들 때 효과적으로 적용될 수 있다. 예를 들면, 과거에는, 비행기 표 가격에 모든 사람이 바라지는 않을지도 모르는 사항들이 포함되곤 했다. 반면에 현재는, 디지털 활동이 소비자들에게 그들이 원하는 것만 선택해서 지불 할 수 있도록 한다. 비행기 표만, 다른 화물과 함께 짐을 싣는 것, 또는 기내식. 이러한 옵션은 소비자 개인 맞춤형 가격 책정이 가능하도록 만들었다(개인 맞춤형 시장 가치). 이러한 전략과 빅데이터에 따라, 소비자들은 자신들의 개인적인 욕구를 스스로 맞출 수 있지만, 브랜드는 책임을 덜 지게 된다(브랜드 대신에 소비자가 모든 것을 스스로 결정했기 때문에).

2. 제4차 산업과 사물인터넷(IOT)은 소비자를 위해 개별적으로 더 많이 생산한다. 세계에서 가장 크고 신뢰받는 컨설팅 회사 중 하나인 액센츄어Accenture는 4차 산업을 사물인터넷 산업으로 정의한다. 이것은 소비자가 뉴스와 정보를 전달하고 교환하기 위해 온라인 소셜미디어를 통해 연결되었던 마케팅 3.0시대와 비교될 수 있다. 브랜딩 4.0시대와 4차 산업 시대에는, 고효율적인 감지기를 탑재한 어떤 '사물' 이 뉴스와 정보를 전달하고 교환하기 위해 소셜네트워크처럼 서로 연결될 수 있다. 분명한 점은, 우리 주변에 있는 사물들이 더 스마트하게 작동될 수 있다는 것이다. 그것들이 더 효과적으로 작동될 수 있을 때, 유용성 및 맞춤형 생산을 바탕으로 더 많은 소비자를 만족시킬 수 있을 것이다. 이것은 브랜드가 소비자에게 개인적으로 제공할 수 있는 맞춤형 제품의 출발점이라 할 수 있다.

2015년 중반, 구글 IT&기술 분과는 제어장치로 디지털 모바일 기기를 이용하여, 사물을 연결하는 새로운 플랫폼, 브릴로Brillo 프로젝트에 착수했다. 초기 단계의 프로젝트에서는 전기차, 전자제품, 다른 전기제품처럼 주택 안에 있는 사물의 네트워크를 서로 연결해주는 것이 목표였다. 이러한 장치들은 개인 생활 스타일에 따라 그들의 기능을 조절할 수 있도록 소비자 행동을 배울 수 있는 단계까지 발전했다. 이처럼 브릴로는 IoT 성장을 보여주는 좋은 증거이다. 가까운 미래에, 유사한 능력이 제조업에서 수행될 때, 빅데이터와 함께, 브랜드는 개인적인 욕구를 더 많이 맞출 수 있는 제품을 설계할 수 있을 것이다. 그러한 시기가 오면, 우리는 하나의 제품을 한 명의 고객을 위해 생산하는 방식으로의 전환, 즉 또 하나의 산업혁명을 목격하게 될 것이다.

개인적인 맞춤은 순차적인 절차이다. 시작은 개인적인 데이터베이스가 구축되고 체계적으로 기록될 때까지, 디지털 원주민이 많은 시간을 디지털 모바일 기기에서 보내는 것이다. 브랜드가 그러한 데이터를 획득하게 되면, 그들은 소비자 행동과 관련된 개인 맞춤 욕구에 접근할 수 있다. 이 덕분에, 브랜드는 소비자들이 브랜드에 대해 신뢰를 갖는 개인적 관계(공유된 가치를 통해)를 만들 수 있다. 따라서 브랜드는 구체적인 욕구에 대한 해결책이나 문제를 해결해 줄 수 있는 제품과 서비스를 제공할 기회를 얻는다. 소비자들은 원하는 제품이나 서비스를 얻을 수 있을 뿐만 아니라, 그들에게 자아실현에 이르도록 할 어떤 것을 만들게 하는 확신과 자부심을 가지며 자기 자신을 완성한다. 결론적으로, 빅 데이터와 산업 4.0의 결합은 각각의 소비자가 다른 조건과 다른 욕구를 가지고 있다 할지라도 개인적인 맞춤이 가능해지도록 만들어 줄 것이다.

맞춤 서비스를 더한 제품이 개인적인 맞춤의 열쇠이다.

브랜드가 자신의 고객에 대해 더 많은 통찰력을 가지면 가질수록, 브랜드를 대체하기 더 어렵게 된다. 이것은 소비자와 브랜드 관계에 근거한 개인적인 맞춤에 대한 최고의 서술 중 하나로 간주한다. 소비자 행동에 대한 방대한 정보와 개별 소비자에게 적당한 제품을 제공 할 수 있는 능력을 갖추고 있더라도, 좋은 관계나 신뢰를 구축할 능력이 없다면, 브랜드를 성공적으로 이끌기 힘들 것이다. 그런 이유로, 브랜드는 네트워크와 커뮤니티 일부로써만 존재하기보다는 오히려 소비자의 마음속에 유일한 브랜드가 되도록 각인시킬 전략을 가질 필요가 있다. 즉, 브랜드가 그들의 전문성, 잠재력, 능력을 이용해서 어떤 문제를 해결하고, 소비자들이 결정에 참여할 수 있는 공간을 만들어서 소비자들에게 구체적인 욕구를 전달해주는 것이 중요하다. 이것은 만족스러운 개인적인 맞춤이 가능하도록 도와줄 것이다. 이 단계에서의 참여는 비즈니스 과정 중 일어나는 특별한 브랜드 가치, 그리고 참여가 발생하는 플랫폼이 생겨나도록 할 것이다.

처음에는, 관계는 공유된 가치에 의해 대부분 지배되는데, 이것은 브랜드가 먼저 소비자와 깊은 관계를 맺은 후, 소비자의 개인적인 맞춤을 만족시키기 위해 특별한 가치를 보충하기 때문이다. 특별한 가치가 유일한 상품이 될 필요는 없는데, 그 이유는 이러한 가치는 다른 형태, 즉 대화, 정보 제공자, 또는 소비자를 만족시킬 수 있는 특정한 행동 등의 형태로 존재 할 수 있기 때문이다. 이러한 과정을 일반적으로 서비스라고 알려졌고, 더 구체적으로 말하면, 맞춤 서비스이다.

서비스는 이런 디지털 사회에서 브랜드 독창성을 창출할 때 매우 중요한 역할을 한다. 비록 4차 산업 또는 사물인터넷이 대량 생산을 가능하게 하면서 제품의 개인적인 맞춤을 위한 해결책을 제공한다 해도, 4차 산업은 여전히 기술적인 측면의 발전과 대중에게 선택을 받기 위해 더 많은 시간과 혁신이 필요하다. 이것은 디지털 사회에 기여하는 현재 이용할 수 있는 맞춤 서비스와는 다르다. 맞춤 서비스를 통해 만들어진 특별한 가치, 그리고 복잡하지 않은 새로운 제품을 만드는 기존 제품 및 서비스, 또는 전체 서비스 기능이 특별한 가치 생성에 집중된 서비스 비즈니스(5장에서 논의될 소비자 여정과 관련된) 같은 것들이 특별한 가치의 효과적인 형태들이다. 이러한 것들은 브랜딩 4.0시대 전략(개인 맞춤을 완성하는 것)과 비즈니스 운영(충분히 큰 대상화된 소비자를 제공하지만 비즈니스 목적에도 가치가 있는)을 만족시킨다. 즉, 맞춤서비스는 가치를 시장가치로 바꿀 때 브랜드를 지탱해주는 또 하나의 제품이다.

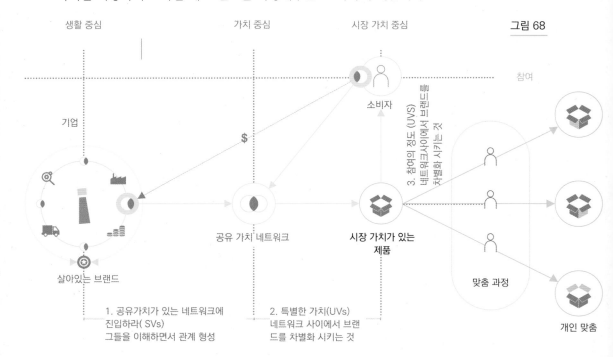

그림 68

스포츠 장비 브랜드 나이키는 나이키 아이디NIKEiD로 불리는 프로젝트를 기획했다. 그 프로젝트는 세계에서 오직 하나뿐인 개인 운동화를 소비자가 설계하도록 하는 것이다. 소비자가 과제 수행, 색상, 크기, 생산된 원료를 선택을 할 수 있다. 이 서비스는 소비자가 개인적인 맞춤 작업에 참여하여 결과를 끌어내도록 하고 있다. 프로젝트 결과는 믿을 수 없을 만큼 대단했다. 나이키는 프로젝트가 출시된 지 얼마 되지 않아, 아주 짧은 기간 만에 1억 달러 이상 매출을 올렸다(Huffington Post, 2014).

선도적인 자동차 제조업체인 BMW는, 미니쿠퍼 지붕의 디자인을 고객이 개인 취향에 따라 디지털 활동을 통해 참여할 수 있도록 특별한 캠페인을 만들었다. 각각 매우 독특한 정체성을 가진 많은 디자인이 제공되고, 고객은 이 중 하나를 선택 할 수 있다. 비록 똑같은 차체를 가졌지만, 고객은 맞춤 지붕으로 색다른 느낌을 가질 수 있었다. 이 캠페인은 고객들이 매우 특별한 느낌을 받을 수 있게 했다. 이러한 느낌은 개인적인 맞춤이 충족되었을 때 생기는 만족의 결과이다. 결과적으로, 해당 기간 미니쿠퍼 판매량의 80퍼센트 이상을 고객이 개인적으로 설계한 지붕을 가진 미니쿠퍼가 차지했다(America Economia, 2012).

소비자들이 브랜드의 맞춤 서비스에 만족할 때, 브랜드가 가지는 이점이 무엇일까? 개인적인 맞춤을 완성한다는 것은 소비자를 일반 고객으로 바꾸는 것만을 의미하는 것이 아니다; 고객이 브랜드에 대해 특별한 느낌이 들도록 만든다. 그들이 개인적인 브랜드를 만들려는 욕구를 생각 해 봤을 때(개인적인 맞춤 서비스를 받게 될 때, 그들은 특별한 느낌을 받는다), 이것은 자연스럽게 고객을 브랜드 홍보 대사로 바꿀 기회를 만들어 준다. 그들은 분명히 자신만의 특별한 경험을 혼자 간직하지 않을 것이다. 그들의 이야기는 소셜 네트워크를 통해 널리 알려질 것이다(소비자가 만들어낸 콘텐츠처럼). 이러한 행동은 미디어 제작과 광고를 위한 투자를 통해 나오는 결과와 유사한 그것을 만든다. 차이점이 있다면, 이러한 유형의 스토리텔링은 다른 소비자로부터 더 많은 참여를 끌어낼 수 있고, 더 많은 사람에게 도달할 가능성이 있다는 것이다.

온라인 소비자에 대한 통계에 따르면, 아시아 태평양, 유럽, 남미, 중동, 아프리카, 북미 등 총 56개국에서 설문에 응답한 2만 8천 명 이상 사람들 중 92% 이상이 친구와 가족의 구전 같은 언드 미디어Earned media(동료 추천)에 더 많은 신뢰를 보낸다고 말했다. 그들 중 47% 만이 텔레비전, 잡지, 신문 같은 페이드 미디어Paid media(브랜드 추천)를 신뢰한다고 말했다.

그리고 전 세계 소비자 중 58%가 기업 웹사이트에 나온 칼럼처럼 온드 미디어Owned media (브랜드 미디어 채널)를 신뢰한다고 응답했다(The Nielsen Global, 2011).

92%
이상의 전 세계 소비자가 구전, 친구와 가족 추천 같은 Earned 미디어신뢰

단지 **47%**
의 전 세계 소비자만이 텔레비전, 잡지, 신문 같은 Paid 미디어(브랜드 참고) 신뢰

58%
의 전 세계 소비자만이 기업 웹사이트에 나온 정보처럼 Owned 미디어(브랜드 미디어 채널) 신뢰

아시아 태평양, 유럽, 남미, 중동, 아프리카, 북미 등 56개국에 걸쳐 2만 8천명의 온라인 소비자 대상(2011년 나이슨 글로벌)

그림 69

가치 있는 브랜드 스토리는 자체적으로 광고가 될 것이다. 개인적인 고객 맞춤(어떤 방식이든)을 완성하려는 시도에 더해서 좋은 스토리텔링은 분명히 눈에 띌 것이고, 이야기를 소비자에서 소비자에게로(획득된 미디어로서 알려진) 확산시키는 데 도움이 될 것이다. 개인적인 맞춤을 완성함으로써 특별한 가치를 전달하는 것은 매우 세부적인 이해가 필요한 절차이지만, 그 결과는 소비자와 브랜드 모두에게 이득이 될 것이다.

브랜드가 비디오 클립을 제작하기 위해서는 많은 투자가 필요하지만, 실제로는 소규모 집단만이 시청하는데, 이와 반대로 소비자가 제작한 인위적이지 않은 클립(브랜드에서 나왔지만, 소비자와 관련된)은 많은 대중에게 어필한다. 이러한 차이를 만들어 내는 요인들은 많이 있겠지만, 후자의 성공 이면에 존재하는 한 가지 다른 점은, 소비자들이 멋진 경험을 만들고, 다른 많은 사람에게 감동을 줄 수 있는 개인적인 맞춤에 만족한다는 것이다.

브랜드의 특별한 가치
2. 새롭고 특별한 가치에 의해 공유된 가치에서 비롯된 신제품과 서비스에 대한 지지

비자들이 브랜드를 신뢰하고(공유된 가치와 관계에서 나오는) 브랜드가 개인적인 맞춤(특별한 가치에서 나오는)을 성공적으로 제공할 때 무슨 일이 일어날 것인가? 이러한 두 가지 메커니즘은 브랜드를 소비자와 좋은 관계를 맺고 있는 가치 있는 사람으로 만든다. 이 단계에서, 소비자들은 제품이나 서비스보다 브랜드와 완전히 결부된다. 소비자는 브랜드가 그들을 잘 이해하고,

그들을 위해 좋은 제품과 서비스를 만들어 낼 것이라는 믿음으로, 브랜드의 제품과 서비스뿐만 아니라 브랜드 자체에 대한 지지를 보낼 것이다.

애플이 제품과 서비스를 시장에 가져온 좋은 본보기이다. 애플에 엄청난 성취를 안겨준 제품과 서비스뿐만 아니라, 애플 브랜드가 성공적으로 그들의 가치를 소비자와 공유하고, 또 관계를 맺음으로써 이것이 가능했다. 소비자들은 애플이 그들에게 제공하는 어떠한 것은 틀림없이 좋으며, 그들의 욕구가 반영되었다고 믿는다. 이러한 이유와 함께, 애플은 새로운 특별한 가치의 혁신을 통해 강한 소비자 관계를 새로운 비즈니스로 확장시킬 수 있었다.

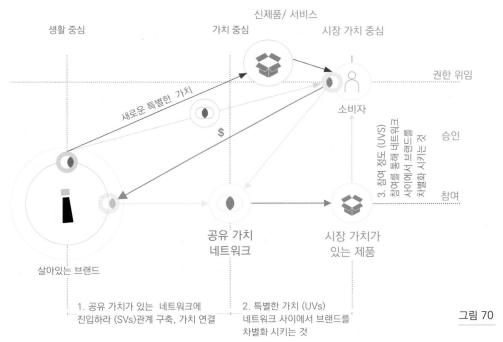

그림 70

비즈니스 목적을 위해, 이러한 모든 것들은 브랜드를 위한 신제품과 서비스로 이어진다. 소비자들이 브랜드를 신뢰할 때, 소비자들은 그들이 원하는 것을 브랜드가 알게 할 뿐만 아니라 브랜드가 제시한 제품과 서비스를 지지하게 될 것이다. 이러한 점들은 예전의 경우와는 다를지 모른다(여전히 공유된 가치와 연관된). 소비자들은 "만약 브랜드가 이러한 제품을 제공한다면, 우리는 지지할 것이다."를 증명할지도 모른다. 소비자 욕구를 바탕으로 한 브랜드를 향한 이러한 믿음은 브랜드 스스로 만든 비즈니스 기회가 된다. 경제적 관점에서, 이것은 소비자와 좋은 관계를 가진 브랜드가 소비자를 위해 새로운 수요를 만들 수 있고, 새로운 특별한 가치를 만들어서, 그러한 수요에 맞는 브랜드 제품을 자체 공급하는 것을 의미한다. 이것은 브랜드 스스로 구축한 시장(또는 플랫폼)을 브랜드가 완전히 통제하는 것을 가능하게 한다.

잭 다니엘의 사례처럼, 주류 비즈니스에서 성공한 후에, 특히, 테네시 위스키Tennessee Whiskey의 성공 이후, 잭 다니엘은 잭 다니엘 BBQ 소스The Jack Daniel's BBQ sauce로 명명된 신제품을 시장에 제공했다. 잭 다니엘 BBQ 소스는 온라인 소셜 미디어와 음식 비평 트렌드에 편승해 시작되었는데, 이러한 트렌드는 요리사가 잭 다니엘 테니시 위스키를 요리와 다양한 레시피로 BBQ 소스를 만드는 이벤트에 의해 촉발되었다.

나중에, 이러한 조리법이 수많은 멋진 요리의 일부로써 재탄생했다. 많은 사람이 잭 다니엘 테네시 위스키가 부드럽고 풍부한 맛을 더해준다고 주장했다. 그러한 유행 덕분에, 잭 다니엘은 소비자와 공유된 가치를 분명히 인지하여 그들의 신제품, 잭 다니엘 BBQ 소스로 사업을 확장하기 시작했다. 그러한 공유된 가치는 'Jack Daniel's World Cham pionship Invitational Barbecue'로 명명된 세계 대회의 개최로 이어졌다. 세계 전역의 많은 요리사가 이 대회에 참가한다. 부상으로는 우승자에게 10,000 달러가 주어진다.

공유된 가치 위에 새롭고 특별한 가치를 만드는 것은 브랜드에 새로운 사업을 확장하는데 도움을 줄 뿐만 아니라, 비즈니스 위험성도 줄여준다. 과거에는 전략을 통해 브랜드는 소비자의 욕구를 이해하고, 그다음에 이러한 욕구 해결에 기여할 제품과 서비스를 생산해야 했다(이것은 디지털 사회처럼 급격하게 변화하는 사회에서는 달성되기 매우 어렵다). 그러나 브랜딩 4.0시대 전략에서, 소비자들은 그들의 욕구를 직접 브랜드에 말할 것이다(개인적인 소통과 관계). 강한 소비자 관계를 갖는 것은 공유된 가치로부터 시작된다. 이것은 브랜드에게 그들이 생산하는 제품과 서비스가 무엇이든 지지받게 될 것이란 확신을 주기 때문에, 비즈니스 성공의 보증수표로써 간주된다.

따라서 브랜드가 전략적으로 해야 하는 유일한 일은 새로운 특별한 가치와 핵심적인 특별한 가치를 어떻게 연결할까 숙고하는 것이다. 큰 차이가 없다면, 제품이나 서비스로 새로운 특별한 가치를 만들어 내는 것이 어려운 일이 아니다. 그러나 만약 큰 차이가 있다면, 브랜드는 참여에 더 많은 관심을 기울이는 것이 중요하다. 이 부분은 추후 설명될 것이다.

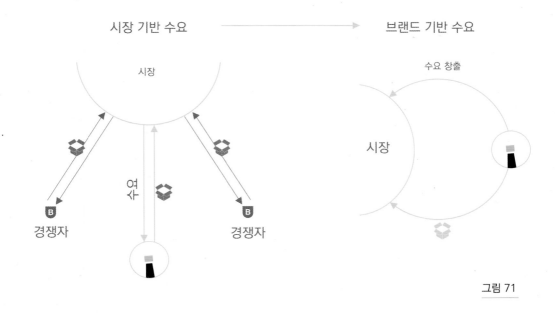

그림 71

브랜드는 소비자가 필요로 하는 것을 제공할 뿐만 아니라, 디지털 사업가의 욕구도 만족하게 할 수 있다. 디지털 원주민에서 디지털 사업가로 이동하는 숫자가 점점 더 커지고 있다는 점을 생각 해 볼 때, 새로운 디지털 사업가가(그들은 과거에 소비자였다) 실질적으로 필요한 것은 그들의 사업목적(그들의 자아실현뿐만 아니라)을 성취하기 쉽게 도움을 줄 수 있는 어떤 지원이라 할 수 있다. 위에서 언급했던 것처럼, 디지털 사업가와 디지털 원주민은 매우 다르다. 디지털 사업가는 제품과 서비스에 대해 돈을 지불하지 않는다. 그들은 더 많은 보상을 희망하여 제품과 서비스에 투자한다. 따라서 디지털 사업가는 소비자보다 더욱더 개인적인 맞춤이 필요할 것이다(그들은 정말로 소비자보다 그것이 훨씬 더 필요하다고 말한다). 이것은 그들이 개인적인 수준에서 다르면 다를수록, 비즈니스 성공 가능성이 더욱 더 커지기 때문이다.

결론적으로, 더 많은 디지털 민족이 디지털 사업가로 전환하고 있다; 신제품과 서비스를 제공하기 위해 공유된 가치에서 나온 특별한 가치를 창출하는 방법도 기업(브랜드) 대 소비자 B2C, 그리고 기업(브랜드) 대 기업(디지털 사업가): B2B도 똑같을 것이다. 이는 디지털 사회에서 개인적인 맞춤은 그들의 목적과 관계없이 모든 사람에게 필요하기 때문이다.

브랜드의 특별한 가치

3. 권한 부여

친구가 되어 무언가를 함께 창출한다.

내부로부터 공유된 가치를 만들고 브랜드의 특별한 가치를 통해 제품과 서비스를 소비자에게 전달하는 것은 브랜딩 4.0시대 브랜드 전략의 중요한 절차이다. 그러나 과도한 경쟁(특별히 개인적인 맞춤) 속 높은 기대와 책임을, 특히 개인 맞춤에 있어, 생각 해 본다면, 브랜드는 소비자들이 더 많이 참여하게 하는 전략을 개발할 필요가 있다. 이러한 참여는 공유된 가치 (커뮤니티의 네트워크 내)뿐만 아니라 개인 맞춤을 만족시키는 결과(특별한 가치)를 바탕으로 이루어지고, 이러한 참여 형태는 디지털 원주민의 일반적인 행동(그들은 참여를 어떠한 방식으로든 요구한다)이라 할 수 있다.

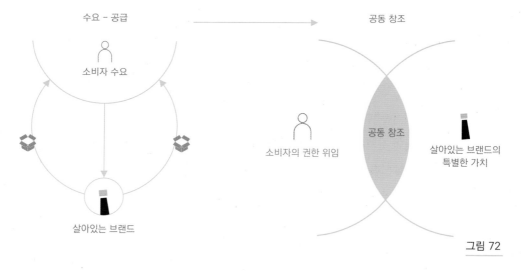

그림 72

이러한 전략은 브랜드가 '당신을 위해서 그것을 한다'는 위치에서 소비자에게 '직접 만들기' 를 허락하는 새로운 위치로의 이동을 의미한다. 실질적으로, 브랜드는 개인적인 맞춤을 만족시키려고 시도하는 것에서, 소비자가 브랜드의 지지를 받는 소비자와 관계를 맺기까지 소비자의 높은 참여를 끌어낼 수 있는 플랫폼(디지털 활동을 상기하면서)으로 자신들의 역할을 바꿀 것이다. 이런 플랫폼은 부분적으로 브랜드의 특별한 가치가 된다.

브랜딩 4.0시대에, 브랜드와 소비자 사이의 지위는 과거와 매우 다르다. 브랜드가 공유된 가치를 통해서 소비자와 더 많이 연계되면 될수록(강한 관계를 의미한다), 브랜드와 소비자가 친구가 될 가능성은 더 커지게 될 것이다. 그러한 강한 유대를 바탕으로 브랜드는 제품과 서비스를 소비자에게 제공하고, 동시에, 소비자는 브랜드에서 나온 신제품과 서비스를 단순히 기다리거나 기대하지 않고, 그들의 생각을 브랜드와 공유하고자 할 것이고, 이것은 곧 소비자와 브랜드의 협업(브랜드가 만든 플랫폼에서)을 이끌 것이다. 이러한 단계에서의 협업은 소비자를 브랜드의 비즈니스 과정에 참여하게 해 주고, 이는 공동으로 신제품과 서비스를 만듦으로써, 브랜드와 소비자 모두를 만족시키는 결과를 낳을 수 있다.

소비자는 공유된 가치에 따라 자신의 생각과 의견을 표현할 것이다. 이 단계에서 소비자는 브랜드의 제품과 서비스만 원하는 것이 아니라, 그들 역시 이러한 제품의 단계와 공정에 관련된 영향, 변화 또는 결과 등을 기대한다. 예를 들면, 의류 및 착용 제품의 소비자들은 아동 노동이 수반되지 않는 공정을 기대한다. 소비자가 원하는 것을 듣기만 하지 않고(그렇게 한다면, 브랜드가 모든 책임을 지게 될 것이다), 브랜드는 소비자가 그러한 문제를 해결하기 위해 생각, 결정, 운영부터 시작해서 소비자 자신을 위해 제품과 서비스가 완성될 때까지 참여를 허락하는 과정(플랫폼)을 만들 것이다.

이러한 협업은 모든 측면에서 소비자가 브랜드를 지지하도록 주인의식을 소비자에게 심어준다. 소비자들은 스스로 만든 제품을 전적으로 사랑하고 만족하게 될 것이다. 이것이 바로 브랜딩 4.0시대에 최고의 협업 형태로 간주 되는 협업 또는 '공동 창출Co-Creation' 과정이다.

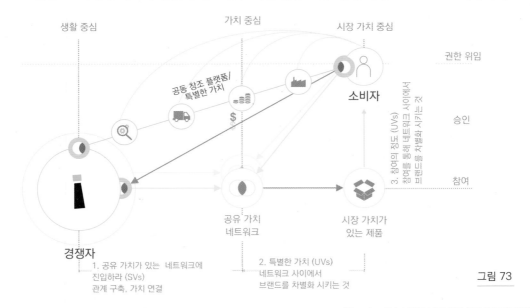

그림 73

세계 주요 개인, 생활용품 브랜드, P&G or Procter & Gamble는 제품개발 지원을 위해 구식 연구개발 방식을 대체하는 플랫폼 Connect + Develop을 최초로 도입한 회사 중 하나이다. 이 과정은 소비자로부터의 참여, 그리고 긍정적이고 창의적인 아이디어를 적극적으로 수용한다. 이러한 디지털 활동의 개시 이후 회사는 100억 달러에 이르는 높은 이익 창출하였다. 또한 이 플랫폼의 시장가치는 1000억 달러 이상이다. 오늘날 이 회사의 50%에 달하는 혁신 성과는 고객으로부터 나온다(Co-creation awards.org, 2010).

또 다른 좋은 본보기는 소비자 15만 명 이상의 회원이 참여한 My Starbucks Idea or Starbucks 네트워크이다. 그들은 커뮤니케이션과 관계 형성만을 위해서 네트워크 안에 머물지 않는다; 그들은 그들만의 방식으로 스타벅스가 약 300개의 혁신적인 변화를 만드는 데 도움을 주고 있다 (MyStarbucksIdea). 예를 들면, Mocha Coconut Frappuccino, Hazelnut Macchiato 또는 Cake pops 같은 새로운 커피 조리법 등이 소비자로부터 제공되었다. 스타벅스 유리잔을 구매할 때 무료 커피 제공 같은 판촉 활동과 세계전역 7천5백 개 이상의 지사에서 시행되고 있는 무료 Wi-Fi 제공 서비스 등도 매우 흥미롭다. 이런 모든 아이디어는 모두 소비자에게서 나왔다(MyStarbucksIdea.com).

공동 창출은 소비자에게 높은 수준의 참여를 허용하는 절차이다. 이것은 소비자가 시작부터 제품과 서비스의 출시까지 브랜드의 비즈니스 과정에 접근하게 한다. 이러한 경우에, 소비자는 공유된 특별한 가치를 지닌 브랜드 가치를 경험할 뿐만 아니라 브랜드에 대한 이해와 지식을 흡수할 것이다. 전반적으로 이러한 점은 소비자에게 브랜드에 대한 소유권을 가지고 있는 느낌을 줌으로써, 브랜드와 소비자 사이에 유대를 강화하는데 기여한다. 이러한 느낌은 브랜드를 성공으로 인도하는 연료 역할을 한다. 이런 종류의 느낌이 있는 소비자는 브랜드를 상대로 요구하고 기대하는 것에서 벗어나, 브랜드에 대한 완전한 이해와 지지로 그들의 관점을 바꾸게 된다. 그들은 브랜드를 회사라기보다는 오히려 사람처럼 받아들일 것이다(브랜드에 모든 책임을 요구하는 것은 디지털 사회에서는 불가능해 보인다).

디지털 사회에서 문제와 기대가 더 많이 일어날수록, 브랜드(그리고 소비자)의 자아실현 달성 기회는 더 적어진다. 브랜드는 주변 사람의 협력을 필요로 한다(브랜드는 소비자와 협력을 추구하고,

소비자는 브랜드에게 도움과 협력을 요청한다). 이러한 디지털 사회에서 모든 사람은 불가피하게 어떤 특정한 맥락들과 관련된다(특별히 이렇게 연결된 세상에서). 브랜드와 소비자가 행하는 모든 행위가 항상 누군가에게 영향을 미칠 것이다. 협업이 없다면 통제될 수 없는 손상을 입을 수 있다. 따라서 소비자와 브랜드(사람처럼) 사이의 공동창출은, 디지털 사회 모든 부분의 모든 사람에게 혜택을 주면서, 디지털 사회를 올바른 방향으로 인도할 것이다. 가장 높은 목표를 가지고, 브랜드는 소비자와 디지털 사업가로서 소비자와 함께 연결하는 플랫폼 역할을 한다. 이것은 디지털 사회의 완성으로써 "가치를 시장가치로 바꿔라"라는 이시대의 중요한 명제를 뒷받침할 것이다.

이러한 생각은 시장 설계 이론을 도입한, 노벨 경제학상 수상자인 경제학자 앨빈 로스Alvin E. Roth 교수의 연구와도 일치한다. 그는 머지않아 소비자는 이상적인 맞춤으로써 최고의 조합만을 추구하게 될 것이라고 말했다. 이것은 함축적으로 소비자는 필요한 무엇이든 독점적으로 설계해줄 판매자를 원한다는 것을 의미한다. 반면에, 디지털 사업가의 입장이 되면, 그들은 그들의 가치를 충분히 표현하기 위해 이상적인 협업을 요구한다. 그들은 그들이 만든 것을 생각하고, 행동하며, 팔기를 원한다. 이러한 시기가 왔을 때, 소비자와 사업가에게 가장 큰 가치는 그들을 함께 조화시키는 능력이다. 제품을 원하는 사람들과 원하지 않는 사람들을 조화시키는 비용이 비즈니스 투자에서 가장 큰 부분이 될 것으로 예상한다. 만약 어떤 브랜드가 그 조건을 만족시킬 수 있다면, 그들은 브랜딩 4.0 시대에 브랜드 실현의 일부인 비즈니스 목표를 달성 할 수 있을 것이다.

결론적으로, 브랜딩 4.0시대의 규칙 3은 브랜드에 비즈니스와 외적인 요인에 따르기보다는 그것의 살아있음에 초점을 맞출 것을 상기시킨다. 살아있는 브랜드는 그것 자체로 가치가 있다. 그런 가치가 소비자와 공유될 때, 개인적인 관계와 결합하고 도달하는 기회의 문이 활짝 열린다. 결국 브랜드는 모든 수준에서 그러한 가치를 온전한 개인 맞춤으로 전환하기 위해 브랜드의 특별한 가치를 이용한다. 브랜드는 또한 공유된 가치에 따라 소비자에게 부분적인 참여와 새로운 제품을 제공하거나, 브랜드와 소비자가 제품과 서비스를 공동으로 창출한다. 규칙 3의 브랜드 전략은 관계와 협업 관련성 수준의 고찰에 달려 있다.

이러한 것들은 소비자의 브랜드에 대한 신뢰, 즉 우정이 형성되도록 이끄는 좋은 관계의 몇 가지 예일 뿐이다. 브랜드와 소비자는 디지털 사회, 브랜드, 소비자에게 혜택이 되는 어떤 것을 추진하기 위해 작업할 수 있다. 이 사회가 소비자, 그리고 조력자로서의 브랜드와 함께 하는 소비자의 완전한 세상이 될 때까지, 이것은 매우 지속 가능한 사회가 될 것 이다.

브랜딩 4.0시대의 브랜드 구축 전략 성공의 시작은 당신의 브랜드를 살아있게 만드는 것이다.

결론: 브랜드 4.0시대를 위한 전략 (규칙과 실행)

디지털 사회와 브랜딩 4.0시대에, 브랜딩 규칙들은 브랜드를 살아있게 하는 것을 가장 높고 중요한 순위로 둔다. 살아있는 브랜드는 자연스럽게 진화하고 모든 가치를 브랜드 중심으로 연결한다(브랜드 중심 가치 창출). 소비자와의 관계는 우리의 현재 세계가 온라인과 오프라인 세상의 혼합체이고, 완전히 분리하는 것은 불가능하다는 규칙 에 따라 정의된다(규칙1). 이 조건은 하이브리드 소비자 여정을 따라 일상에서 일어나는 스토리를 통해 소비자와 브랜드가 함께하고 서로 관계를 맺는 기회를 열어준다.

소비자는 개인적인 브랜드를 만들기 위해 디지털 사회의 혜택을 적용하지만, 기존 브랜드 (크기와 관계없이)는 개인적인 브랜드의 파생물이다(브랜드에 대단한 영향을 미치는 소유자 또는 어떤 사람의). 브랜드 파생으로 정의된, 개인에서 브랜드로의 전환 과정(규칙2)은 브랜드 작가나 마케팅 담당자들이 브랜드가 소비자 사회로 진입하기 위해 브랜드를 지원하는 생활 스토리를 가질 수 있도록, 브랜드를 의인화하는데 가장 중요한 임무를 수행하게 될 것이다. 규칙3에서 살아있는 브랜드는 공유된 가치를 믿는 토대 위에 특정한 소비자 네트워크와 연결할 것이다. 이것은 브랜드와 소비자 사이의 강한 관계를 키우는데 도움이 될 것이다. 이것은 개인적인 맞춤 단계에서, 브랜드가 고객 욕구를 만족시키는 문을 열어 주면서, 소비자 문제와 관심의 이해로 이끌 것이다.

특별한 문제를 해결하기 위한 이해(공유된 가치)와 능력에 근거한 위대한 관계는, 그들이 좋은 친구가 될 때까지 브랜드와 소비자의 유대를 강화해준다. 이런 종류의 관계는 서로를 지지해주고, 보다 나은 소비자의 삶과 사회로 인도하는 어떤 것을 만들기 위해 브랜드와 소비자 사이의 협업으로 이어진다. 따라서 3개의 모든 규칙은 브랜드 4.0시대 과정의 이해를 전적으로 고려한 브랜드 전략으로서 기능한다.

비즈니스와 브랜드관리를 위해 이 3가지의 규칙을 효율적으로 사용하는 것이 지속할 수 있는 성취로 이어진다. 브랜드의 종류와 관계없이, 만약 브랜드 작가가 브랜드를 살아있게 할 수 있다면, 그 브랜드는 디지털 사회에서 성공할 것이다.

용어 정리

브랜드 중심 가치창출(Brand Centered Values Creation)

하이브리드 소비자 여정(Hybrid Consumer' Journey)

새로운 정상적인(New Normal)

브랜드 파생(Brand Derivative)

제품 브랜드(Product Brand)

서비스 브랜드(Service Brand)

기업 브랜드(Corporate Brand)

국가 브랜드(Country Brand)

브랜드 포지셔닝(Brand Positioning)

공유 가치 네트워크(Networks of Shared Values)

특별한 가치(Unique Values)

소비자 참여 수준(Consumer Engagement Level)

당신의 정신(Your Spirit)

참여(Engagement)

승인(Endorsement)

권한 위임(Empowerment)

개인 맞춤(Personal Customization)

사물 소셜 네트워크(Social Network of Things)

맞춤 서비스(Customized Service)

주인 의식(오너쉽)(Ownership)

시장 설계(Market Design)

이상적인 맞춤(Ideal Customization)

이상적인 참여(Ideal Engagement)

디지털 사회 구성 연결된

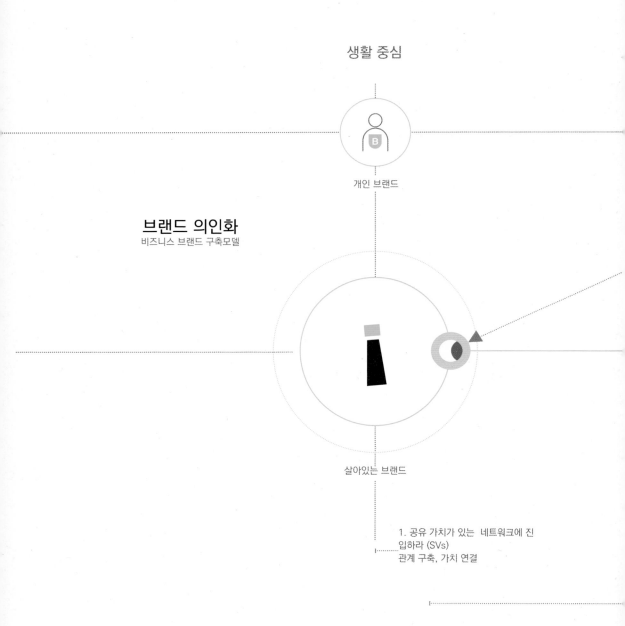

생활 중심

개인 브랜드

브랜드 의인화
비즈니스 브랜드 구축모델

살아있는 브랜드

1. 공유 가치가 있는 네트워크에 진
입하라 (SVs)
관계 구축, 가치 연결

가치를 시장가치로 바꿔라.

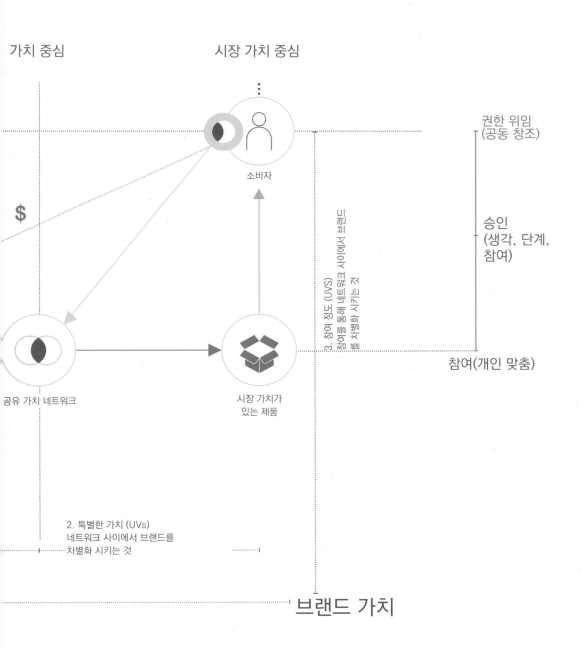

가치 중심   시장 가치 중심

소비자

$

                    권한 위임
                    (공동 창조)

                    승인
                    (생각, 단계,
                    참여)

공유 가치 네트워크   시장 가치가
                      있는 제품

3. 참여 정도 (UVS)
참여를 통해 네트워크 사이에서 브랜드
를 차별화 시키는 것

참여(개인 맞춤)

2. 특별한 가치 (UVs)
네트워크 사이에서 브랜드를
차별화 시키는 것

브랜드 가치

그림 74

4

브랜드 의인화

생각

생활

일

소통

활동

그림 76

브랜드 의인화

다른 마케팅 시대와 달리 브랜딩 4.0시대에 브랜드를 만드는 것은 브랜드가 제품과 서비스에 가치를 더하는 어떤 것이 아니라, 생각과 느낌을 가진 사람처럼 인지되는 것이다. 따라서 브랜드는 사회적 목적을 정립하기 위해 비즈니스 가치를 넘어 자신의 말과 행동에 초점을 맞춰야 한다. 브랜드 의인화는 소비자 중심인 디지털 시대에 매우 중요하다. 그리고 브랜드의 비즈니스 경쟁은 모든 사람이 채널을 사용할 똑같은 권리를 가졌기 때문에 커뮤니케이션 채널에 대한 의존도가 낮아진다.

가치 주의 관점에서 보면, 비즈니스를 운영하기 위한 자본이 과거와는 달리 더는 장애요소가 되지 않는다. 디지털 사회에서, 만약에 판매자가 공유된 가치 네트워킹을 통해 증명할 수 있는 아이디어나 능력이 있다면, 비즈니스를 위한 다른 필수적인 요소들은 결국 자동으로 따라오게 될 것이다. 따라서 브랜드는 사회 내에서 브랜드와 사람을 연결하는 내부의 명료성을 추구할 필요가 있다. 이후 브랜드와 소비자 사이의 관계가 비즈니스를 이끌 것이고, 관계가 강하면 강할수록, 목적은 더 명확해지고 더욱 활기가 넘치게 된다.

브랜딩 4.0시대의 경쟁은 사람으로서의 가치와 스토리를 통하여 소비자와 브랜드 인지를 만드는 브랜드의 능력에 달려 있다.

디지털 사업가 수가 증가하는 시대에, 가치를 통해 자기 자신을 돋보이게 하는 것은 더욱 어려워졌다. 브랜드는 물론, 소비자를 위한 특정한 인식을 만들기 위해, 자신들의 제품과 서비스에 존재하는 특별한 장점이 무엇인지를 찾아내야 한다. 디지털 모바일 기기는 브랜드와 소비자를 새로운 경험으로 이끌며, 궁극적으로 브랜드의 차별화 전략에 도움을 준다.

그러나 브랜드는 스스로 자신을 차별화시킬 때 종종 문제에 직면할 수 있다. 그것은 차별화가 어려워서가 아니라, 대부분 브랜드가 아웃사이드인 차별화를 추구하고 있기 때문이다. 만약 우리가 그러한 차이를 발견할 수 있다면, 다른 사람들 역시 발견할 수 있다는 의미이다. 결과적으로, 아웃사이드인 차별화는 결국에는 차별성이 없게 될 것이다(모두 비슷한). 따라서 당신이 세계적인 브랜드이든, 디지털 사업가이든, 또는 소비자이든, 결국, 차별화가 더 어려워진다는 것을 알게 될 것이다. 결국 차별화를 만들려면 엄청난 투자를 해야 하지만, 그 방법도 만족할만한 결과를 기대하기는 어렵다.

그 이유는, 다르다는 것은 외부에서 시작되는 것이 아니기 때문이다. 진정한 차별화는 반드시 '당신' 안의 가치로부터 시작하는, 인사이드 아웃이 되어야만 한다.

이러한 인사이드 아웃 차별화는, 브랜딩 4.0 시대의 규칙 2, 즉 모든 브랜드는, '나'만이 지구상의 유일한 차별성이라는 점에서, 개인적인 브랜드로부터 시작과 전환이 되어 왔다는 점과 일치한다. 어느 사람도 다른 사람과 같지 않고, 누구도 어떤 사람을 다른 사람과 닮게 할 수 없다. 우리 자신이 개인적인 차별화의 원천이고 근원이다. 이것은 브랜딩 4.0시대 성공의 핵심이다. 브랜드는 진정으로 자기 자신에 투자하고, 자기 자신을 이해하면서, 자기 자신을 찾기 시작해야 할 것이다.

디지털세계

살아있는 브랜드

현실세계

그림 1

동시에, 브랜드 의인화는 사회 속 인간이 가지는 것과 같은 방식으로 모든 면을 다 가진 브랜드를 만드는 것을 의미한다. 즉, 브랜드가 기원, 스토리, 목표, 생활 스타일, 다른 사람과 상호작용을 해야 한다. 상호작용은 비즈니스 종류의 스토리뿐만 아니라 주변 사람들과 일상에서 일어나는 스토리를 교환하는 것이다. 이것은 브랜드를 살아있는 완전한 소비자 중 '한사람'이 되도록 도와줄 것이다.

브랜드를 살아있게 만드는 것은 과연 가능할까? 학계에서는, 지난 수십 년 동안 브랜드 의인화와 관련된 수많은 재미있는 이론들이 나왔는데, 그 내용에는 브랜드 의인화와 같은 인간 구조 모방, 브랜드 구성요소에 신체, 사고, 영혼 같은 인간과 비슷한 요소를 부여하는 브랜드 원형 등이 있다. 브랜드는 성장하고 자체 진화하는 살아있는 피조물과 비슷하다. 브랜드는 가장 중요한 비즈니스 자산 중 하나가 될 때까지 로고 또는 몇 개의 단어로 시작해서, 결국 인간처럼 생명력을 가지게 될 것이다. 이러한 브랜드 의인화는 비즈니스 세계에서 새로운 주제가 아니다. 하지만 브랜드 의인화는 그동안 단 한 번도 성공한 적이 없었는데, 그 이유는 살아있는 브랜드를 만드는 것이 물리적인 세계에서는 불가능했기 때문이다. 하지만 디지털 사회가 된 지금은 브랜드 의인화가 가능하다.

수십 년 동안 브랜드와 마케팅을 분리하는 것은 대단히 어려웠다. 그 이유는 마케팅 활동이 없으면, 브랜드는 소비자에게 아무것도 아니기 때문이다. 우리가 '브랜드'에 대해서 배운 모든 것은 마케팅 활동의 결과이다(비즈니스 가치). 이것은 현실 세계에서 살아가는 소비자들과 완전히 다르다. 그들이 무엇을 하든 관계없이, 매년 그들은 많은 것을 경험해왔다 - 많은 인생사를 거치면서 타인과 연결하고, 당연히 성장했다. 당신은 비즈니스 문제가 없더라도, 당신은 여전히 당신이 누구인지를 정의하기 위해 경험한 모든 것을 기억하고 있다. 하지만 브랜드에 그러한 일은 일어나지 않을 것이다. 브랜드는 인간이 만들어낸 상징에 불과하기 때문이다. 그러나 세계가 디지털 사회에서 완전히 연결된 상황이 되었을 때(현실 세계와 함께하는 온라인 세상), 소비자는 인터넷에서 자신의 아바타를 만들어야 했고, 따라서 브랜드가 존재하게 되었다.

이는 현실 세계의 장벽을 뚫고 살아있는 브랜드를 만들어낼 진정한 기회이다. 소비자도, 브랜드도 온라인 세계에서 그들의 삶을 갖고 있지 않기 때문에, 양자 모두 삶을 만들어야 한다. 비록 소비자는 온라인 세계에서 현실 세계에서의 그들의 존재와 마찬가지로 삶을 계속해 나가지만, 브랜드의 경우, 이러한 새로운 세계는 그들이 소비자와 같은 과정을 만듦으로써 살아있게 되는 경이로운 기회를 가질 수 있다.

현실 세계의 소비자 삶과 비교한다면, 온라인 세계에서의 마케팅 활동 없이도, 브랜드는 그들이 누구인지 정의 할 수 있는 살아있는 측면을 가진 어떤 사람이 될 수 있다. 이러한 점은 이 책의 모든 생각이 시작되는 스토리이다. 브랜드가 살아있으면, 다음 단계는 그것을 계속 살아있게 하는 것이다.

살아있는 브랜드를 관리하는 것이 브랜딩 4.0시대의 도전이다.

살아있는 것은 단순히 브랜드의 결과물인 제품을 이야기하는 것이 아니라, 브랜드 실현을 반영한 생활방식이 되기 위해 향상된 과정을 말한다. 그것은 단순히 사회를 위한 비즈니스 활동이 아니라, '우리의' 사회를 좀 더 나은 사회로 만들기 위한 것들의 일부이다. 또한, 단순히 비즈니스 이야기가 아니라, 그들과 브랜드 삶에 중요한 모든 것에 대해 주변 모든 사람과의 상호작용을 의미한다. 이것은 브랜드 의인화 의미의 일부이다. 이러한 요인들이 증가하면 할수록, 브랜드 경영은 진정으로 더 살아있게 된다. 브랜드 의인화 과정은 외부 환경이 아닌 '브랜드의 존재'를 이유로 어떤 환경에 브랜드가 반응하도록 도움을 준다. 그 이유는 자체적인 생각과 경험을 통해 전문성을 가진 브랜드가 특정한 스토리를 반영하는 것을 결정하고, 브랜드의 말과 행동 등 모든 활동을 하는 기초가 되기 때문이다. 이는 곧 브랜드 가치의 수집으로 이어지게 된다.

이후, 브랜드 의인화는 브랜드 융합과 함께 시작해야 할 것이다. 브랜드가 '믿는 것'부터 브랜드가 '행하고, 소통하고, 표현하는 것'까지 소비자들은 그것들을 인정하고 모아가며 브랜드를 경험하게 된다. 소비자는 어떤 사람을 기술할 때와 같은 방향으로, 브랜드에 관련된 모든 것을 브랜드 인격으로 결론짓는다. 그 후 브랜드 인격은 의인화된 브랜드의 중심역할을 할 것이다. 그것은 브랜드와 관련한 여러 가지 구성요소들의 결합으로부터 발생하는 브랜드의 큰 그림으로써 작용하고, 소비자들이 의인화된 브랜드의 삶과 또 브랜드의 가치를 더 자세하게 인지하고 이해할 수 있도록 소비자를 도와준다.

살아있는 브랜드는 사업을 추진할 때 중요한 역할을 한다. 먼저, 브랜드의 경영과 관련된 사람들이 브랜드에 대해 정통하도록 도와줄 것이다. 그들은 브랜드가 근거, 일관성, 인격을 가지고 성장하게 하면서, 그들 자신이 아닌, 브랜드 기반으로 생각하고 결정을 내린다.

둘째, 잘 설계된 브랜드는 주변 사람들과 즉각적인 상호작용을 하기 위한 준비가 되어 있어서, 모든 비즈니스의 결정, 소통, 창조, 참여, 투자 또는 다른 활동들이 쉽게 이루어지도록 한다.

셋째, 살아있는 브랜드는 브랜드 홍보대사로 참여하는 사람들이 브랜드를 반영하기 위해 무엇을 보여주는 것이 중요한지 인식하도록 도와준다(브랜드 홍보 대사가 많으면 많을수록, 브랜드를 경영하는 것에 대한 기회가 더 많이 흩어지고 퍼질 것이다).

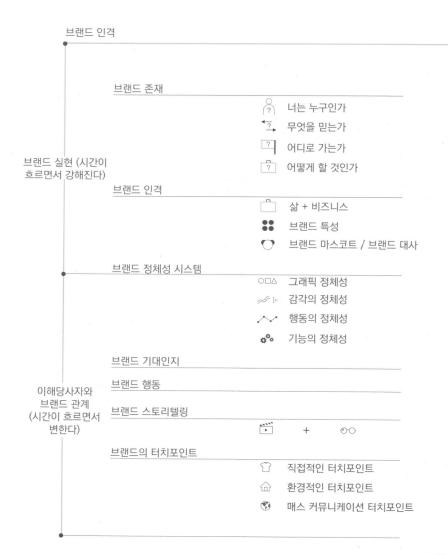

브랜드 인격

브랜드 실현 (시간이
흐르면서 강해진다)

브랜드 존재

너는 누구인가

무엇을 믿는가

어디로 가는가

어떻게 할 것인가

브랜드 인격

삶 + 비즈니스

브랜드 특성

브랜드 마스코트 / 브랜드 대사

브랜드 정체성 시스템

그래픽 정체성

감각의 정체성

행동의 정체성

기능의 정체성

브랜드 기대인지

이해당사자와
브랜드 관계
(시간이 흐르면서
변한다)

브랜드 행동

브랜드 스토리텔링

+

브랜드의 터치포인트

직접적인 터치포인트

환경적인 터치포인트

매스 커뮤니케이션 터치포인트

그림 77

마지막으로, 경영과 비즈니스 활동은 추진 메커니즘의 출발점으로써 브랜드와 함께 연결될 것이다. 브랜드 인격은 관련자들이 브랜드 가치 창출 같은 중요한 목표를 가지고, 브랜드의 관점에서 마땅히 해야 할 것과 하지 말아야 할 것을 고려하도록 도울 것이다. 브랜드가 주변 사람들과 많이 연결될수록, 브랜드의 구별된 삶과 인격을 만들 필요성이 더욱 커진다. 따라서 브랜드 4.0시대의 브랜드는 비즈니스의 관점뿐만 아니라 인격과 삶을 가져야 한다. 그렇게 하려면, 비즈니스 경영은 브랜드를 중심으로 맞춰져야 한다. 살아있는 브랜드는 여섯 가지 중요한 구성요소를 가지게 된다.

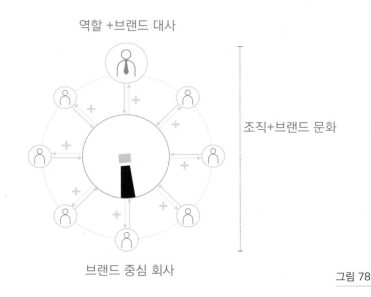

그림 78

1. 브랜드 본질 (살아있는 브랜드는 실제적인 생각을 한다)

2. 브랜드 인격 (살아있는 브랜드는 인격을 가진 사람이다)

3. 브랜드 정체성 (살아있는 브랜드는 탁월하다)

4. 브랜드 기대인지 (살아있는 브랜드는 관계가 필요하다)

5. 브랜드 행동

6. 브랜드 스토리텔링 (살아있는 브랜드는 스토리를 가지고 있다)

1 브랜드 존재
살아있는 브랜드는 실제적인 생각을 한다.

인간에게 본질은 그 사람의 자아를 만드는 것들을 반영하는 생각이다. 존재는 그가 배워왔던 것이거나 또는 경험했던 것이 하나로 결합한 것일지도 모른다. 브랜드도 이와 마찬가지다. 어떤 브랜드 존재는 관련자들이 그 가치를 인지하고 인정하는, 외부의 특성을 통하여 반영하는 '원인' 또는 '기원'에 기초한다. 디지털 사회에서 빠르게 변하는 환경과 엄청난 양의 정보는 생각할 여유와 다른 정보를 차별화하는 것을 더 어렵게 만든다. 브랜드는 자신의 '본질'을 통하여 '생각'을 분명하게 정리할 필요가 있다.

비록 브랜드 본질이 과거의 마케팅이나 브랜딩 도구와 별반 다르지 않을 수도 있지만, 고려해야 할 중요한 점은, 말과 행동 면에서 소통할 수 있고, 일관성이 있는 브랜드 존재의 설계이다. 브랜드 본질은 브랜드의 전략과 방향을 결정할 때 도움이 될 뿐만 아니라, 브랜드를 계획된 방향대로 추진시키는 책임자들과 소통하고, 이러한 활동을 견고하게 지속하고, 사람들의 참여를 끌어내도록 도와준다. 결국, 브랜드 주변 사람들이 브랜드를 신뢰하느냐, 그렇지않느냐의 문제는 브랜드의 본질을 지속하는 능력에 달려있다. 예비단계로, 브랜드의 본질 확인은 다음 4가지 질문에 답함으로써 가능하다.

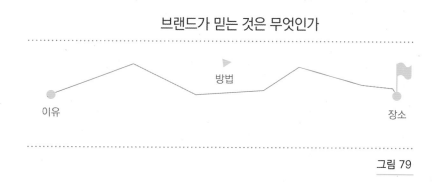

브랜드가 믿는 것은 무엇인가

이유　　　방법　　　장소

그림 79

1. 브랜드는 세상에 왜 존재하는가?

2. 브랜드는 무엇을 믿는가?

3. 브랜드는 미래에 무엇이 되길 원하는가?

4. 브랜드는 그것의 목표를 어떻게 도달할 수 있는가?

1.1. 브랜드가 왜 세상에 존재하는가?

브랜딩 4.0시대는 비즈니스를 시작하기가 과거보다 훨씬 쉬워졌다. 효율적인 기술과 지원 장비가 기업의 수(브랜드의 수)를 증가시켰고, 따라서 불가피하게 높은 경쟁도 발생했다. 어떤 브랜드를 구별되게 만들면서 소비자에게 브랜드 공간과 가치를 제공하기 위해서, 브랜드의 출발은 "이 브랜드가 왜 세상에 존재하는가?"라는 질문으로 시작할 것이다. 만약 이 브랜드가 존재하지 않는다면, 모든 사람은 여전히 살 수 있을 것인가? 주변 사람들이 이 브랜드에 관심을 기울이는 것이 불가피한가? 이러한 질문들에 대한 답은 브랜드의 전반적인 그림과 브랜드 존재 이유를 기술할 수 있는 문장이나 단어인, Brand Description(브랜드 서술)로서 결론지을 수 있다. 대부분의 브랜드 창안자나 마케팅 담당자들은 브랜드 서술을 브랜드의 관점과 브랜드가 소비자에게 제공할 수 있는 것에 대하여 언급한 내용으로 간주한다.

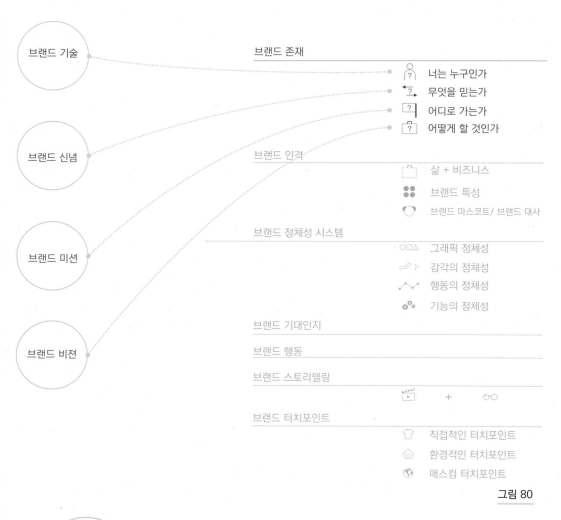

브랜드 기술

브랜드 존재
- 너는 누구인가
- 무엇을 믿는가
- 어디로 가는가
- 어떻게 할 것인가

브랜드 신념

브랜드 인격
- 삶 + 비즈니스
- 브랜드 특성
- 브랜드 마스코트/ 브랜드 대사

브랜드 미션

브랜드 정체성 시스템
- 그래픽 정체성
- 감각의 정체성
- 행동의 정체성
- 기능의 정체성

브랜드 비전

브랜드 기대인자

브랜드 행동

브랜드 스토리텔링

브랜드 터치포인트
- 직접적인 터치포인트
- 환경적인 터치포인트
- 매스컴 터치포인트

그림 80

SUBWAY 시스템은 환경적인 부담은 줄이고, 긍정적인 것을 만들어내면서, 다양한 좋은 맛과 더 건강한 음식을 선택할 기회를 제공하기 위해 헌신한다

오늘날 기술 혁명의 중심에 선 SAP는 기업 응용 소프트웨어의 시장 선두주자이다. SAP는 기업의 원가 절감과 경영의 효율성 증가를 통해, 혁신과 성장을 위한 새로운 기회를 만들어 내고, 경쟁에서 앞서도록 돕고 있다.

그림 81

세계에서 가장 큰 국제 석유 가스 회사 중 하나인 엑슨모빌Exxon Mobile 은 기술과 혁신을 통해서 날로 높아지는 에너지 수요에 대처하고 있다. 그들은 산업을 선도하는 자원을 보유한 세계에서 가장 큰 통합 정유회사로 석유 채굴, 정제와 판매, 화학 제품을 생산하고 있다.

위의 사례처럼 살아있는 브랜드는 돈을 버는 기계(수익과 이익에 초점을 맞춤)로 세상에 존재하는 것이 아니라, 어떤 가치를 찾고, 또한 어떤 사람으로서 이야기가 될 때 소비자가 이 사람은 소비자의 삶에 중요하고, 자신들의 삶을 윤택하게 만드는 역할을 한다고 인식한다. 따라서 브랜드 서술은 화려하고 광범위한 정의가 아니라, 브랜드의 존재를 가장 잘 정의할 수 있는 메시지이다. 이것은 공유된 가치를 포함하고 있다.

공유된 가치는 소비자가 특별한 가치에 중점을 두는 것과 같은 방식으로 브랜드도 중점을 두는 것이다. 그것은 소비자의 문제를 해결하는 데 도움이 되는 브랜드의 제품과 서비스이다. 예를 들어, 만약 브랜드가 에너지 사업을 한다면, 그 브랜드 서술은 친환경 에너지 사업의 요소를 가지게 될지 모른다.

좋은 브랜드 서술을 가지는 것은 훌륭한 자기소개 도구를 가지는 것과 같다. 물론, 브랜드 기술은 브랜드 소유자가 자기 자신의 지식을 혼자 간직하기 위해 브랜드 서술을 쓰는 것이 아니기 때문에, 넓은 범위에서 소통될 수 있다. 브랜드 서술은 "첫 30초의 인상이 비즈니스를 시작할 때 가장 중요하다"는 격언에 따라, 비즈니스를 추진시킬 충분한 에너지를 가져야 한다. 브랜드가 무엇인지에 대해 짧은 시간 내에, 브랜드 관련자들이 이해하기 쉽도록 설명하려면 무엇보다 잘 설계된 브랜드 서술이 중요하다. 만약 당신에게 짧고 간결하면서도 좋은 브랜드 서술을 만들 방법이 없다면, Twitter에 들어가서 140자 이내로 브랜드 서술을 시험 삼아 만들어 보라. 그 방법은 단순하지만 가장 강력하다.

1.2 브랜드는 무엇을 믿는가?

만약 브랜드 서술이 브랜드 결론과 비교될 수 있다면, 브랜드의 신념은 브랜드가 앞으로 나아가는 데 도움을 주는 연료임이 틀림없다. 신념은 브랜드와 소비자의 공유된 가치를 연결하고 일관성을 부여하여, 무언가를 함께 밀고 나아갈 때 말과 행동을 결정하는 중요한 기초가 된다. 브랜드의 신념은 더 나은 삶과 더 나은 사회를 이끌 수 있는 가치이기 때문에 단순하게 평가될 수 없다.

브랜딩 4.0시대에, 신념은 모든 차원에서 브랜드에 더해진 가치의 중심이 되기 때문에 가장 가치 있는 사은품이 된다. 따라서 브랜드는, 그것의 신념을 실제적인 어떤 것으로, 브랜드 존재 이유와 일맥상통하게 연결해야 한다. 브랜드의 신념은 브랜드와 소비자가 공통의 믿음을 가질 때, 소비자들이 브랜드를 따르고 브랜드와 하나라는 생각을 가지는 경향이 있기 때문에, 생활과 비즈니스 메커니즘에 큰 영향을 미친다. 이러한 신념은 가치를 가격으로 바꾸는 출발점이다. 브랜드 신념은 과거, 현재, 미래에도 일관성 있게 브랜드의 생활 방식을 반영하는 살아있는 브랜드의 핵심이다.

세계를 선도하는 바디 케어 제품인 도브DOVE는 "모든 여성의 아름다움", "진정한 아름다움 – 소녀들의 자존심"이라는 브랜드의 신념을 통해 여성들과 소통한다.

세계 최대의 식품 및 영양을 서비스하는 브랜드 네슬레NESTLE는 "좋은 음식은 좋은 삶이다"는 스토리를 제공하며 그것의 신념을 제시한다. 좋은 음식, 좋은 삶.

선도적인 스포츠 장비 브랜드인 나이키NIKE는 "모든 사람이 운동선수가 될 수 있다"는 스토리를 제공하며 신념을 제시한다. 당신이 신체를 가졌다면, 당신은 운동선수다.

그림 82

브랜드의 신념은 안과 밖을 반영할 요소이다. 그것은 자신 차원에서, 그리고 사회의 일원이 된 살아있는 브랜드로서, 브랜드가 원하는 것을 당신에게 말하는 것이다. 살아있는 브랜드의 신념은 크고 공상적인 신념이 아니라, 우리 자신 한 사람(신념은 개인적인 맞춤의 하나로 간주한다)에게만 관련된 신념이라는 점에서 과거와 다르다. 브랜드의 가치와 별개로, 브랜드 신념은 관련된 모든 사람에게 영감을 주고, 브랜드 실현에 부합되게 그들이 최고의 버전(당신의 최고의 버전)이 되도록 만들어준다. 따라서 좋은 신념은 복잡하고, 수준 높은, 과학적인 정보로 가득 찬 어떤 것이 아니다. 그것은 이해하기 쉽고 생활 스타일에 잘 연결된, 몇몇 사람에게 일어난 이야기처럼, 브랜드에 일어나는 작은 이야기로 구성되어야 한다.

브랜드 신념은 브랜드를 소비자와 연결한다. 소비자와 브랜드가 어떤 공유된 믿음을 가질 때, 양자가 모두 소비자 네트워크 구축 가이드라인에 일치하는 창출을 지지하고, 참여로 이어질 신념을 가치 있게 생각할 것이다. 결국, 그것은 브랜드와 소비자가 함께 혜택을 받는 어떤 것을 제안할 것이다. 예를 들면, 브랜드와 소비자들은 이 세상에 담배가 없어져야 하고, 운동이 건강에 중요하고, 아이들은 교육을 받을 동등한 기회가 주어져야 하며, 지구상에 모든 사람은 깨끗한 물을 충분히 공급받아야 한다고 믿는다. 따라서 좋은 신념은 브랜드와 소비자가 (같은 신념을 공유한) 보고 싶은 방향의 사회로 향한다는 관점에서 브랜드의 목표라 할 수 있다. 신념의 힘은 매우 강해서 몇 개의 좋은 상품을 창출할 때까지, 제품과 서비스 형태로 지원하는 브랜드와 함께 행동을 독려할 수 있다.

만약 브랜드가 재정적인 목표만(가격만)을 만족시키는 비즈니스를 운영한다면, 그 브랜드는 일시적인 사업으로 끝날 것이다. 그러나 만약, 브랜드가 소비자와 함께 공유하는 가치 있는 신념을 만족시키는 비즈니스를 운영한다면, 그 브랜드는 판매자에서 소비자가 지지하고 따르는 지도자로 자신의 지위를 바꿀 수 있다. 따라서 브랜드 신념은 미래에 브랜드를 지속 가능성으로 이끌며, 브랜드와 소비자가 강한 유대관계를 형성하는데 중요한 열쇠가 된다. 그리고 브랜드 신념은 항상 브랜드와 소비자 간의 소통을 통해 서로 접촉할 기회를 가진다. 또한 브랜드 신념은 소비자와 사회, 그리고 브랜드 신념이 함께 미래에 보고 싶은 것을 결정하는 나침반 역할을 하며, 소비자와 브랜드에 관련된 다른 요소들에도 영향을 미치게 될 것이다.

1. 3. 브랜드가 미래에 무엇이 되기를 원하는가?

신념과 목표는 한 쌍으로 움직인다. 삶과 브랜드의 비즈니스를 운영하는 신념은 원하는 목표로 브랜드를 이끌어주는 출발점이다. 신념은 브랜드가 소비자와 함께 미래에 보고 싶은 것을 말한다 – 공유된 가치. 반면에 목표는 브랜드가 미래에 되고자 하는 것이다 – 미래관점. 브랜드가 현재라면, 브랜드 목표는 브랜드가 현상 유지를 넘어, 앞으로 나아가고, 성장하고, 발전하는 약속이다. 디지털 사회에서 목표를 갖는 것은, 모든 것이 빠르게 앞으로 나아갈 때, 시장 환경변화 속도에 맞춰 움직이는 것이 아닌, 브랜드를 위해 명확한 방향을 만드는 것이다. 명확한 목표만이 진정한 성취를 이룰 수 있기 때문에, 목표는 브랜드가 그것의 현재와 미래를 연결하도록 도와준다. 미래가 왔을 때, 브랜드는 어떻게 변할 것인가? 그날이 왔을 때, 무엇 때문에 브랜드는 존재하는가? 이러한 질문들에 대한 답을 우리는 '브랜드 비전'이라고 부른다.

브랜드 비전은 브랜드와 소비자 사이에 공유된 믿음과 브랜드 존재에 대한 리더십의 표현이다. 브랜드 비전은 브랜드가 소비자와 사회에 무엇을 줄 수 있는지를 알리기 위하여 미래 사회를 향한 브랜드 역할을 결정할 것이다. 예를 들어, 깨끗한 식수를 모든 사람에게 제공할 것이라는 믿음 외에도(신념), 브랜드는 세계에서 가장 크고 깨끗한 물의 원천이 될 것을 자원한다(비전). 브랜드 4.0시대에, 브랜드 비전은 브랜드가 미래에 소비자와 사회를 위해 직접 갖게 될 가치와, 비즈니스 목표의 결합이라 할 수 있다. 이것은 그 브랜드만이 소비자에게 줄 수 있는 특별한 가치에 대한 브랜드의 커뮤니케이션과 같은 것이고, 또한 브랜드를 성공하게 만드는 미래의 목표이다. 비전은 미래에 확실하게 고대하는 내부의 욕구와 결정으로 만들어진다. 그리고 지도자로서, 브랜드 비전은 보통 사람들이 볼 수 없거나, 비록 그들이 볼 수 있다고 해도, 그것이 가능할지 여전히 의심스러운 것일지도 모른다(증명을 기다리면서).

 한번 클릭으로 세계의 모든 정보에 접근할 수 있도록 하기 위해서

영양, 보건, 건강을 중심으로 삶의 질을 향상하고 더 건강한 미래에 기여하기 위해서

 세상 모든 사람의 기본적인 욕구 – 주거지, 깨끗한 물, 위생, 음식 그리고 신뢰할만한 권력 등이 있는 세상

그림 83

일반적인 브랜드 비전과 살아있는 브랜드 비전 사이의 차이는 살아있는 브랜드 비전은 브랜드 실현을 위해 그것이 바라는 것을 볼 수 있다. 그리고 브랜드 실현(또는 그것에 가까운)을 달성했을 때, 브랜드 비전은 이해 당사자와 사회에 잘 수용되고 지지받아 긍정적인 영향을 만든다.

좋은 비전은 관련된 당사자들(그 주변 사람들이 그러한 비전에 지지를 보내게 될 것이다)로부터 인정받고 브랜드가 목표를 달성하도록 그들로부터 지지를 받을 것이다. 공유된 비전은 디지털 사회에서 성공을 위해 유지해야 하는 브랜드의 '기둥' 같은 것이다. 브랜드가 미래에 무엇이 될 것인지에 동의하는 소비자 네트워크를 가졌다는 사실은 힘을 통해서가 아닌, 자진해서 브랜드를 추진시키고, 지원하고, 홍보하고, 도와주는 원천을 가지고 있다는 것이다. 그다음에, 브랜드 비전을 만드는 것은 미래의 브랜드가 소비자의 삶에 가치를 두는 어떤 것을 인지하고 그것을 성취하는 것이다. 만약 브랜드가 미래에 되고자 원하는 것이 그들 주변 사람들에게 어떻게 이로운지 설득할 수 있다면, 브랜드 비전은 귀중한 것이 될 것이고, 그것을 구체화하기 위한 협력을 받게 될 것이다.

좋은 비전의 설계는 시간과 가능성이라는 요소에 중점을 두어야 한다. 짧은 기간의 성과에만 초점을 맞춘 브랜드 비전은 마케팅 결과에만 초점을 맞춘 것으로, 브랜드의 진정한 가치를 창출할 수 없다. 그것은 보통 짧은 시간 내에 왔다가 사라진다. 반면, 너무 먼 미래를 보는 브랜드 비전은 관련자들이 그것을 생각하고 상상하도록 연결할 수 없다. 가능성이 희박한

비전은 그것을 추진하는 의지력을 떨어뜨리고, 결국에는 무시될 것이다. 브랜드 비전을 설계할 때 가장 중요한 것들은 다음과 같다.

1. 좋은 비전은 현실에 기초한 가능한 미래 목표에서 나와야 한다. 또한 그러한 목표는 브랜드 존재 이유를 다른 사람이 이해할 수 있도록 만들어야 한다.
2. 좋은 비전은 관련된 사람들에게 자긍심을 심어 주어야 한다. 비전은 널리 확산할 수 있기 때문에 기억하기 쉽게 만들어져야 한다.
3. 좋은 비전은 아무도 기억할 수 없는 연례보고서나 웹사이트에 화려하게 쓰인 비전이 아니라 가능한 한 많이 반복될 수 있어야 한다.
4. 좋은 비전은 참여를 끌어내야 한다. 그리고 살아있는 브랜드의 비전을 설계하는 것이 곧 디지털 시대에 브랜드 성공의 핵심인 참여를 끌어낼 수 있기 때문에, 브랜드를 홍보하고 전진시켜 리더가 되게 해야한다.

언급된 네 개의 요인을 제외하고, 브랜드 비전을 결정하는 행위는 모든 관련 요소를 생각해야 한다. 가장 중요한 것은 살아있는 브랜드 비전이 비즈니스 목표에 대한 해답이자, 브랜드가 소비자와 함께 공유된 가치와 브랜드 신념을 녹여내는 것이다. 이러한 비전은 관련자들이 브랜드 비전을 확신하고 목표에 함께 도달하고자 할 때, 그들을 향한 브랜드의 가치를 반영해야 한다. 그다음으로 중요한 것은 브랜드가 정해진 비전의 목표에 도달하기 위해 브랜드가 어떤 과정과 절차를 밟아야 하는지에 대한 질문에서 벗어날 수 없다는 것이다. 그것은 브랜드에 관련된 많은 사람이 역할과 책임, 그리고 행동지침에서 차이가 나지만, 그들은 항상 같은 목표로 브랜드를 이끌어야 하기 때문이다.

1.4 브랜드가 목표에 어떻게 도달할 수 있는가?

브랜드 비전은 우리가 목표를 파악하고 시작하는 데 도움을 주지만, 브랜드가 원하는 목표를 달성할 것인지의 여부는 실제 방법을 설계하는 능력에 달려있다. 그러한 방법은 분명하고 실행될 수 있어야 한다. 우리는 그 방법을 브랜드 미션이라고 부른다.

브랜드가 정해진 비전에 도달하기 위해 성공적으로 해야 하는 것. 브랜드 제작자와 마케팅 담당자들은 전략, 전술, 기법, 단기적인 계획, 장기적인 계획으로 브랜드 미션에 대해 알아야 할지 모른다. 그러나 브랜딩 4.0시대, 브랜드 미션은 가치를 창출하여 가격으로 바꾸는 과정과 직접 연결된다. 이러한 것을 가치 창출 사슬로 부를 수 있다. 브랜드가 소비자와 함께 가치를 만들 때, 비즈니스 면에서 브랜드 미션은 그들을 가격으로 바꿀 수 있어야 할 것이다. 미션은 이후 브랜드가 잘하고, 흥미 있으라 하는 비즈니스 형태와 방법을 사용하여 브랜드 자체와 관련자들에게 향한다는 약속을 지키는 과정처럼 작용할 것이다.

세계의 정보를 보편적으로 접근할 수 있고 유용하게 체계화하는 것.

아침부터 저녁까지 소비자에게 광범위한 음식과 음료 범주와 식사 기회로 가장 맛있는, 가장 영양가 있는 선택을 제공하는 것.

인프라와 에너지발전을 통해서 경제성장을 가능하게 하는 것, 그리고 공동체를 지원하고 지구를 보호하는 해결책을 제공하는 것.

그림 84

살아있는 브랜드 미션은 내부에서 외부까지 참여에 초점을 맞추면서, 가능한 많은 참여를 만드는데 집중하는 수행과제이다. 사람들이 소통으로 연결되는 온라인 네트워크 시대부터 소비자들이 몇 가지의 디지털 활동을 할 수 있는 디지털 시대까지, 브랜드 미션은 브랜드와 소비자가 공유된 가치에 응답할 기회를 가질 수 있도록 참여를 만들어내는 통로이자 기회이다. 따라서 좋은 비전은 좋은 소통으로부터의 참여를 촉진하는, 일종의 플랫폼으로써의 비즈니스를 운영하는 시스템을 디자인 하는 것에서 시작한다. 이는 공통의 이해와 실제 실행으로 이어질 것이다.

모든 관련자는 전체 미션을 완수하기 위한 조각 퍼즐처럼 그들의 역할과 책임에 대하여 반드시 알아야 한다. 좋은 브랜드 비전은 "목표는 돌에 새겨지고, 방법은 모래에 새겨진다"는 고대 격언에 제시된 것처럼 브랜드에 대한 신념과 비전에 답할 수 있는 융통성을 가져야 한다.

미션의 설계는 수행 능력을 포함해야 한다. 복잡하고, 어려운, 그리고 불명확한 미션은 관련자들의 실행이 실패로 끝나게 만든다. 그들이 날마다 하는 행동이 가치를 가격으로 바꾸는 과정을 지원하지 못하거나 일관성이 없음을 발견했을 때, 그들은 활동을 포기하고, 브랜드와 브랜딩에 대한 신뢰를 버리게 될 것이다. 반대로, 브랜드의 삶과 잘 부합하고, 더할 나위 없이 자연스럽고, 명확하며, 실행 가능한 미션들은 그러한 행동을 자극하게 될 것이다. 관련자들은 열심히 활동해야 할지, 포기해야 할지를 잘 알고 있다(그것은 그들이 비전과 하나가 되고 브랜드가 목표에 도달했을 때, 그들이 무엇을 얻게 될지를 잘 알기 때문이다). 브랜드가 관련자들로부터 신뢰를 얻으면 그들은 진정으로 목표에 도달할 때까지 브랜드 완성을 도울 것이다.

브랜드 존재 대한 결론

어떤 사람의 성공이 그가 생각하는 것과 그가 행동하는 것으로 구성된다면, 브랜드 본질은 브랜드가 목표를 향해 움직이게 하는 생각과 행동의 원칙이다. 그것은 브랜드가 해야 할 것과 하지 말아야 할 것이나 브랜드가 동의해야 할 것과 동의하지 말아야 할 것을 구별하도록 돕는다. 커뮤니케이션과 사회가 빠르게 이동하는 시대에, 브랜드 본질은 브랜드(다른 이야기들로 가득 찬 환경에서)가 확고하게 일어서서 환경에 굴하지 않고, 브랜드가 반드시 나아가야 할 길로 인도하는 나침판 역할을 할 것이다. 시간이 지나면 지날수록 브랜드 본질은 아무도 그것을 대체할 수 없을 때까지, 브랜드가 소비자를 향해 갖는 '핵심적인 공유 가치'가 된다. 강한 브랜드 본질을 갖는 것은 브랜드 생각을 분명하게 만들고, 그 생각에 쉽게 접근하도록 한다. 그리고 모든 사람이 브랜드 인격을 통해 사람처럼 감성과 이성을 볼 수 있는 이미지와 인지로 반영될 것이다.

2 브랜드 인격
살아있는 브랜드는 인격을 가진 사람이다.

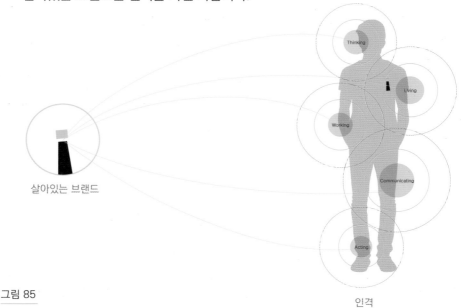

살아있는 브랜드

인격

그림 85

대부분의 마케팅 담당자들과 브랜드 작가들은 '이미지' 또는 '브랜드 이미지'라는 말을 틀림없이 들어보았을 것이다. 이 말은 3i 전략의 일부인 마케팅 3.0 시대에도 분명히 언급되었다. 브랜드 이미지 의미는 일반적으로 브랜드에 대해 소비자가 인지할 때까지 수행된, 브랜드에 대한 커뮤니케이션이나 광고의 결과일지 모른다. 브랜드 이미지 중요성의 단계는 브랜드와 관련된 정보에 도달하는 능력에 달려 있다. 예를 들면, 소비자가 브랜드의 제품만을 인정한다면, 브랜드 이미지는 그 제품을 소유함으로써 일어날 것이다. 브랜드와 소비자의 관계가 제품과 서비스를 이끄는 브랜딩 4.0 시대에 브랜드를 살아 움직이게 만드는 것은, 브랜드가 더 많은 인지와 경험을 통해 생각하고 수행하는 것과 관련된다. 따라서 소비자가 인정하는 브랜드 이미지는 과거와 상당히 다르다. 브랜드 이미지는 삶과 진실을 연결하는 스토리가 되고, 소비자가 브랜드를 향해 가지고 있는 경험이 되었다. 그것은 사람처럼 브랜드 '자아'라는 단어로 요약되거나 또는 브랜드 인격이라고 부르게 될 것이다.

소비자가 원하는 어떤 정보든지 접근 할 수 있는 브랜딩 4.0시대에, 브랜드 인격이라는 단어는, 우리가 알고 싶어하는 스토리만의 커뮤니케이션이 아니라, 인지(브랜드가 제공하고자 하는 것에 대한 소비자 관점) 사이의 연결과 브랜드가 무엇인지로(브랜드가 행한 것을 반영한 사실) 변하게 되었다. 이는 사람이 인격을 가지는 과정과 같다. 따라서 브랜드 인격은 소비자가 브랜드에 대한 경험을 언급함으로써 큰 그림big picture으로 브랜드를 파악한 후 내린 결론과 같다. 과거에 브랜드가 시장 포지셔닝으로만 존재했다면, 현재는 소비자들이 한 사람의 인격을 언급하듯이 브랜드에 관해 이야기하는 방식으로 존재한다.

이 브랜드는 진지하고 영리한 사람처럼 보인다.
이 브랜드는 느긋한 사람처럼 보인다.
이 브랜드는 새롭고 이국적인 것을 좋아하는 사람처럼 보인다.
이 브랜드는 자연을 사랑하는 사람처럼 보인다.

따라서, 브랜드의 인격은 직접 살아있는 브랜드와 연결되었기 때문에 브랜딩 4.0시대에 브랜딩의 중심이 된다.

브랜드 인격을 알기 전에, 먼저 '인격'이라는 단어의 진화를 이해하는 것이 중요하다. 인격은 인간의 독특함을 분류하기 위한 그룹화에서 생겨났는데, 유명한 스위스 정신과 의사인 칼 구스타브 융Carl Gustav Jung은 기본적인 인격을 정신, 생각, 에너지, 감정, 물질의 5그룹으로 분류했다. 그러나, 제1시대에서 디지털시대까지 사회의 진화 이후, 소비자들은 서로에 대해 더 많이 배우고, 개별 인격의 독특함을 전환하며, 그들끼리 더 많은 상호작용을 하게 되었다. 이는 혼합되고, 이미 목격된, 또는 과거에 전혀 목격되지 않은 새로운 인격을 만들었다. 이러한 것들은 브랜드 인격을 13가지의 범주로 나눈 BRANDi 인격들로 언급되고 있다.

그림 86

브랜드의 인격이 모든 방식으로 살아있는 브랜드에 영향을 미친다.

각 브랜드의 인격은 자체의 독특성을 가지고, 다른 방식으로 브랜드에 영향을 미친다. 그러므로 브랜드 소유자와 브랜드 작가들은 브랜드의 삶과 비즈니스를 통해 원하는 결과를 얻으려면, 비즈니스와 부합되고 연결된 브랜드 인격을 정확하게 설계해야 할 것이다. 정확하게 설계된 브랜드가 기반을 닦은 결과는 브랜드를 살아있게 하고, 디지털 시대의 소비자와의 연결과 브랜드 경영 측면에서 엄청난 브랜드 가치를 창출할 것이다. 특히, 소비자와의 관계 및 소비자 네트워크를 구축할 때까지의 커뮤니케이션, 그리고 브랜드 스토리의 렌더링 과정에서 의사 결정(기획과 전략관리)을 하는 데 크게 도움을 줄 것이다.

물론, 브랜드를 관리할 때 가장 어려운 점은 어떤 사람의 아이디어(개인적인 브랜드)가 아닌, 브랜드 존재에 근거한 어떤 절차를 결정하는 것이다. 일반적으로 브랜드 관리에 영향을 미치는 요인은 외부요인(소비자, 환경)과 내부요인(종업원, 브랜드 소유자)을 포함한다. 브랜드에 영향을 주는 사람이 많으면 많을수록, 브랜드가 구축한 연속성과 정체성을 잃기 더 쉬워진다 (만들고 있는 브랜드를 향한 개인적인 브랜드의 영향). 브랜드 인격의 설계와 이동은 한 사람에 의해서가 아닌, 브랜드 중심으로 관리될 수 있도록 브랜드 경영을 도울 것이다. 브랜드 인격과 생각 및 다양한 상황에 대한 사람들의 반응을 비교 해 보자. 예를 들면,

- 브랜드는 이러한 특별한 상황에서 무엇을 결정해야 하는가? (전략)
- 브랜드는 비즈니스를 위해 누구와 손잡아야 하는가? (동반자 관계 찾기)
- 브랜드는 소비자가 반응하는 것에 어떻게 대응해야 하는가? (관계구축)
- 브랜드는 소비자로부터 최고의 기억을 얻기 위해 어떤 색을 사용해야 하는가? (커뮤니케이션)
- 브랜드는 제품을 제조하기 위해 누구를 고용해야 하는가? (생산)

비즈니스에 대한 의사결정과 관련된 질문들은 숫자나 통계분석으로 답을 얻을 수도 있지만, 실질적으로 숫자가 최선의 답을 줄 수 없는 몇몇 상황들이 있다. 의사 결정을 도와주는 것은 브랜드 인격을 반영한 생각과 행동에 근거한다. 지도자의 인격을 지닌 브랜드는 특정한 방식의 답을 가지고 있어야한다. 반면에, 창조자의 인격을 가진 브랜드는 다른 답을 가졌을지 모른다. 브랜드 인격에 근거한 의사결정은 숫자와 정보의 정확성만으로 측정되는 것이 아니라, 브랜드 관점에서 명료성, 연속성, 일관성으로 측정되어야 한다. 그것은 브랜드에 가치를 더하는 의사결정으로 간주할 것이다. 의사결정에 이득이 되는 것 외에도, 브랜드 인격은 브랜드 관련자들이 브랜드를 강화하기 위해 통일성을 만드는 방법을 이해하도록 돕는다.

브랜드가 살아있고 소비자와 함께 디지털 사회의 일부가 될 때, 빠르고 효과적인 커뮤니케이션이 비즈니스 운영에 결정적인 영향을 미칠 것이다. 비록 커뮤니케이션이 무형이지만, 살아있는 인간인 우리는 특정 유형의 인격을 가진 사람들이 어떻게 소통하는지 확실히 느낄 수 있다. 탐험가들은 목표와 소통하기를 좋아할지 모른다. 그들은 도전을 사랑하지만, 우리는 수호자들이 혼돈 속에서 목표에 도달하기 전에 안전을 위해 커뮤니케이션에 중점을 둔다는 것을 알고 있다. 그것은 똑같은 대화의 주제를 놓고도 인격에 따라 서로 다르게 말하고 행동하는 것을 우리로 하여금 목격하게 해준다. 그러나 어떤 인격일지라도, 브랜드 인격에 근거한 커뮤니케이션의 명확성과 연속성은, 좋은 관계로 이끌면서, 소비자들이 브랜드를 더욱 잘 인식하고 연결하도록 도움을 줄 것이다.

브랜드 인격과 비즈니스 관련성

결국, 인격을 가진 살아있는 브랜드의 목표는 소비자 네트워크를 만드는 것이다. 소비자 네트워크의 구축은 브랜드와 소비자가 공유한 가치에서 나온다. 그것은 과거처럼 숫자나 통계적인 정보(마케팅전략 STP에 따라 연령별, 사는 장소, 독특성에 대한 정보)에 대한 고려뿐만 아니라, 브랜드와 소비자 사이의 관계, 느낌, 감정, 스토리, 조화에 관한 것들을 포함한다. 비즈니스를 인격과 연결하는 것은 사업을 대상 집단과 연결하는 것과 같다. 즉, 같은 인격을 가진 사람들끼리 서로 끌린다는 생각에 근거해서, 브랜딩 4.0시대의 철학에 부합하기 위해, 똑같은 가치관을 가진 사람끼리 서로 연결하고 좋은 관계를 맺는 경향이 있다는 것을 말한다.

브랜드 인격	공유된 가치	소비자

탐험가의 인격은 여행 비즈니스를 지지하고 여행을 좋아하는 사람들을 매혹해야 한다.

학자적인 인격은 자문 비즈니스를 지지하고 전문가를 원하는 사람들을 매혹해야 한다.

수호자 인격은 보험 비즈니스를 지지해야 하고 삶에서 안전을 찾는 사람들을 매혹해야 한다.

여성성 인격은 자기관리와 관련된 비즈니스를 지지해야하고 그들을 돌보는 사람역시 매혹해야 한다.

그림 87

비즈니스 측면에서 보면, 이러한 인격을 가진 소비자들은 유사한 생각(브랜드 존재), 행동, 삶의 방식을 가지고 있기 때문에 브랜드 고객이 되는 경향이 있다. 그래서 설계된 인격이 있는 브랜드는 소비자네트워크와 더 많이 연결하고 접속할 수 있는 능력을 갖추며, 그로 인해 더 많은 고객을 확보할 기회를 잡는다. 이것은 브랜드 4.0시대의 규칙 3, 즉, 브랜드와 소비자가 친구가 될 때까지 공유된 가치를 바탕으로 브랜드 네트워크를 구축하는 것, 그리고 그 브랜드만이 소비자에게 제품과 서비스의 형태로 제공할 수 있는 독특한 가치를 제공하는 것과 일치한다.

브랜드와 비즈니스를 분리하는 것이 브랜드의 삶이다.

과거에 브랜드 삶은 비즈니스 차원에서만 다루었다(마케팅 활동을 통해서 좌우된). 그래서 브랜드의 삶은 불완전했다(업무나 비즈니스 차원일 뿐이었다). 그리고 소비자가 브랜드의 어떤 행동을 인지하는 것은 이익 창출을 위한 전략 일부에 불과했다.

브랜드 4.0시대의 목표는 인격을 가진 브랜드의 삶을 완전하게 할 디자인에 중점을 두는 것이다. 이는 비즈니스 외, 브랜드의 삶에 관련한 이야기를 실현하는 것을 의미한다. 만약 브랜드 애플이 사람이라면, 그가 근무하는 날 오후에 무엇을 할지 상상해보자. 브랜드 나이키가 사람이라면, 어떤 소비자가 그에게 자동차에 대해 질문을 할 때, 어떤 대답을 할지 상상해 보자. 만약 브랜드 벤츠Benz가 사람이라면, 그가 루이뷔통 백을 사용하는지 질문해보자. 일반인에게 일어날 수 있는 상황처럼 자세히 관찰하면, 모든 것이 인격을 가진 브랜드가 소비자와 관계를 맺을 기회와 공간이 될지 모른다.

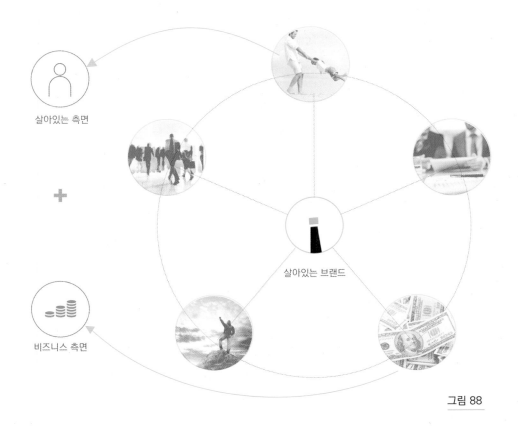

살아있는 측면

비즈니스 측면

살아있는 브랜드

그림 88

삶의 근간을 사람으로 비교할 때, 보통 살아있다는 것은 적어도 두 가지 측면으로 구성된다. 하나는 일, 다른 하나는 생활 방식이다. 소비자들은 각자의 역할과 책임, 인격에 근거하여 표현하는 것을 선택할 수 있다(이러한 역할은 이미 어떤 인격으로 연결되었다). 예를 들면, 직장 생활의 차원에서는 지도자의 인격을 원할지 모르지만, 삶의 차원에서는 사교적인 인격을 원할 수 있다. 그러나 현실을 살펴보면, 비록 소비자가 하나 이상의 인격을 가졌다고 해도, 생활방식 면의 인격이 직장 생활의 인격보다 일반적으로 더 자연스럽다. 소비자가 직장 생활과 삶의 방식을 분리하기가 더 어려운 디지털 사회와 결합한다면, 성공하는 사람은 자신의 생활 방식의 인격과 비슷한 직장 생활의 인격을 가진 사람이다. 그것은 그들이 성공을 위해 자신을 바꿀 필요가 없으며, 성공하기 위해 자신의 존재를 이용한다는 것을 의미한다. 이러한 메커니즘을 생활 방식에서 업무수행 방식으로의 이동이라고 명명할 수 있다.

브랜드의 경우, 브랜드가 표현하는 어떤 인격이든, 그것은 대개 비즈니스의 운영이나 업무로 연결된다. 이 시대 브랜딩의 질문은 생활 방식 차원에서 브랜딩 인격을 독특하게 만들고, 직장 생활 인격과 조화를 이루는 방법에 관해서 물어야 한다(그것은 브랜드의 주요 목표이다). 브랜딩 4.0시대 규칙2에 따르면, 모든 브랜드는 – 제품 브랜드, 서비스 브랜드, 조직 브랜드 – 브랜드 소유자나 경영진을 의미할 수 있는 브랜드보다 더 큰 영향력을 가진 사람의 개인적인 브랜드에 기원한다. 브랜드가 비즈니스를 운영하는 개인 브랜드로부터 인격으로써 전환 될 때, 그 브랜드는 생활 방식 차원에서 자신을 표현하는 인격을 사용 할 수 있어야만 하고, 또한 그러한 인격이 일에서 생활로 전환된다면, 그것은 진정으로 브랜드에 생명을 불어넣는 메커니즘이 될 것이다.

흥미로운 사례 연구는 브랜드 Whole Foods Market에 관련된 것이다. Whole Foods Market은 최고 품질의 원료를 찾는 활동을 통해, 완전 유기농 재배지에서 생산된 원료와 식품을 팔고, 건강식품 생산과 친환경 농업을 위해 비영리 단체와 협력하고 그들을 지원하며, 계절별로 3개 주요 농장으로부터 농산물을 구매하는 정책을 시행하고 있다. 봄에는 캘리포니아에서, 여름에는 미시간, 그리고 가을에는 워싱턴에서 생산된 농산물을 구매한다. 그들은 농장부터 상점까지 7시간 안에 상품을 수송하도록 통제함으로써, 신선한 품질을 관리한다.

이 외에도, Whole Foods Market을 다른 슈퍼마켓과 차별화시키는 것은 페이스북, 핀터레스트, 인스타그램을 통해 엄청나게 많은 온라인 소비자들과 커뮤니케이션을 한다는 점이다. Whole Foods Market이 제공하는 스토리들은 소비자가 일상생활에서 자신의 건강을 돌보도록 동기부여를 한다. 브랜드 인격은 분명히 건강을 의식하고, 생명존중에 기반을 두고 있다. 브랜드는 음식 섭취, 유기농 농법, 지속 가능한 해산물 섭취, 그리고 녹색 지구에 대한 올바른 정보와 지식을 제공함으로써 건강에 관심이 있는 소비자들의 그룹에 연결한다. 게다가, 상점에 배포된 팸플릿에는 건강한 음식 조리법, 일일 운동, 소비자가 각각의 성분에서 얻는 영양의 양에 관한 상세한 설명, 일일 지출, 바로 사용할 수 있는 할인 쿠폰 등이 들어 있다. Whole Foods Market은 가장 신선한 원료 또는 식품제공업자일 뿐만 아니라, 건강에 기여하고, 균형 있는 삶을 제시하는 브랜드이다.

의인화된 브랜드가 모든 차원에서 인격을 가진 사람의 역할을 이해할 때, 브랜드 인격의 계승은 효율적으로 될 것이다. 브랜드는 인격을 가진 소비자처럼, 어떤 음식을 먹을지, 어떤 옷을 살지, 어떤 TV 프로그램을 시청할지, 어떤 활동을 할지를 자신의 인격을 통해서 표현할 수 있다. 이 문제는 브랜드에게 생명을 주고, 소비자 사회의 일부분으로 만드는데 있어 매우 중요하다. 그 이유는, 이 현상은 브랜드가 마케팅 목적만을 가지는 기본적인 행동에서 벗어나, 소비자처럼 모든 측면에서 살아있는 의인화된 브랜드로 전환하는 것을 의미하기 때문이다. 브랜드와 소비자 사이의 연결이 삶과 공유된 가치를 통해 발생할 때, 브랜드 의인화는 더욱 확실해지고, 그 가치를 가격으로 바꾸는 것 또한 매우 쉬워질 것이다.

완전한 의인화가 되기까지 잘 디자인되고 관리된 브랜드의 인격을 보여주는 지표는 비즈니스 차원의 인격과 살아있는 브랜드 인격이 조화를 이루도록 어떻게 연결하느냐에 달려있다. 디지털 사회에서 소비자들은 제품이나 서비스를 원할 때 혼자 브랜드에 접근하기도 하지만, 브랜드가 일상생활제품과 함께 그들에게 도달하게 할 수도 있다(그것은 자기들끼리 관계를 만드는 것과 같은 형태이다). 따라서 최고의 케이스는 일생 생활과 직장 생활을 포함한 뚜렷한 하나의 인격으로 브랜드가 전환되는 것이고, 이는 브랜드가 완전하고 자연스럽게 삶을 획득하도록 관리하는 것의 전형과 역학관계를 이해하도록 만들 것이다.

개인 브랜드를 제품브랜드와 조직브랜드로 이동시킨 사람들의 사례는 스티브 잡스와 애플, 리처드 브랜슨과 버진에서 찾아볼 수 있다. 이들은 일하는 인격을 일상생활에 연결했는데, 이는 브랜드와 비즈니스를 강하게, 또 삶을 얻게 만들어서 오늘날 소비자와 하모니를 이루고 있다. 소비자들이 제품과 서비스보다 브랜드에 관해 이야기한다는 사실은 이를 잘 대변해 주는 핵심 지표가 될 것이다. 이것은 또한 브랜드가 일과 비즈니스 스토리를 거쳐, 생활에서 나오는 결론을 반영하는 인격을 가진 브랜드로서의 길을 걸어왔음을 반영한다.

브랜드의 인격이 소비자에게로 이동하는 것은 브랜드가 말하거나 표현할 때마다 일어난다. 그러나 인격이라는 단어는 여전히 추상적인 단어로 남아있는데, 이는 브랜드를 중심으로 경영하는 것을 말하기 위해 그 단어를 사용하는 것을 불분명하게 만들고 있다. 브랜드의 완벽한 삶을 보여주는 대리인을 만들기 위해, 소비자가 진정한 생활과 움직임을 볼 수 있도록 하는 상징으로써 브랜드를 살아있는 피조물에 연결하는 방법이 생겨났다. 맥도날드McDonald의 Uncle Donald, 미쉐린Michelin의 Bibendum, KFC의 Colonel Sander 같은 브랜드를 상상해보자.

브랜드 마스코트는 브랜드 인격의 설계를 더 분명하게 만들고, 소비자가 일과 생활 스타일 차원에서 브랜드에 접근하도록 돕는 또 하나의 중요한 방식이다. 사실, 브랜드 마스코트를 갖는 것은 브랜드의 인격이 분명히 드러날 수 있도록 브랜드 대리인을 만들기 위해서다. 브랜드 마스코트 외에도, 브랜드와 관련된 사람들, 자원해서 브랜드 홍보 대사로 활동하는 사람들 역시 브랜드 인격이 잘 드러나도록 도움을 줄 수 있다. 그들은 브랜드에 우호적인 소비자, 종업원, 경영진, 그리고 브랜드 소유자들이다.

브랜드 인격을 소비자들에게 표현할 때, 이러한 사람들의 존재는 브랜드가 생명과 명확한 자아를 갖도록 도울 것이다. 그래서 그들은, 뒤에 언급될 브랜드 인격과 존재에 대하여 그들 자신의 인격과 연결할 만큼 깊이 이해하고 있다.

브랜드 인격, 브랜드 마스코트 그리고 브랜드 홍보 대사는 소비자와의 관계를 만들 기회로 이끌, 살아있는 브랜드를 만들기 위한 중요한 변수들이다. 사실, 브랜드 인격은 우리가 그것을 알아채지 못하고 그것의 느낌과 인지로 향하는 효과를 가지고 있다. 언젠가 우리는 어떤 사람에 대해 매우 좋은 기분을 느낄 수 있지만, 반대로 어떤 사람을 극도로 경멸할 수도 있다(비록 우리가 그들을 알지 못한다고 할지라도). 인격은 그러한 느낌에 대한 해답의 일부분인데, 그 이유는, 그런 느낌은 거대한 그림과 쉽게 이해되도록 묘사하기 어려운 인간존재의 반영이기 때문이다. 따라서 누군가가 어떤 종류의 인격을 가졌다고 꼭 집어서 말할 때, 브랜드 인격과 직접 관련된 브랜드 특성을 더 깊게 연결하고 기술해야 할 것이다. 게다가, 브랜드 특성은 소비자가 그 브랜드를 좋아하는지 싫어하는지를 설명하는 데 도움이 될 것이고, 또한, 소비자들이 브랜드 인격 속에 포함된 중요한 특성을 이해하도록 도와줄 것이다.

브랜드 인격

큰 그림 속에서 브랜드 존재를 확인하는 거라면, 브랜드 특성은 우리에게 브랜드가 가진 어떤 종류의 인격에 도달해서 결론을 내릴 수 있게 한다. 각각의 인격은 이런 특성을 보인 사람은 이런 종류의 인격을 가지게 된다는 것을 식별하는 구체적인 특성이 있다. 구체적인 브랜드 특성은 소비자가 브랜드 인격을 더 쉽게 이해하고 더 잘 연결하도록 돕는다. 그래서 브랜드 특성은 브랜드 핵심가치만큼 널리 사용되는 것으로 잘 알려져 있다. 브랜드 특성은 단순히 소비자가 브랜드 인격에 도달하도록 도와주는 것만이 아니라, 브랜드 인격을 브랜드 홍보 대사의 형성으로 이동시키고 연결하는 중요한 역할도 맡는다. 그리고 브랜드 특성이 브랜드 가치와 문화로 일체가 되기까지 브랜드관련자들(대부분 종업원)이 브랜드 특성을 배우고 받아들일 수 있도록 만든다.

브랜드 특성은 브랜드 이해당사자(특별히 브랜드 내부의 이해당사자인 종업원들)에게 전하고 주입하는 데 자주 사용한다. 큰 비즈니스 조직은 각각의 종업원이 공통의 특별한 특성을 가지고 브랜드 홍보 대사가 되는 의미를 이해하도록 브랜드 특성을 알려주어야 한다.

보통, 브랜드 중심 경영의 장애물 중 하나는 각 종업원이 그들 자신의 인격과 브랜드 연결을 이해하지 않고(브랜드 인격과 다른) 자신의 브랜드를 갖는 것이다. 각 종업원의 개인적인 브랜드가 종종 생성 중인 조직 브랜드에 상당한 영향을 미친다.

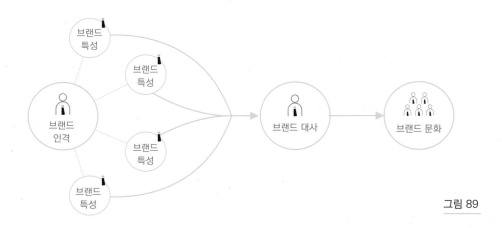

그림 89

이런 종업원들을 브랜드와 함께 모든 방면에서 그들을 지원하는 브랜드 홍보 대사로 만드는 것은 불가능하다. 따라서 종업원들이 브랜드를 같은 방향으로 몰아가도록 하는 것은 그들 자신의 존재와 브랜드 홍보 대사가 되는 것 사이의 균형을 보장하는 방식으로 브랜드 특성을 주입해야 얻어진다. 하나의 인격은 다양한 브랜드 특성을 많이 가지고 있다. 그 특성은 브랜드 인격이 선명하게 빛나도록 연결할 것이다.

온라인 구두상점, 자포스ZAPPOS의 브랜드 신념은 서비스에 의한 행복이다. 그러한 신념과 함께, 자포스는 소비자에게 행복, 기쁨, 미소를 주는 브랜드이고 소비자가 자포스를 더 많이 알게 될 때, 그들의 만족은 충만해진다. 브랜드가 그러한 목적을 달성하기 위해, 모든 구성원은 브랜드 가치에 의존하는 공통의 인격과 브랜드 특성을 표현해야 한다. 예를 들면:

변화를 수용하고 추진하라.

즐거움과 약간의 기묘함을 만들어라.

모험적인, 창의적인, 열린 마음을 가져라.

성장과 배움을 추구하라.

커뮤니케이션과 열린, 정직한 관계를 만들어라.

긍정적인 팀과 가족 정신을 만들어라.

최소 비용으로 최대 효과를 거두어라.

열정적이고 단호하라.

겸손하라.

위의 말들은 모두 만족스러운 결과를 내도록 아주 효과적으로 브랜드 특성을 종업원에게 새겨 넣을 수 있는 사례이다. 자포스가 하는 일은 행복으로 가득 찬 조직을 만드는 것이다(동시에, 고객을 행복하게 만드는 것이다). 자포스는 고객에게 좋은 서비스를 제공하도록 직원들을 훈련하면서, 그러한 브랜드 특성을 그들에게 새겨 넣었다(그들이 어느 부서에 있든). 일단 공통의 상호연결 된 특성을 가지고 고객서비스로써 그들의 역할을 깨닫게 된다면, 종업원들은 좋은 관계가 형성될 때까지 자포스의 가치를 고객에게 전달하는 브랜드 대표가 될 수 있다.

브랜드의 특성은 브랜드 문화와 생활 스타일 패턴에 영향을 미치는 신념, 사고 과정, 실천을 반영한 브랜드 인격을 형성하기 위해 섞인 몇몇 구성요소로 구성된다. 그들은 소비자들이 브랜드 인격에 더 쉽게 연결하도록 돕는다. 예를 들면, 어떤 브랜드는 혁신과 여행처럼 여행자 인격을 갖는다. 선도적인 성격을 가진 브랜드는 변화나 변화를 만들어 내길 좋아한다. 각각의 브랜드 특성은 각 개인의 경험과 인지에 따라 몇몇 브랜드 인격과 연결할 수 있다. 기본적인 인지를 고려하면, 어떤 브랜드 특성이 브랜드 인격의 가치를 증진을 위해 중요한 역할을 하는지 발견할 수 있다. 이런 특성들은 브랜드의 특징을 소비자에게 알려주는 단서들이다.

현명한 논리적인,
단순한, 침착한

눈에 띄는, 마술적인, 혁신적인,
생각하는, 발군의

재미있는, 흥미로운, 정력적인,
훨씬 능가하는, 예상되는

예지력 있는, 자극받은,
영향력 있는, 결정적인

용감한, 권위 있는,
혁명의, 영향력 강한

보호하는, 안전한, 신중한,
신뢰할 수 있는, 믿을 만한

발견할 수 있는, 모험심이 강한,
목표가 뚜렷한, 도전적인

자신감 있는, 고상한, 뛰어난,
최신 유행의

장엄한, 역사적, 특권,
격식을 차린

직관의 의한, 매력적인,
상세한, 즐거운

독창적인, 자연의, 전통적인,
성숙한

낙관적인, 우호적인, 무죄의,
편안한

아름다움, 사랑하는, 유혹, 신비한,
분별 있는

그림 90

만약 브랜드가 브랜드 특성을 가지도록 설계되지 않으면 무슨 일이 생길까? 그 결과는 종업원들이 자신의 판단에 근거해서 무엇을 할지 생각하고 결정하는 데 격차가 발생하면서, 경영과 대표성에서의 명료성 부족을 초래한다(브랜드가 명확한 방식으로 표현하고 결정하지 못하기 때문에). 각자의 의사 결정은 브랜드 형성이나 비즈니스 성장에서 통일성 부족 등 심대한 문제를 초래하면서, 브랜드가 바라는 방향에 반하게 된다. 브랜드를 살아있게 만드는 것은 브랜드 인격이나 브랜드 특성을 결정할 뿐만 아니라 브랜드 대리인인 모든 종업원이 유사한 생각, 말, 행동으로 이어지는 것 같은 중요한 개념을 이해하도록 만들어 준다.

정비된 모든 행동은 브랜드 문화가 될 것이다. 그것은 더 명확하고 울림이 큰 브랜드 구축을 가능케 하고, 조직 내 각 개인을 합치고 통일된 브랜드를 형성하는데 기여할 것이다. 반대로, 만약 조직 내 어떤 사람이 브랜드 특성을 무시하면, 브랜드는 방향을 잃고 조정하기 어렵게 되어 부정적인 결과를 초래한다.

1000명 이상의 종업원이 있는 거대 조직을 상상해 보자. 직원들과 관련자들은 잘 정의된 브랜드 인격을 통해 브랜드에 순응하는 법을 배울 수 있고, 이를 통해 진정한 기업 브랜드의 일부가 될 수 있다. 브랜딩 4.0시대에, 브랜딩 특성을 설계하고 이동시키는 것은 종업원을 위한 문화를 창조하거나 핵심적인 가치를 구축하고, 바람직한 브랜드 인격에 상응하는 전반적인 조직의 이미지를 만들기 위해 반드시 추구해야 한다. 핵심가치를 구축하는 것은 모든 사람이 실천할 수 있는 기업문화를 만들기 위한 시간과 적합한 환경이 필요하다. 일반적으로, 핵심가치는 조직에 가치를 더하고 제품 브랜드와 서비스 브랜드에 더 많은 긍정적인 효과를 가져온다. 특히 후자인 서비스 브랜드는 브랜드 가치를 고객으로 이동시키는 것에 초점을 맞춘다.

살아있는 브랜드는 활동들과 평소 일과를 통해 브랜드 특성들을 보여주고, 이는 브랜드 스토리텔링으로 이어진다. 살아있는 브랜드는 다른 브랜드와는 다른 몇 가지 특징을 가지고 있다. 소비자들은 브랜드 인격, 브랜드에 대한 느낌, 소비자 욕구와의 양립 가능성 등을 인지하고, 나름의 결론을 만들어 낸다. 브랜드 인격이 소비자 인지에 의해 형성된 결과물이라면, 브랜드 특성은 소비자의 인식을 브랜드가 희망하는 목표에 맞추는 첫 단계이다. 만약 브랜드가 자신의 지도력을 전달하고자 하는데 비즈니스 경영이 다른 회사의 제품과 서비스를 모방하면서 반대로 작동한다면 무슨 일이 생길지 상상해보라. 브랜드 인격과 특성 사이의 관련성은 비즈니스 전략, 커뮤니케이션 전략, 그리고 강한 연결과 신뢰성을 자극하기 때문에 매우 중요하다.

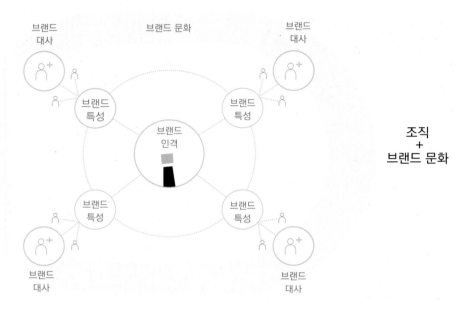

브랜드 중심 회사

그림 91

종합하자면, 브랜드 인격과 브랜드 특성은 개인의 인격과 특성이 결정되는 것과 같은 방법으로 그 가치를 반영하고, 이는 브랜딩 4.0시대의 흐름에 순응하는 것이다. 브랜드의 생각과 활동을 통합하는 것은 소비자의 특정한 브랜드에 대한 경험으로 이어진다. 이것은 브랜드의 성공이 인격과 특성을 제품과 서비스로 연결하는 강하고 명확한 능력에서 생긴다는 것을 의미한다. 개인이 자력으로 개인적인 브랜드를 만들어내는 다(多) 인구 사회에서, 뛰어나고 인정받는 브랜드를 만들기 위해, 브랜드는 특별하면서도 자신의 정체성과 일치하는 차이를 제시해야만 한다. 그리고 우리는 그것을 브랜드 정체성으로 정의한다.

3 브랜드 정체성
살아있는 브랜드를 군중 속에서 눈에 띄도록 바꿔라

브랜드 인격은 소비자를 향한 자기표현이다. 만약 소비자와 브랜드가 일치하는 인격을 가졌다면, 소비자는 브랜드를 좋아하고, 또한, 브랜드의 이미지를 좋게 평가할 가능성이 크다.

소비자는 브랜드 인격을 자신의 느낌과 연결하고, 결국 그들은 관계를 받아들이고 서로 좋은 관계를 형성하게 될 것이다. 하지만, 그러한 단계에 도달하기 전에, 브랜드는 정보의 홍수 시대에 쉽지 않은, 붐비는 환경 안에서 소비자에게 도달하고, 브랜드를 차별화하기 위해, 뭔가 다른 점을 만들어내야 한다. 그러한 차별화가 브랜드 정체성이다. 브랜드 정체성은 브랜드를 특징 지우고 소비자의 인지를 브랜드와 연결하는 강점을 가진다. 소비자들은 브랜드와 연결될 때마다 브랜드를 기억하고, 또 상기할지도 모른다.

정체성은 소비자가 브랜드를 생각할 때 첫 번째로 상기하는 것이다. 마케팅 담당자들은 정체성을 브랜드의 '판매 강조점selling points'이라고 부른다. 브랜드 정체성은 비즈니스와 인지면에서 더 중요한 역할을 하고 브랜드를 지지한다. 만약 브랜드가 사람이라면, 브랜드 정체성은 그것을 다른 사람(꼭 닮은)과 차별화시키는 것이다. 다음의 사항들을 생각해보자.

그림 92

부메랑 표시는 나이키를 다른 스포츠 브랜드와 차별화하는 데 도움을 준다.

삼각형 모양이 도리토스Doritos를 다른 스낵과 구별시킨다.

깨뜨리는, 맛보는, 섞어서 크림처럼 되게 하는, 우유를 짜는 장난 같은 행동이 오레오Oreo 를 다른 쿠키와 구별시킨다.

하이브리드 특질이 토요타Toyota를 경쟁사보다 두드러지게 한다.

위의 사례들에서 볼 수 있듯이, 사실 브랜드 정체성은 브랜드와 관련된 모든 것들을 포함하고, 그리고 그러한 관계는 이러한 정체성이 브랜드에 속한다는 믿음을 소비자에게 심어준다. 정체성은 브랜드가 의도적으로 만든 것(토블론(Toblerone)의 흰 북극곰 사용)이나 소비자의 인지에서 유래된 것일 수도 있다(덴마크 사람들은 세계에서 가장 행복한 사람들 중 하나라고 믿고, 덴마크 국기와 코카콜라 상징 – 행복에 대한 믿음으로 관련시키는 고객). 따라서 브랜드 가치는 증가할 것이다.

브랜드는 하나 이상의 정체성을 가지고 있다. 이와 유사하게, 최근에 당연하게 받아들여지듯이, 어떤 사람이든 하나 이상의 강점을 가지고 있다. 소비자가 차이를 찾는 시대에, 브랜드 정체성의 체계적인 관리가 브랜드 정체성이 어떤 방향으로 나아가야 하는지 보여주는 나침반 역할을 한다. 정체성은 4개 집단으로 나눌 수 있다:

• 그래픽 정체성

브랜드를 두드러지게 하는 외부 이미지를 만들어 비즈니스를
홍보하는, 소비자의 인지를 통해 반영되는 정체성이다.
소비자에게 가장 잘 알려진 것은 로고이지만, 사실 그것은 브랜드
스토리를 기억하기 쉽게 만드는 이미지, 서체, 색상, 질감, 특수
디자인 그리고 결합한 다른 요소들을 포함한다. 대표적인 예로는
아마존Amazon을 들 수 있는데, 노란색 화살표를 사용하여 A에서
Z로 연결, 미소를 띠는 모습을 형상화했다. 이 상징은 소비자가
아마존 브랜드를 떠올리게 해 준다.

그림 93

그림 94

• 감각 정체성

그래픽 정체성을 제외하고, 감각 정체성은 다른 관점으로
부터의 인지라고 할 수 있다. 예를 들면 청각(삼성(Samsung)
의 환영하는 말투), 후각(싱가포르 항공(Singapore Airline)의 Stefan
Floridian Waters), 자사 승무원만을 위해 제작된 특별한 종류의 향수,
따뜻한 수건, 항공기 스프레이), 또는 제품, 모양, 질감, 자세한
사양을 포함한 신체 접촉(포르쉐(Porsche)의 모든 모델에 적용된
개구리를 닮은 둥근 앞면)

• 행동 정체성

소비자 여정과 관련된, 소비자와 브랜드가 공통으로 가지는 구체적인
행동이다(5장에서 논의될 것이다). 그러한 행동은 소비자에게 탁월하고 놀라운
것이다. 예를 들면, 소비자가 전체 거래 여정에서 모든 절차에 주목하고
관찰해야 하는 일반적인 온라인 거래와는 다른 이베이eBay의 경매 절차가
대표적이다. 브랜드 정체성 창출에 소비자의 관여는 소비자에게 인상적인
경험을 제공한다.

그림 95

그림 96

● 기능 정체성

기능 정체성은 가장 강하지만, 동시에 가장 만들기 어려울 수도 있다. 마케팅 1.0시대를 돌이켜보면, 기능 정체성은 쉽게 따를 수 있었던 기본적인 개념이었다(비즈니스 영토가 여전히 제한적이었기 때문에). 그러나 현재는, 많은 사업가가 시장에 등장하고 경쟁은 한층 치열해졌다. 브랜드 정체성은 기존 제품의 질적인 발전에서 오는 것이지, 진정한 효용 기능이 없는 새로운 제품의 개발에서 오는 것이 아니다. 소비자는 제품과 제품 서비스 이용으로 기능 정체성을 경험하며, 제품 효용성은 소비자의 구체적인 욕구(개인적인 수준에서)에 대응하거나 소비자 문제를 해결하는 능력이다. 예를 들면, 브랜드 핏플랍FitFlop 은 "Microwobbleboard Technology"라 불리는 과학 발전을 토대로 신발을 신는 사람에게 편안함을 제공하면서, 건강에 관심이 많은 소비자를 위해 신발을 생산한다. 브랜드 유니클로 Uniqlo의 정체성은 브랜드 정체성이 된 다양한 유틸리티 기능을 제공하는 히트텍HeatTech 기술 채택에서 비롯되었다. 소비자들의 이러한 브랜드들에 대한 인식은 효과적으로 생성되었다.

브랜드 정체성 관리 면에서 깊은 이해, 그리고 브랜드와 소비자 관점 간 균형 있는 인식을 만드는 것은 매우 중요하다. 브랜드의 관점에서 제시된 정체성은 항상 탁월하고, 명확하고, 그리고 조화로워야 하며, 브랜드의 본질 또는 자아에서 기원해야 한다. 반면에, 고객은 정체성 창출을 찾는다(자신의 경험에 근거한). 어떤 브랜드는 있고 다른 브랜드에는 없는 것. 브랜드 정체성 인지는 소비자 개인 경험과 관련이 있다. 어떤 정체성은 특정한 소비자 집단에게 더 가치가 있지만 다른 집단에게는 너무나 평범할지도 모른다. 브랜드는 브랜드와 공유된 가치를 가진 소비자 네트워크를 통합시켜, 그것의 정체성을 소비자에게 이동시켜야 한다. 예를 들면, 브랜드 핏플랍의 유틸리티 기능은 항상 하이힐을 신어 다리통증으로 고통 받는 직장 여성에게 제공될 때 큰 의미를 지닐 수 있다.

브랜드 인격과 브랜드 정체성의 일치는 관계와 비즈니스를 형성할 때 성공을 좌지우지할 수 있다. 인간처럼 브랜드 인격은 브랜드 정체성을 설계하는 기점이다. 예를 들어, 모(毛)를 생산하는 브랜드의 두드러진 점은 자연과 원시성을 강조하는 것이다(인위적이지 않은). 그것의 인격을 반영하기 위해 환경친화적 재료들이 사용되고, 그것의 정체성은 자연 소재를 통해 보여 진다. 브랜드가 그것의 정체성과 일치하면 할수록, 브랜드는 더욱더 가치 있게 된다. 소비자들은 브랜드가 뜻하는 바를 더 많이 수용하고 브랜드가 제공하는 제품과 서비스를 훨씬 쉽게 선택하는 경향이 있다.

브랜드 정체성은 브랜드가 소비자와 가장 긴밀한 관계에 도달할 수 있는 핵심이다. 소비자가 브랜드와 관련된 스토리를 인식하기 전에, 그들이 브랜드 정체성과 먼저 연결할 수 있어야 한다. 정체성은 브랜드 자아 뒤에 구축되는 다음 단계이다. 브랜드 생각과 인격이 소비자와 쉽게 연결될 수 있도록 위의 조건에 부합되는 한, 브랜드 정체성은 환경과 비즈니스 전략에 맞춰 변경될 수 있다.

비즈니스 전략 개요를 그려보는 것은 변화하는 브랜드 정체성을 다음과 같은 방식으로 고려한 것이다.

재(再) 브랜딩, 비즈니스 재(再) 포지셔닝, 브랜드 회춘(回春)은 브랜드 정체성 변화에 영향을 미치는 모든 적응형태를 뜻하지만, 공동 브랜드와 브랜드 연장의 경우, 브랜드 정체성을 조정하는 것이 아닌, 비즈니스 발전을 위해 그것을 연결하고 확장하는 것이 필수적이다.

브랜드 정체성으로 만들어진 가치는 브랜드 필요에 달린 것이 아니라, 브랜드와 소비자가 공통으로 가지고 있는 인지의 질 또는 이해 수준에 달려있다. 소비자의 브랜드에 관한 한마디는 자신의 경험을 토대로 브랜드가 전달하는 정체성을 인지하고 브랜드를 평가하는 행위이다. 브랜드는 소비자의 인지를 완벽하게 자각하고 이해하여, 인지를 사실로 바꾸고, 궁극적으로 그러한 것들이 브랜드에 대한 강한 믿음과 신뢰로 이어지도록 해야 한다.

4 브랜드 기대 인지
브랜드가 기대하는 것부터 소비자가 인지하는 것까지

브랜딩 4.0시대에 비즈니스 성공으로 가는 또 하나의 중요한 열쇠는 통합하는 능력이다. 통합이 비즈니스 전략에서든 소통 단계에서 만들어지든, 그것은 브랜드가 소비자의 브랜드 기대인지를 얼마나 성공적으로 만들어내는지에 달려있다. 소비자들은 브랜드에 대한 느낌을 질문받을 때, 종종 '좋은', '마음에 드는', '인상 깊은', '공감', '흥분되는', '사랑스러운' 같은 표현을 사용하여 그들의 느낌을 나타내면서 반응한다. 이러한 반응들은 일반적이다. 우연히든 아니든, 소비자가 브랜드가 상징하는 것을 인식한 후에, 어떤 인상이 형성되고, 그들이 브랜드를 볼 때마다 그 인상은 계속해서 떠오른다. 브랜드에 대한 소비자의 인상을 추측하는 것은 매우 중요하다. 소비자의 브랜드에 대한 인상은 그들의 판단을 결정할 수 있다(제품 구매, 제품 혐오, 친구에게 제품 추천). 따라서 브랜드 기대인지를 만드는 것이 중요하다. 예를 들면, 만약 브랜드가 소비자들이 그들을 믿을 만한 브랜드로 인식하길 원한다면, 그러한 소비자 개념과 인지를 확립할 수 있는 방식으로 자신들을 내보일 필요가 있다. 그러나 소비자가 '신뢰성'을 인식하는 방식은 기업이 바라보는 방식과 같지 않을 수도 있다.

디지털 시대에는 브랜드에 대한 소비자 인지에 영향을 미치는 두 개의 중요한 요인이 있다. 먼저, 소비자들은 불행하게도 점점 더 흔해지는 온라인 소셜네트워크의 정보와 기만으로 과부하 상태가 되었다. 정보의 홍수에 압도당한 소비자들은 읽고 다루는 것에 대해 비판할 시간이 없다. 이것은 쉽게 오해와 호도를 불러일으킬 수 있다. 디지털 시대의 정보는 신뢰할 수 없는 온갖 종류의 출처로부터 나오는데, 이는 아무나 개인의 욕구를 채우기 위해 메시지를 변경하고, 허위로 진술하고, 왜곡할 수 있기 때문이다.

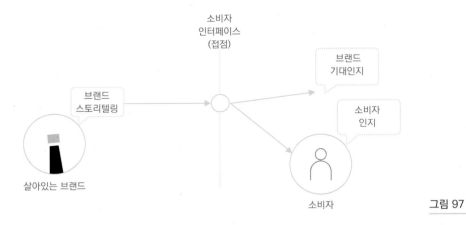

그림 97

두 번째 요인은 문화의 확산이다. 세계화는 전 세계 사람들을 연결한다. 한 국가의 소비자가 디지털화된 세계인구 일부가 되었다. 문화, 언어, 신념, 지역 전통, 관습의 차이 때문에 소비자는 사물을 다르게 인지한다. 브랜드 대상의 인지를 만들기 위해, 브랜드 창조자들은 오랜 시간 커뮤니케이션의 효과성 요인으로 알려진 인지 차이로 인하여, 그들이 추정한 대로 소비자가 브랜드를 인지하지 않을 수 있다는 사실을 인식해야 한다.

메르세데스 벤츠Mercedes Benz의 사례를 살펴보자. 메르세데스 벤츠가 중국 시장에 뛰어들었을 때, 그 회사는 문화 차이에 기인한 인지 차이를 경험했다. 'Mercedes Benz'의 한자 철자는 'Ben Si'로 발음되었다. 중국어 음성으로 전자는 '어리석은' 후자는 '치명적인' 의미가 된다. 어느 누가 '어리석은', '치명적인' 자동차를 사기 위해 거금을 쓰겠는가? 메르세데스 벤츠는 '달리다'를 의미하는 'Ben Chi'로 철자를 바꾸기로 했다. 발음은 같지만 새로운 철자는 더 긍정적으로 보였다. 만약 기업이 브랜드를 만들 때 문화의 차이를 극복하고 갈등과 오해를 피한다면, 대중들은 브랜드 품질을 정확하게, 또 확실히 인지할 것이다.

고객에게 감동을 주려는 희망에서, 유나이티드 항공United Airline은 홍콩발 첫 비행기에 탑승한 모든 승객에게 하얀 카네이션을 제공했다. 놀랍게도, 이런 환대 제스처는 부적절한 것으로 비판받았다. 많은 아시아 문화에서, 하얀 색은 불길한 조짐과 관련된다. 나중에 유나이티드 항공은 빨간 카네이션을 제공했다. 해당 지역의 신앙에 대한 의식 부재로 항공사는 새로운 시장의 승객들을 본의 아니게 기분 상하게 했고, 이러한 무지의 결과는 브랜드 인지에 심각한 손상을 입혔다.

인지 품질을 생성하기 위해, 브랜드 마케팅 담당자들은 구매자의 특징을 반드시 고려해야하고, 이에 덧붙여 커뮤니케이션, 참여, 제품과 서비스를 포함한 전 단계에서 구매자에게 동기를 부여하고 마음을 사로잡는 방식으로 브랜드 특성을 제시해야만 한다.

브랜드 인지를 만들기 위해 디지털 활동을 설계할 때, 사용자 경험은 구매자가 제품과 서비스에 참여하고 상호 교감하는, 생산적인 행동을 취하는 전략적인 접근이다. 온라인 애플리케이션은 소비자 욕구를 격려하고 돕는 강력한 도구이다. 온라인에서 일어나는 제품과 서비스 경험은 브랜드 품질을 인지하는 방식을 나타낼 수 있다. 따라서 사용자 경험은 구매자 인지도를 측정하고 회사가 만들고자 하는 기대인지와 어울리는지 점검하기 위해 널리 사용된다.

그럼에도 불구하고 브랜딩 4.0시대에, 마케팅 커뮤니케이션이 성공적인 브랜드 인지 탄생으로 가는 유일한 열쇠는 아니다. 왜냐하면 음성소통은 예상치 못한 바람직하지 못한 결과를 초래하고, 결과적으로 오해나 오인을 일으킬 수 있는 위험이 있기 때문이다. 가장 중요한 것은 구매자에게 진짜 브랜드 품질을 보여주는 행동이다. 백문百聞이 불여일견不如一見.

5 브랜드 행동
말에서 행동으로

말하긴 쉬워도 행동하긴 어렵다. 약속하고 주장한 것이 실제 행동으로 반영되지 않는다면 소용없다. 디지털시대 소비자는 브랜드가 만들고 전달하려는 것뿐만 아니라, 브랜드, 제품, 서비스를 만들 때 회사가 사용하는 과정과 전략을 관찰하기 위해 접근할 수 있다. 이러한 점에서, 브랜드가 말하고, 실제로 행하는 것 둘 다 마케팅 커뮤니케이션이고 브랜드에 대한 긍정적인 인지에 기여한다. 구매자가 브랜드 품질을 인지할 때, 그들은 브랜드 정체성과 감정적인 유대를 만든다. 또 하나의 중요한 변수는 정직이다. 회사가 브랜드 입지를 강화할 때, 그들은 고객에게 정직해야 하며, 진실한 브랜드 품질을 반영하지 않는 브랜드 이미지를 만들지 말아야 한다. 이미지를 날조하는 것은 매우 위험하다. 고객이 그 사실을 깨닫는 순간 브랜드는 치명적인 타격을 입게 된다.

이미지 메이킹은 브랜드와 제품에 대한 장점을 부각시키고 단점을 보완하여 긍정적이고 차별화된 이미지로 구매자를 유혹하는 브랜드 마케팅으로써 흔하게 사용되었다.

소비자가 부정직한 마케팅 커뮤니케이션과 브랜드 행동에서 모순되는 사실을 발견했을 때, 그들은 브랜드를 기만적이고 얄팍하다고 간주한다. 브랜드 4.0 시대에, 브랜드 행동과 브랜드 마케팅은 서로 공명해야 한다. 성공적인 브랜딩은 브랜드를 살아있게 만든다. 브랜드 이미지는 마케팅 커뮤니케이션으로 인지된 품질만이 아닌 진실한 커뮤니케이션과 브랜드 전략을 포함하여 만들어진다.

일반적으로, 브랜드 마케팅 커뮤니케이션과 비즈니스 전략은 두 개의 별도 작업이다(종종 그들은 별도의 팀으로 통제되고 운영되며, 서로 연락하지 않는다). 세계가 디지털 사회로 전환될 때, 브랜드는 구매자에게 메시지를 전달하고 브랜드 가치를 보여주기 위한 효과적인 비즈니스 전략이 필요하다. 이러한 이유로, 기업은 구매자가 브랜드를 인지하는 방식에 영향을 미치는 모든 것을 고려할 필요가 있다. 구매자가 어떠한 행동을 취하든, 기업은 가치를 브랜드와 구매자에게 추가해야 한다. 이러한 관점에서 보았을 때, 브랜드는 비즈니스 전략 또는 브랜드 행동을 브랜드 주장이나 브랜드 커뮤니케이션에 연결하는 하나의 장치이다. 소비자들은 제품과 서비스뿐만 아니라 생산 자원과 과정에도 관심을 기울인다.

탐스TOMS 신발 – 나를 위한 신발이 당신을 위한 신발이다.

레이크 마이코스키Blake Mycoskie는 기부 전략과 함께 신발 제작 비즈니스를 시작하였다. 신발이 한 켤레 판매될 때마다 신발이 필요한 불우한 아이들에게 한 켤레의 신발이 기부된다. 이 아이디어는 마이코스키가 아르헨티나를 여행하는 동안 신발을 신지 않고 돌아다니는 지역 아이들을 목격하는 데에서 비롯되었다. 탐스 신발은 '공유'의 이미지로 시장에서 포지셔닝 되었다. 구매자들은 탐스 신발을 구매하는 동시에 신발 기부자가 되었다.

4년 만에, 탐스 신발은 신발을 살 여유가 없는 가난한 아이들에게 4천 켤레 이상의 신발을 기부했다. 이것은 말을 행동으로 옮긴 좋은 사례이다. 브랜드가 살아있듯이, 기업은 구매자가 비즈니스 전략과 브랜드 행동을 볼 수 있도록 구매자와 소통하는 것이 필요하다. 효과적인 커뮤니케이션은 정직의 증거이고, 동시에 브랜드 정체성을 강화하기 때문에 매우 중요하다. 이와 반대로, 홍보와 강화 없는 브랜드 행동은 브랜드 가치에 유익한 영향을 주지 못하는데, 이는 이러한 브랜드 행동을 통하여서는 구매자가 비즈니스 전략에 부합하는 브랜드 행동을 보거나, 또는 인지할 수 없기 때문이다.

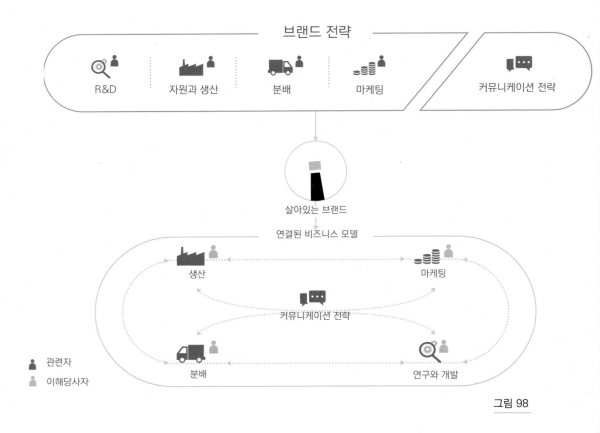

그림 98

결론적으로, 기업은 브랜드와 관련된 구매자 느낌과 감정을 평가할 필요가 있다. 긍정적인 브랜드 인지는 그들의 결정과 행동에 영향을 미친다. 브랜드에 대한 기대인지를 형성하기 위해, 기업은 커뮤니케이션과 비즈니스 전략의 조화를 강조해야 한다. 일단 소비자가 진실성을 인정한다면, 브랜드 정체성은 강화될 것이고, 결국 브랜딩 4.0시대 시장에서 지속 가능한 지위를 얻고, 엄청난 환영을 받게 될 것이다. 시장에서 자리를 확보하는 과정은 소비자 네트워크와의 강한 관계와 신뢰를 확고히 하기 위해 매끄럽고 효과적으로 수행되어야 한다.

6 브랜드 스토리텔링
위대한 스토리와 스토리를 전달하는 방식

모든 브랜드는 공유할 좋은 스토리가 있지만, 성공한 브랜드는 그들의 스토리를 소비자에게 전달하는 방식을 잘 알고 있다. 이 격언은 브랜딩 4.0시대에 브랜드를 만드는 방법을 완벽하게 포착하고 있다. 과거에는 커뮤니케이션 전략이 마케팅 계획을 제공하는 도구에 불과했고, 흔히 대중을 겨냥했다. 마케팅 3.0 시대가 도래하자 커뮤니케이션의 힘은 스토리를 전하고 공유하는 것을 즐기는 소비자에게 귀속되었다. 그들을 정보를 소비자 커뮤니티에 공유하기 전, 그들이 필요로 하는 것을 탐색하고, 매우 빠르게 결론을 지었다. 빠르게 발전하는 커뮤니케이션 기술의 속도 때문에, 가끔 하는 홍보와 커뮤니케이션으로는 소비자 시장에서 브랜드를 확보하거나 생존을 담보할 수 없다. 사람들은 자신의 스토리를 친구와 가족에게 알리고 싶어 하고, 다른 사람의 경험을 알고 싶어 한다. 브랜드는 이런 활동적인 스토리텔링 주기의 일원이 될 필요가 있다.

브랜드 4.0 시대에, 디지털 모바일 기기는 소비자에게 커뮤니케이션 권력을 주고, 24시간 아무 때나 다양한 커뮤니케이션 채널을 통해 뉴스와 정보를 접할 수 있게 했다. 그들이 보고 읽은 것이 문자 그대로 그들의 마음을 만들고, 결정짓는 행위로 나타난다. 정보가 빠르게 이동하고, 소비자가 한 번에 많은 정보를 받을 수 있기 때문에, 그들이 생각하고 느끼는 것을 예측하기 더 어려워졌고, 이러한 점은 브랜딩을 수행하는 데 있어 거대한 도전이 되고 있다.

그런데도 커뮤니케이션 채널은 비즈니스 성공에 가장 영향력 있는 요인은 아니다. 브랜드에 생명력을 불어넣는 것은 스토리, 콘텐츠, 그리고 전달이다. 즉, 효과적이고 특별한 전달 또는 브랜드 스토리텔링이 브랜드에 더 큰 가치를 더할 수 있다.

기본적으로, 브랜드 스토리텔링은 브랜드가 관련 당사자들에게 무엇인가를 '말하는' 행위를 뜻한다. 이를 통해 소비자들은 브랜드를 볼 때마다 그것에 대해 직간접적으로 더 자세히 알 수 있다. 핵심 목적은 브랜드를 소비자에게 소개하고 브랜드에 대한 좋은 인상을 강화할 수 있는 관계를 맺는 것이다. 브랜드 스토리텔링은 또한 제품과 서비스를 구매하는 소비자의 느낌과 결정에 영향을 미치기 때문에 비즈니스에 유익한 영향을 미친다. 만약 브랜드가 의인화된다면, 그것은 커뮤니티에서 자신의 스토리를 공유하는데 열심인 소비자처럼, 이야기를 들을 준비가 된 비즈니스 의제, 핵심가치, 특징을 가진 개인이 될 것이다. 마지막으로, 성공적인 스토리텔링 비결은 비즈니스와 생활 방식의 관련성을 극대화하는 능력이다.

비즈니스에서 생활 방식으로

브랜드와 비즈니스는 스토리텔링이 없어도 필연적으로 연관되어 있다. 따라서 브랜드 스토리텔링의 핵심 개념은 브랜드 생활 방식의 일부로써(과거에는 그것이 큰 부분을 차지했다) 제품이나 서비스를 가지고, 소비자에게 특별한 느낌을 만들어주면서, 자기 자신의 평범한 이야기를 자연스럽게 전하는 방식이다. 브랜드 스토리텔링은 소비자에게 영감을 주는 사람의 이야기를 전하는 것이다 – 제품이나 서비스를 가지는 평범한 생활 방식 보다, 더 나은 생활 방식의 일부로 변화시키는 것이다. 브랜드 지위는 신뢰를 쌓을 수 있는, 타인에게 영감을 주는 자이다.

이러한 스토리텔링을 위한 핵심 개념은 브랜드를 바람직한 목표로 몰고 가는 정체성과 인격을 보여준다. 디지털 시대, 소비자들은 더 나은 성공적인 삶을 제공하면서, 자신의 목표에 도달케 하여(예를 들어, 디지털 비즈니스를 소유하는), 삶을 완성할 수 있는 스토리, 관점, 다른 요인들을 찾고 있다.

브랜드의 성공은 소비자가 자신의 생활 방식을 알고 적응하는 것에 대한 사례 연구와 비슷하다. 브랜드 메시지는 "브랜드가 무엇을 파는가?"(그것은 비즈니스 스토리이다)가 아니라 "어떻게 브랜드를 구축했는가?", "그것의 가치는 무엇인가?" 또는, "성공하기 위해 브랜드는 무엇을 믿고, 행동하고, 살아가는가?"이다. 핵심 개념은 브랜드 가치를 소중히 여기고 그들을 모방할 수 있는 소비자를 고무시키면서 비즈니스 스토리를 생활 방식 스토리로 바꾸는 것이다.

앞서 논의했듯이, 리바이스Levi's는 진 웨어를 파는 유명 의류회사일 뿐만 아니라 사람들의 생활 방식에 영향을 주고, 가치를 소비자에게 전달하는 상징적인 브랜드이다. 상징적인 브랜드가 되는 것은 참여를 고취하면서 소비자의 관심을 사로잡는 능력과 관련된다. 예를 들면, 리바이스 LadiesInLevis 프로젝트는 여성과 리바이스 진을 연결하고자 하는 브랜드 의도를 반영한다. 이것은 전 세계 여성들이 브랜드가 만든 진을 입고 스타일을 재설계하도록 만들었다.

즉, 브랜드 스토리텔링은 브랜딩 4.0시대의 성공에 매우 중요한 요소이다. 살아있는 브랜드는 비즈니스 문제만 논의하는 것이 아닌, 모든 관점에서 일상의 스토리와 모습을 보여줄 수 있어야 한다. 또한, 스토리텔링에 있어 그들의 비즈니스 이슈를 일상의 상황에, 양자 간 조화를 유지하면서, 연결하는 것이 중요하다. 결론적으로, 스토리텔링에 대한 올바른 접근 외에, 당신의 브랜드를 의인화하고, 소비자의 관심을 끄는 브랜드의 스토리를 전하기 위해 올바른 내용을 고르는 것이 브랜드의 성공적인 차별화와 브랜드의 시장 가치 강화에 매우 중요하다.

글쓰기를 통한 스토리텔링

장점: 짧고 간결한 글은 완벽한 정보를 제공하면서 연결을 만드는 데 도움이 될 것이다.

단점: 너무 긴 글은 흥미롭지 않다. 주의해서 이해하는데 지나치게 오랜 시간이 걸린다.

영향력 있는 요인: 브랜드를 경험한 블로거와 대중적으로 영향력이 있는 사람이 스토리를 알리는데 있어 핵심적인 역할을 할 것이다.

제안: 기사 형식의 글쓰기는 연결하기 쉽다. 직접 이야기 하듯이 자연스럽게 글쓰기.

그림을 통한 스토리텔링

장점: 사진 한 장은 천 마디 말보다 낫고, 이해하는 시간이 단축되며, 생각을 이해하고 정리하기 쉽다.

단점: 난해한 설명, 그리고 어떤 그림은 오히려 이해하기 훨씬 어렵다.

영향력 있는 요인: 인스타그램과 핀터레스트 같은 최근 생겨난 플랫폼.

제안: 브랜드 인격에 맞춰서 그림을 제시할 것.

혼합 스토리텔링(그림, 숫자, 글쓰기)

장점: 자기완성, 간결함, 믿음직한, 흥미로운. 모든 감각에 반응.

단점: 축약으로 인한 세부 설명 부족의 위험.

영향력 있는 요인: 인포그래픽Infographic의 지속적인 성장.

제안: 스토리텔러가 논리적으로 연결하는 능력과 브랜드에 대한 폭넓은 경험을 가지고 있어야 한다.

움직임을 통한 스토리텔링

장점: 명확하고 위대한 스토리를 말해줌, 내용을 따라가기 쉽고, 상상하기도 쉽다.

단점: 많은 자원을 요구하며, 살아있는 브랜드의 모든 스토리에 이것을 적용하기 쉽지 않다.

영향력 있는 요인: 디지털 모바일 기기가 있으면, 움직임을 만드는 것을 쉽게, 실시간, 저비용으로 구현 가능.

제안: 고품질이 아닌 살아있는, 실제 일어나는 스토리를 반영하는 데 초점을 맞출 것.

브랜드 터치 포인트

적절한 장소에 적절한 콘텐츠를 선택하는 것

브랜딩 4.0시대에, 터치 포인트는 더는 거리 때문에 소비자와 접촉이 제한받지 않는다. 사실은, 그들은 소비자와 교감하는 특정한 채널로 변모하고 있다. 우리는 그 포인트를 소비자와 브랜드가 브랜드 터치 포인트로 관계를 맺는 기회의 포인트로 부른다.

우리 모두 텔레비전, 라디오, 잡지, 광고판 같은 몇몇 커뮤니케이션 채널과 더불어 가정 안팎의 미디어에 익숙하다. 마케팅 2.0시대에, 인터넷의 출현과 급격한 성장은 브랜드가 다른 통신 채널과 통합된, 따라서 통합통신 채널로 부르는 컴퓨터를 통해 소비자에게 도달할 수 있게 했다. 소비자 역시 방대하고 다양한 미디어에 노출되었다. 그러나 소비자가 자기들끼리 더 많이 소통하는 마케팅 3.0시대에는 상당한 변화가 있었다. 최고의 커뮤니케이션 채널을 추구하면서, 기업들은 소비자가 각별한 주의를 기울이는 것과 커뮤니티에서 무리를 짓는 방법을 고려하여 선택의 근거를 마련하는 것이 중요하다.

항상 그러했듯이, 이러한 다른 커뮤니케이션 채널은 여전히 브랜드를 소비자와 연결하는 가교역할을 한다. 그런데도 올바른 형태의 콘텐츠를 올바른 커뮤니케이션 채널에 포함하는 것은 브랜딩 4.0시대에서 브랜드 강화에 성공하려면 특별히 중요하다. 온라인과 오프라인 커뮤니케이션 차이가 점점 더 모호해지는 것은 의도적이든 우연히든 브랜드가 소비자를 만나 스토리를 들려줄 더 많은 기회를 가진다는 것을 의미한다. 이러한 사실을 고려했을 때, 다른 상황에서 대상 청중에게 도달하는 최고의 방법을 깨닫는 것이 브랜드가 성공하는 길임을 주목할 필요가 있다. 이것은 브랜드 전문가와 마케팅 전문가들이 브랜드가 소비자와 만나는 장소를 단순히 커뮤니케이션 채널이 아닌 브랜드 터치 포인트로 부르길 선호하는 이유를 설명한다.

사실, 브랜드 터치 포인트를 일반적인 커뮤니케이션 채널과 다르게 만드는 것은 브랜드 터치 포인트의 비(非)정형성이다. 브랜드 터치 포인트는 종종 브랜드가 의도적으로, 또는 비의도적으로 소비자와 교감하는 장소로써 묘사된다. 마치 소비자가 이곳저곳을 이동하는 방식과 같다. 브랜드는 특정한 비즈니스 과정이 존재할 수 있는 모든 터치 포인트에 그들의 스토리를 관련시킨다. 소비자 참여의 정도에 근거하여, 브랜드 터치 포인트를 3단계로 나누면 아래와 같다.

 직접적인 터치 포인트는 브랜드에 다시 연결되고 소통될 수 있는 비즈니스 카드, 유니폼, 제품, 또는 물건을 매개로 소비자의 가장 높은 참여가 이루어지는 터치 포인트이다. 브랜드 인격, 존재, 행동을 수반하는 경향이 있다.

 환경적인 터치 포인트는 소비자가 판매점, 본사, 지사, 행사장처럼 브랜드 장소에 가는 터치 포인트다. 만약 직접적인 터치 포인트가 집주인과 관련된 것이라면, 환경적인 터치 포인트는 어떤 공간 안에 분포된 생활, 스토리를 반영하는 집이다.

 매스컴 터치 포인트는 TV광고, 라디오 광고, 광고판같이 우리에게 익숙한 터치 포인트이다. 이런 종류의 미디어는 앞의 두 유형의 터치 포인트보다 참여는 덜 하지만 상당히 많은 소비자에게 도달한다.

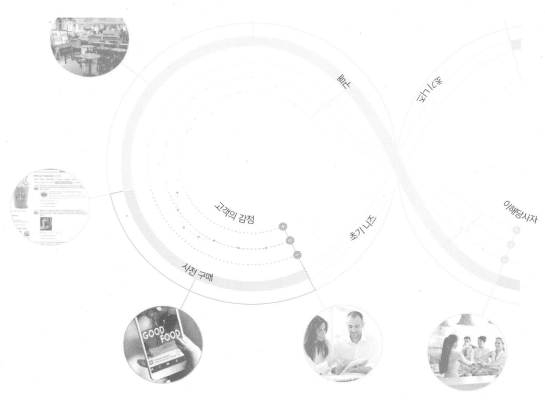

그림 99

레드불Red Bull은 매우 감성적이고 매력적인 방식으로 스토리를 전하는 것으로 세계적인 호평을 받는 에너지 음료 브랜드이다. 같은 신념과 흥미를 공유하는 대상 고객에게 성공적으로 도달하면서, 브랜드는 가능한 모든 터치 포인트 – 온라인과 오프라인 – 에 걸쳐서 그것의 독특한 존재를 어필한다. 스포츠 시설, 파티, 소셜 네트워크, 웹사이트, 공공장소를 가리지 않고, 레드불은 명확한 목표를 가진 여행자와 유사한 브랜드 인격을 강조하는, 기억하기 쉬운 표현 "날개를 펼쳐줘요(Gives You Wings)"를 통해, 특별한 브랜드 정체성과 신념을 명확하게 제시하면서, 브랜드의 이미지를 다채롭게 만든다. 브랜드가 분명하게 전달하는 도전적인 인상은 소비자가 에너지가 넘치는 느낌을 받도록 영향을 주고, 그들에게 목표를 추구하도록 격려한다.

??

브랜드 터치
포인트

환경적인 터치
포인트

매스컴 터치 포인트

그림 100

브랜드 터치 포인트가 브랜드 스토리텔링의 구체적인 목적을 달성하기 위해 맞춘 전형적인 커뮤니케이션 채널 또는 새로운 채널이 될 수 있다는 점은 명백하다. 브랜드를 위해 가장 효과적인 브랜드 터치 포인트를 설계하고 만들 때, 고려할 두 가지 문제가 있다.

첫째, 온라인과 오프라인에서 살아가는 현대인들의 삶의 방식을 이해하는 것이 필요하다. 이러한 이해를 바탕으로 브랜드 스토리는 소비자를 위한 가치를 증명하는 경험을 만들어야 한다.

두 번째 고려할 문제는 브랜딩 4.0시대에, 하나의 터치 포인트를 이용하여 소비자에게 전체 스토리를 말하는 것은 불가능하다는 점이다. 소비자와 감성적인 유대를 만들고 강화하는 것은 스토리, 스토리가 전하는 관점(예를 들면 브랜드 정체성), 스토리 콘텐츠 형식, 브랜드 터치 포인트의 적절한 결합과 관련된다. 브랜드에 생명을 불어넣는 것과 정서적으로 소비지와 연결하는 것은 매우 도전적안 일이다.

결론: 브랜드 의인화

브랜드 의인화는 브랜드를 마치 사람처럼 생각하고 행동하게 만드는, 브랜드 인간화와 관련된다. 그것은 '비즈니스를 행하는' 모든 것, 브랜드에 '생명을 불어넣는' 문제, 그리고 브랜드에 대한 광범위한 범위의 생생하고 강력한 묘사가 있다. 브랜드는 소비자가 인지하는 브랜드 인격과 정체성을 수립하기 위해 브랜드의 본질을 압축, 요약하는 것이 중요하다.

브랜드의 힘을 강화하기 위해, 강력한 차별화는 절대적으로 필요하다. 브랜드 정체성은 브랜드 가치의 강화를 돕는 혁신적인 제품, 서비스 그리고 커뮤니케이션을 통해 구별되도록 설계되어야 한다. 성공적인 브랜드 가치 형성의 성패는 브랜드의 정직성을 드러내기 위한 비즈니스 전략을 커뮤니케이션 전략과 결합하는 능력에 달려있다. 브랜드에 관한 적절한 이해가 브랜드 가치를 발전시키는 데 중요하기 때문에 브랜드가 전달하는 무엇이든, 그것에 대한 소비자 반응에 관심을 기울이는 것이 중요하다. 마지막으로, 크로스 미디어 환경에서 모든 터치 포인트에 걸쳐 풍부한 스토리텔링을 전달하는 것은 소비자를 위한 의미 있는 브랜드 체험을 만들면서 브랜드에 권한을 부여하는, 또 하나의 효과적인 방법이다.

이번 장에서는 브랜드에 생명을 불어넣는 방법과 그것이 소비자의 일부가 되도록 돕는 필수적인 요인들을 설계하는 방법에 관해서 설명하였다. 관계를 형성하기 위해, 소비자가 브랜드에 대하여 인식하는 것이 결국 긍정적이고 보람 있는 경험으로 전환되도록, 브랜드가 디지털 사회에서 특정한 소비자와 교감하는 방법의 특성에 대하여 깨닫는 것은 필수적이다. 이 모든 것은 다음 장에서 논의될 '소비자 여정'의 모든 터치 포인트가 성공적으로 연결됨에 따라 가능해진다.

용어정리

브랜드 인지(Brand Perception)

브랜드 의인화(Brand Anthropomorphism)

브랜드 원형(Brand Archetypes)

브랜드 역할(Brand Role)

브랜드 존재(Brand Essences)

브랜드 서술(Brand Description)

브랜드 신념(Brand Belief)

브랜드 비전(Brand Vision)

브랜드 미션(Brand Missions)

브랜드 약속(Brand Promise)

브랜드 인격(Brand Personality)

브랜드 이미지(Brand Image)

브랜드 특성(Brand Traits)

브랜드 문화(Brand Culture)

브랜드 경험(Brand Experience)

브랜드 정체성 시스템(Brand Identity System)

2차원 시각 정체성(2DVisual Identity)

3차원 감각 정체성(3DSensorial Identity)

행동 정체성(Behavioral Identity)

기능 정체성(Functional identity)

브랜드 기대 인지(Brand Expected Perception)

브랜드 스토리텔링(Brand Storytelling)

재브랜딩(Rebranding)

비즈니스 리포지셔닝(Business Repositioning)

브랜드 회춘(Brand Rejuvenating)

공동 브랜딩(Co-branding)

브랜드 확장(Brand Extension)

브랜드 기대인지(Brand Expected Perception)

브랜드 경험(Brand Experience)

사용자 경험(User Experience)

고객 경험(Customer Experience)

브랜드 행동(Brand Action)

비즈니스 전략(Business Strategy)

커뮤니케이션 전략(Communication Strategy)

브랜드 스토리텔링(Brand Storytelling)

브랜드 터치 포인트(Brand Touchpoints)

직접적인 터치 포인트(In-person Touchpoints)

환경적인 터치 포인트(Environmental Touchpoints)

매스컴 터치 포인트(Mass Communication Touchpoints)

5

디지털 사회에서
소비자의 여정

디지털 사회에서 소비자의 여정

브랜드와 소비자간 상호 작용을 통한 관계

마케팅 및 브랜딩 전략의 취지는 브랜드와 소비자 간 서로 연결하고 소통하며 참여할 기회를 만들고 그 결과 소비자를 고객으로 유도하는 것이다.

그러나 두 전략의 차이점은 마케팅에서 구매는 성공 지표로 간주하는 반면, 브랜딩에서는 소비자와 브랜드 관계에 있어서 브랜드 경험의 일부로 여겨진다는 것이다. 특히 소비자와 브랜드가 디지털 모바일 기기를 통해 서로 연결되고 의사소통하는 것이 일상화된 디지털 사회에서 브랜드가 소비자와 가치 있는 관계를 형성한다면 이는 일회성에서 다발성 구매로 이어져 무한대로 확장될 것이다. 결국, 소비자와 관계를 맺기 위한 더 많은 기회를 얻는 것이다. 생명력 있는 브랜드는 소비자의 일상 생활에 영향을 주고 #브랜딩 4.0 시대에 새로운 소비자 여정으로 이어질 것이다.

소비자의 참여 순간 (브랜드 가치)
= 구매 전

소비자의 구매 순간
(제품 / 서비스 / 시장 가치)

소비자

브랜드

소비자의 참여 순간 (브랜드 가치)
= 구매 후

그림 101

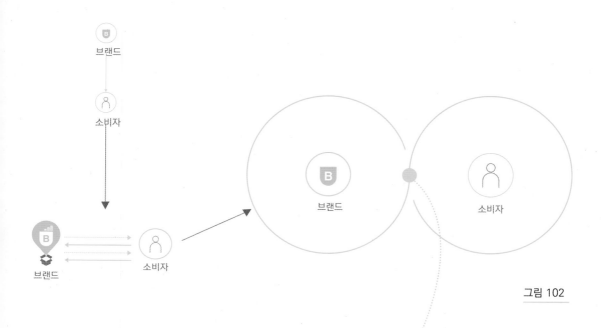

브랜드

소비자

브랜드

소비자

브랜드

소비자

브랜드

소비자

그림 102

#브랜딩 4.0의 #규칙 1에서 브랜드와 소비자 관계에서 형성된 가치는 브랜드와 소비자가 온라인 및 오프라인상의 여정에서 함께 공유하는 가치이며 별개로 생각할 수 없다. 이것은 과거 일방향 커뮤니케이션을 기반으로 한 상품 또는 서비스와 소비자 사이와는 다른 새로운 사회적 관계이다(브랜드는 소비자가 구매자인 제품과 서비스를 만든다).

살아있는 브랜드가 된다는 사실은 소비자와 브랜드 관계에서 발생하는 의사소통이 회화적으로 발전되는 것을 말한다. 브랜드는 소비자에게 자신의 이야기를 들려주고 소비자는 브랜드에 대한 자신의 관점과 느낌을 다시 표현하여 브랜드와 소비자 간의 협력을 끌어내며 계속 무언가를 함께 만들고 끝없는 관계를 형성한다.

#브랜딩 4.0 시대에는 브랜드의 생각을 기점으로 하여 브랜드와 소비자 관계가 사회 및 소비자 일상의 일부분에서 구축되기 시작한다. 따라서 브랜드는 대중 통신 채널을 통해서만 소비자와 소통할 것이 아니라 소비자의 행동, 특히 라이프 스타일을 개별적으로 이해하여 소비자의 브랜드 여정을 디자인하고 일상생활을 브랜드 터치 포인트로 바꿔야 한다.

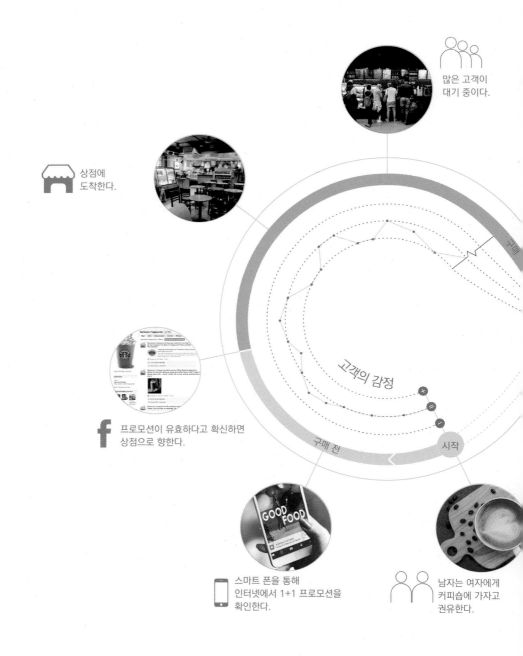

많은 고객이
대기 중이다.

상점에
도착한다.

고객의 감정

구매

구매 전

시작

f 프로모션이 유효하다고 확신하면
상점으로 향한다.

스마트 폰을 통해
인터넷에서 1+1 프로모션을
확인한다.

남자는 여자에게
커피숍에 가자고
권유한다.

브랜드와 소비자가 상호 작용한 이래 소비자의 여정에서 브랜드에 대한 이야기를 소비자에게
전할 기회가 되는 지점은 어디에서 시작하는가? 이 질문은 브랜드와 소비자의 관계 및 경험의
형성에 지대한 영향을 미친다.

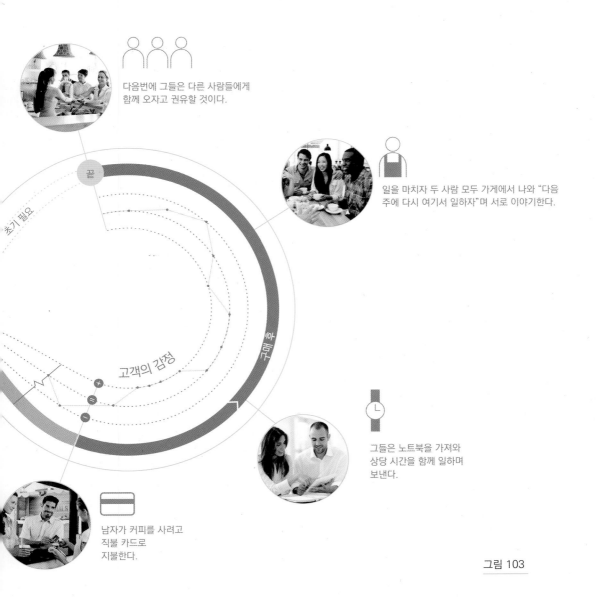

다음번에 그들은 다른 사람들에게
함께 오자고 권유할 것이다.

일을 마치자 두 사람 모두 가게에서 나와 "다음
주에 다시 여기서 일하자"며 서로 이야기한다.

끝

초기 필요

고객의 감정

+

=

−

그들은 노트북을 가져와
상당 시간을 함께 일하며
보낸다.

남자가 커피를 사려고
직불 카드로
지불한다.

그림 103

브랜드가 소비자의 일상생활의 일부가 되는 모든 시기와 브랜드로 인해 소비자가 구매 결정을 내리는 시기가 순환적이고, 각 기간이 동등한 중요성이 있는 연속적인 사건이라는 것을 고려할 때, 우리는 소비자의 여정을 3개의 중요한 단계, 즉 구매 전, 구매 그리고 구매 후 기간으로 나눌 수 있다. 우리는 다음의 모의 상황에서 소비자에 대해 더 많이 이해할 수 있다.

1단계: 구매 전

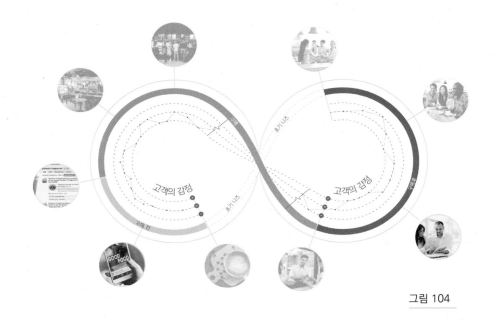

그림 104

상황

어느 오후 사무실에서 일하던 한 남자는 너무 졸려서 커피 한잔을 마시고 싶다. 커피는 사무실에서 무료로 제공되지만, 커피를 사러 밖에 나가 좀 돌아다니는 편이 더 좋을 것으로 생각한다. 그래서 그는 다른 여자 직원에게 함께 갈 것을 권유한다. 환경 변화는 사고력을 높일 수 있기 때문에 그녀는 이왕 외출해야 한다면 회의를 하고 일할 수 있는 장소로 가자고 제안한다.

그들은 앞서 언급한 사항에 적합한 커피숍을 생각하기 시작한다. 여자는 본인이 종종 일하러 가는 A커피숍에 가야 한다고 제안한다. 남자는 잠시 생각하다가 여자에게 동의한다. 그는 일찍이 페이스북에서 해당 커피숍에서 1+1 프로모션을 한다는 친구의 게시물을 보았지만 상세한 프로모션 조건에 대해서는 확실하지 않다. 그래서 그는 스마트 폰을 꺼내 인터넷에서 정보를 확인한다. 그 프로모션이 유효한 것으로 확인되자 그들은 A커피숍으로 향한다.

이것은 1단계에서 소비자 인식을 보여주는 예이며 주로 의사소통 단계를 통한 인식이다. 소비자는 의도적으로 브랜드에 대한 정보(디지털 모바일 기기를 사용하여 정보 검색)를 찾거나 우연히 자신의 일상적인 경험을 통해 브랜드를 인지함으로써 브랜드를 접할 기회를 갖게 될 것이다(브랜드가 생명력을 갖고 조화롭게 소비자 사회의 일부가 되는 것은 브랜드 이야기를 전하는 데 중요한 역할을 할 것이다).

브랜드와 소비자 간의 터치 포인트는 온라인과 주변 사람들의 실제 경험에서 모두 발생할 수 있다. 이 사례에서 소비자는 커피뿐만 아니라 일할 수 있는 장소에 대한 편의를 제공 할 수 있는 브랜드를 찾고 있다.

단계2: 구매

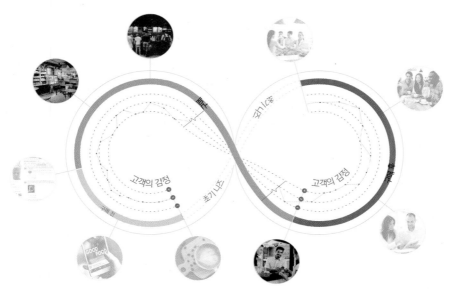

그림 105

상황

커피숍에 도착하여 그들은 일하기에 아주 좋을 만큼 좌석이 상당수 남아 있음을 발견한다. 공중에 맴도는 커피 향기는 남자가 "오늘 나는 아메리카노 투 샷을 주문해야겠어"라고 외치게 만든다. 그러나 커피를 주문하러 걸어가자 대기 중인 사람들이 길게 줄 서 있는 것을 발견한다. 물론 1+1 프로모션이 진행 중이기 때문이다 (이것은 페이스북의 정보에 기반한 것이다). 그들은 오래 기다릴 것이라고 걱정하며 대기 줄에 다가서지만 실상 그렇지 않다. 점원은 미소를 지으며 걸어와 주문받을 준비를 하고 계산대로 주문을 미리 전달한다.

남자는 이미 무엇을 마실지 정했지만 여자는 주문할 음료를 아직 생각 중이다. 점원은 그녀가 고민하는 것을 보고 그녀에게 오늘의 메뉴(상점 내 세워놓은 메뉴 보드에 적힌 대로)를 제안한다. 그녀는 구미가 생겨 오늘의 메뉴 중 하나를 주문한다. 계산대에 이르자 점원은 주문이 맞는지 반복하여 확인하고 주문한 커피가 해당 구매자에게 맞게 제공될 수 있도록 그들의 이름을 묻는다.

점원이 지불해야 하는 금액을 알려주자 남자는 현금을 놓고 온 사실을 알아차린다. 여자가 남자 대신 지불해야 하는 상황은 좋지 않을 것이다. 다행히도 그는 현금처럼 사용할 수 있는 커피숍의 충전용 카드를 갖고 있다. 점원은 웃으며 그에게 영수증을 건네고, "영수증 앞(웹 사이트에 연결되는) QR 코드를 사용하여 저희 만족도 설문조사에 응해주시면 커피 한잔을 무료로 제공해드립니다"라고 말한다. 남자는 고개를 끄덕이고 점원에게 "테이블에 앉아 바로 할게요"라고 말한다. 테이크아웃 커피가 나오길 기다리는 사람이 많아 그들은 잠깐 기다려야 한다. 점원이 그들의 이름과 주문을 외치기까지 그리 오래 걸리지 않고 주문한 커피가 맞는지 확인한다.

그들은 커피를 갖고 테이블로 돌아온다. 오늘 테이블에 앉아 있는 사람은 많지 않지만, 주문을 기다리는 줄은 길고 상당히 시끄럽다. 그들은 커피를 홀짝 마시고 기다린다. 남자의 커피는 매우 뜨겁지만, 그에게 익숙한 향기와 맛이다. 여자는 새로운 메뉴의 맛에 익숙하지 않을 수도 있고 남자처럼 그것을 좋아하지 않을 수도 있다. 그러나 그녀는 여느 때처럼 커피와 컴퓨터의 사진을 찍어 인스타그램에 게시할 기회를 놓치지 않는다. 그들을 서비스하는 점원은 테이블로 돌아가 여자에게 "새로운 커피의 맛이 좋아요?" 라고 묻는다. 여자는 "너무 달아요"라고 대답한다. 점원은 웃으며 "다음번에는 다른 새로운 커피를 드셔보세요. 그렇게 달지 않아요. 그 커피는 아주 가볍고 부드러워요" 라고 권한다. 여자는 웃으며 점원에게 고개를 살짝 끄덕인다.

두 사람은 분위기가 일하기에 괜찮다고 생각하기 시작한다. 그래서 그들은 노트북을 꺼낸다. 그들은 함께 일하며 커피숍에서 한동안 시간을 보낸다. 일하는 도중 노트북의 배터리가 부족하여 플러그를 찾는다. 다행히 그들이 앉아있는 테이블 근처에 사용할 수 있는 플러그가 있었고 그들은 작업을 계속할 수 있다.

2단계에서 상황은 판매 시점에서 시작한다. 두 사람에게 일어나는 지각은 상점 주변에 흩어져있는 서로 다른 터치 포인트에서 발생한다. 우리는 이를 실제 제품과 분위기에 대한 인지라고 부르며 이 단계에서는 서비스와 제품을 경험의 중심으로 삼는다. 소비자가 브랜드를 접하는 순간은 그들이 가게에 들어가기 전 커피의 향기가 시작되는 지점이다.

상점 내부, 대기 줄, 직원의 서비스, 커피의 맛과 요소는 테이블에 앉아서 일하는 것을 포함한 상점 내 경험만큼 주목받는다. 브랜드 터치 포인트에 대한 이야기는 소비자에게 서비스를 제공해야 하는 것에 대한 집중과 투지로 가득 차 있다. 해당 브랜드는 소비자가 겪게 될 문제를 인지하고 좋은 서비스와 적절한 분위기를 제공함으로써 이러한 문제에 대비한다. 그 결과 소비자는 브랜드에 대해 좋은 인상을 받고, 그들이 받은 서비스에 만족할 뿐 아니라 완벽성과 편리함을 느끼게 된다.

단계 3: 구매 후

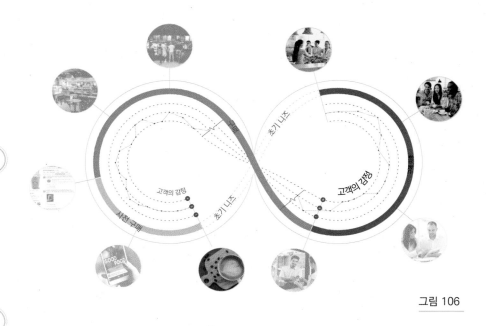

그림 106

상황

일을 마친 두 사람은 커피숍을 나오고 직원은 그들을 향해 미소 짓는다. 그들은 서로 이야기한다. "다음 주에 다시 여기서 일해요. 사무실에서 멀지 않아 수월하고 편리하네요. 커피를 마시면서 일하니 졸리지도 않고요." 여자는 "직원이 제안하는 커피를 마셔봐야겠어요"라고 말한다. 그녀는 커피의 이름이 무엇인지 기억할 수 없다. 그래서 그녀는 스마트 폰을 이용해 구글에서 오늘의 메뉴를 검색한다. 남자는 "물론이죠. 설문 조사에 응하면 무료 커피를 받으니까 우리 다시 와요. 다음에는 다른 사람들도 함께 오자고 해야겠어요." 그는 설문 조사를 하기 위해 스마트 폰을 집어 든다.

3단계에서 소비자의 경험은 소비자에게 일어난 전체 경험의 결론이며, 소비자를 다시 1단계로 돌아가게 할 것이다. 하지만 이 경험과 다른 첫 단계를 갖는다는 것이 차이점이다. 소비자는 의사소통 및 서비스를 통한 첫 단계에서의 상호 작용에서부터 동일한 제품 및 서비스를 경험할 때까지 '감정'을 처리한다.

그리고 나서 소비자는 전체 3단계의 경험을 토대로 브랜드에 대한 자신의 감정을 판단할 것이다. 감정 판단의 결과는 브랜드와 소비자 간의 관계뿐 아니라 해당 브랜드로 회기 할 기회와 다른 사람들과 공유할 이야기를 결정한다. 소비자의 여정은(관계이기 때문에) 지속적이고 장기간에 걸쳐 이루어 지지만 자세히 살펴보면 전체 여정 내내 소비자는 어느 시점에 결정을 내려야 하는 순간을 갖는다는 것을 알게 될 것이다. 결정의 순간은 온라인 세계와 오프라인 세계가 가장 밀접하게 연결되는 지점이며 소비자에게 가장 큰 영향을 미치는 지점이다.

소비자의 행동 분야에 있어서 대형 브랜드로 알려진 구글의 조사에 따르면 온라인과 오프라인 세계의 연결은 소비자에게 특정적인(그리고 즉각적인) 순간을 발생시키고 소비자가 무언가를 매우 높은 수준으로 필요로 하는 시간이라는 것을 발견하였다. 구글은 이 순간을 마이크로 순간Micro-moments이라 칭하며 다음과 같이 표현했다.

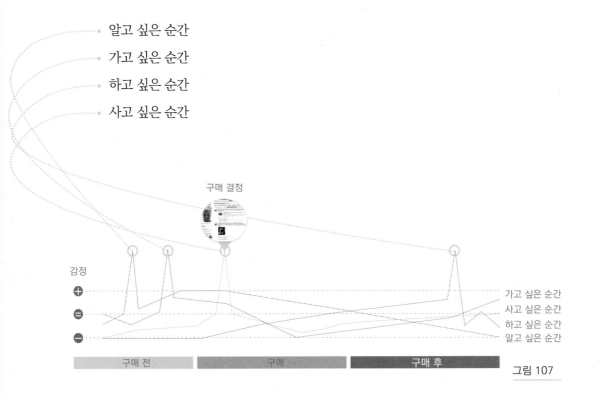

그림 107

모든 순간은 소비자 여정 내내 발생한다. 이러한 순간이 발생하면 소비자는 가장 편리하고 즉각적인 방법으로 디지털 모바일 기기를 이용하여 각 순간에 해당하는 행위를 시작할 것이다. 예제 상황과 관련하여 소비자의 여정과 마이크로 순간을 다음과 같이 연결할 수 있다.

남자는 커피를 사러 밖에 나가고 싶어 한다(가고 싶은 순간). 남자는 근처에 일할 수 있는 커피숍이 있는지 알고 싶어 한다(알고 싶은 순간).

남자와 여자는 '1+1'프로모션이 진행 중인 것을 알고 있다(사고 싶은 순간). 남자는 사은품인 무료 커피를 받기 위해 설문지를 작성하려고 시스템에 로그인한다(하고 싶은 순간).

즉각적으로 발생하는 마이크로 순간의 구체적인 특성들은 디지털 모바일 기기가 중요한 터치포인트가 되게 한다. 디지털 모바일 기기는 소비자들이 마이크로 순간에 반응 할 수 있도록 도와주며 그것은 소비자 여정 내내 온라인과 오프라인 세계를 연결한다. 그러므로 일상생활의 일부를 차지하는(디지털 터치 포인트로 간주되는) 디지털 모바일 기기를 사용하여 모든 단계(구매 전 - 구매 - 구매 후)의 경험을 결합하면 브랜드는 소비자의 여정을 이해하고 전체 그림을 볼 수 있다.

브랜드는 소비자와의 사이에서 발생할 것 같은 일과 소비자 행동을 예측할 수 있다. 즉 브랜드가 터치 포인트를 통해 의사소통할 이야기를 효과적으로 디자인하고 지어낼 수 있을 뿐만 아니라 온라인과 오프라인상 모든 터치 포인트를 함께 연결할 수 있다.

앞서 언급한 사례 연구는 짧고 간결한 소비자 여정으로 이해하기 어렵지 않았다. 그러나 현실에는 다양한 이야기와 터치 포인트가 있을 뿐만 아니라 여정 내내 브랜드와 소비자 사이에 더 많은 상호 작용이 발생한다. 만약 브랜드가 중요한 터치 포인트 중 하나를 소홀히 한다면 모든 노력은 헛수고가 될 수 있다.

사례 연구는 브랜드가 온라인 세계, 특히 소셜 네트워크에 존재하지 않았다면(즉, 검색되지만 찾을 수 없음), 그 남자는 그 순간 해당 브랜드를 생각하지 않았을 수도 있고 다른 가게에 갔을 수도 있다(브랜드는 특별한 순간에 접근할 기회를 잃는다)는 사실을 보여준다. 검색 결과 발견한 1+1 프로모션과 무료 커피를 얻기 위한 자격을 갖기 위해 설문 조사에 응하는 것도 마찬가지이다.

이러한 메커니즘은 결정을 내리는 자극제일 뿐만 아니라 관계를 구축하고 소비자에게 좋은 감정을 부여하는 데 도움을 준다.

실제 세계 즉 오프라인 세계에서의 경험은 여전히 중요하다. 앞서 반복적으로 여러 번 언급했듯이 일부 상호 작용과 참여는 온라인에서 발생할 수 있다. 하지만 결과적으로 대부분 소비자에게 직접적인 경험을 제공하는 실제 터치 포인트는 오프라인 환경, 특히 환경적 접점에서 발생하며 구매 단계에서 중요한 역할을 할 것이다.

앞서 소비자 여정이 자연스럽게 발생하여 소비자 행동에 부합하는 것을 고려하였을 때, 그리고 브랜드는 각 비즈니스 모델 및 업종에서 다른 소비자 여정의 정형을 필요로 하므로, 예를 들어 항공사 비즈니스, 금융 비즈니스 및 온라인 쇼핑 비즈니스처럼….

그림 108

그 결과 브랜드는 개별 소비자들에게 고객 여정에 이르는 그들만의 고유한 방식을 제공한다.

그러나 기본적으로 디지털 사회에서의 공통점은 브랜드가 소비자 일상의 일부가 되기 위해서는 구매 전 및 구매 후 단계에 상당 시간이 걸린다는 것이다. 살아있는 브랜드로써 소비자 삶의 일부가 되기 위해 브랜드는 소비자의 여정을 배워가고 브랜드 터치 포인트에 도달함으로써 그들에게 다가갈 것이다.

반대로 소비자의 구매 단계는 브랜드 환경(상점, 사무실, 서비스 장소 등)에 노출된 기간으로 브랜드는 소비자의 행동에 부합하는 터치 포인트를 설계하고 만들거나 또는 원하는 대로 소비자 행동을 바꿀 기회를 갖는다. 이 메커니즘은 #브랜딩 4.0에서 소비자와 관계를 설계하는 과정상 중요한 역할을 하는 서비스 설계의 일부로 간주한다.

'환경'이라는 단어는 물리적 구성 요소를 의미하는 것뿐만 아니라 이야기와 제품, 특히 서비스를 제공 할 수 있는 능력을 포함한 전체에 대한 일관성을 의미하며, 소비자의 개인적 요구에 부응하여 브랜드가 더 많은 가치를 내재할 수 있도록 도울 것이다.

브랜드와 소비자의 끊임없는 여정

우리는 소비자의 여정을 3개의 주요 단계로 분리할 수 있지만 실제로 브랜드가 사업을 중단하지 않는 한 디지털 시대의 소비자와 브랜드 여정은 끊임없고 항시(디지털 사회에서 24시간) 일어날 수 있다. 그러므로 브랜드는 소비자에게 이야기를 전달할 때 명확하고 지속적이어야 한다.

동시에 소비자 기대와 브랜드 기대에 따라 관계를 개선하고 바꾸는 것에 대한 이해를 보여야 한다. 소비자와 브랜드 여정을 통해 형성된 관계는 소비자가 고객이 될 수 있도록 변화시킬 뿐만 아니라 브랜드 최종 목표로서 소비자가 높은 참여도와 주인의식을 가진 브랜드 홍보대사가 될 수 있도록 향상하는 데 도움을 준다.

브랜드 홍보대사는 브랜드의 가장 효과적인 터치 포인트와 같이 소비자 여정에 관여한다. 일단 소비자가 홍보대사가 되면 브랜드 의사소통, 이야기 전달 및 행동적인 부분을 지원하며 주변 사람들에게 자신이 직접 경험한 브랜드를 홍보할 것이기 때문이다. 좋은 브랜드 홍보대사는 신뢰도와 인지도 측면에서 소비자와 강한 유대 관계를 맺음으로써 다른 소비자를 브랜드 고객으로 바꿀 수 있을 것이다. 소비자 관점에서 그들과 의사소통 해야 하는 홍보대사는 브랜드 그 자체보다 더 많은 확신과 신뢰를 소비자에게 심어줘야 한다.

그러나 다양한 정보로 가득 찬 세계에서 브랜드는 소비자를 홍보대사로 만드는 특정 이야기 또는 터치 포인트를 알아차리지 못할 것이다. 이것은 훌륭한 브랜드 홍보대사가 되는 것은 소비자가 브랜드로부터 받은 전체 경험, 즉 소비자가 브랜드에 대해 가진 모든 인식의 축적에 달려있음을 의미한다.

따라서 가치가 시장 가치보다 앞선 #브랜딩 4.0에서는 고객과의 관계를 오랫동안 지속시키고, 소비자의 일회성 구매를 평생 구매로 만들기 위한 목적으로 브랜드 성격과 일치하며, 소비자의 여정과도 조화를 이루는 이야기를 만드는 것이 과제다.

소비자 여정의 결론

소비자의 여정은 실제로 일상생활에서 일어나는 일반적인 사건이다. 그리고 실제 브랜드가 존재하는 방식으로 소비자와 관계를 맺기 시작하는 방법이다. 소비자와 관계 형성에 성공한 브랜드는 어떻게 브랜드가 소비자 여정의 일부가 될 것인지 알고 있다. 명확하고(이해하기 쉽도록) 접근 가능하며(찾기 쉽도록) 살아있는 브랜드를(일상생활과 관련하여) 만든다는 사실은 소비자가 항상 브랜드 환경에 있다는 것을 느끼고 인지할 기회를 얻는다는 것을 의미한다(소비자는 브랜드 자체에 대해 생각하기 때문에 브랜드에 대해 느끼지 않는다).

이는 브랜드 이야기를 지어내기 위한 기회를 만들고 소비자를 향한 브랜드의 가치 창출을 단순한 제품이나 서비스를 판매하는 것 이상으로 의미 있게 만든다.

그것은 소비자가 인지한 모든 것이 단지 이미지 또는 선전이 아니라 진실이란 것을 깨닫게 할 것이다. 소비자들은 브랜드와의 관계에 있어 더 큰 신뢰를 하게 될 것이다. 끝없는 소비자 여정은 소비자가 브랜드 제품 및 서비스와 시간이 흐르며 여전히 친구로 남는다는 것을 의미한다.

디지털 사회에서 브랜드와 소비자는 여정 내내 서로 연결된다. 큰 그림으로 보면 사회 모든 구성원은 브랜드의 미래 고객이 될 가능성이 있는 소비자이다. 그러나 실제로 브랜드와 소비자 관계에 있어서 소비자 입장 외에도 브랜드와 다른 관계를 맺고 있는 많은 집단이 있을 수 있다는 것을 보게 될 것이다.

브랜드와 소비자의 관계를 관리하는 것은 중요하다. 특히 세계가 완전히 연결되어 있다는 것을 고려할 때 그렇다. 소비자들은 개방적이고 자유로운 의사소통이 가능한 디지털 사회에서 더욱 쉽게 서로 영향받는다. 소비자와 브랜드 관계를 모든 면에서 진정으로 강화하기 위해 브랜드는 브랜드 이해관계자의 여정 또한 이해할 필요가 있다.

용어 정리

소비자 여정(Consumer's Journey)

관계 의사소통(Relationship Communication)

구매 전(Pre-purchasing)

구매(Purchasing)

구매 후(Post-purchasing)

마이크로 모먼츠(Micro-moments)

서비스 설계(Service Design)

관계 구축(Relationship Design)

일회성 구매(One-time Purchasing)

평생 구매(Life-time Purchasing)

6

디지털 사회에서
브랜드 이해당사자 여정

디지털 사회에서 브랜드 이해당사자 여정

브랜드와 이해당사자가 관여하는 여정을 통한 관계

브랜드 인격의 설계를 통해 브랜드에 생명을 불어넣었을 때, 브랜드는 자연스럽게 이야기를 전달하고 표현하여 가치가 뚜렷해지고(소비자와 공유된 가치 및 특별한 가치), 소비자에 의해 수용될 수 있다.

브랜드가 모든 사람에게 접근하는 디지털 사회의 중요한 포인트는, 브랜드에 소비자와 더 강력한 관계를 구축할 기회를 제공한다는 것이다. 비즈니스 과정의 결과로 이어지는 관계만 고려할 경우, 브랜드의 목표는 분명히 소비자를 앞선 장에서 언급된 고객으로 바꿔 놓는 것이다. 하지만, 브랜드가 좀 더 많은 소비자에게 접근할 수 있을 때(그리고 그러한 소비자들이 스스로 서로 연결될 수 있을 때), 브랜드와 소비자의 관계는 단지 고객이 되는 것보다 더 큰 영향을 비즈니스에 미친다. 그리고 그것은 브랜드에 대한 소비자의 기대를 여러 그룹으로 분리되게 만들었다(이것은 자기 분할된 사회적 네트워크로 인한 것이다). 그러한 분리는 관계 포인트를 따른다.

과거부터 현재까지 확실한 것은, 브랜드에 가장 중요한 역할을 하는 소비자는 브랜드가 브랜드 고객(브랜드의 비즈니스의 최종 사용자)이 되기를 희망하는 소비자라는 것이다. 이것은 소비자가 브랜드 제품이나 서비스를 구매하도록 만드는 데 초점을 맞춘, 관계의 특정한 특징을 만든다(구매 의사결정이 관계 포인트이다). 나중에 비즈니스 메커니즘이 소유주 또는 파트너가 되는 메커니즘을 통해 이익 독점으로부터 이익 공유로 변할 때, 브랜드는 파트너 또는 주주가 되는 소비자에게 더욱 초점을 맞춰야 한다. 결과적으로 디지털 사회가 전 세계 소비자들을 함께 연결할 때, 브랜드는 이익 공통 기반 관점을 지나 관계 공통 기반 관점으로 이동하게 만든다. 그리고 경험이 그러한 관계를 고객뿐만 아니라 여러 그룹의 소비자로 유도한다. 우리는 그러한 소비자를 브랜드 이해당사자와 같은 다른 이름으로 부를 수 있다.

고객 (제품 기반)   주주 (이익 기반)   이해당사자(가치 기반)

그림 109

브랜드와 이해당사자의 관계 포인트는 고객을 위한 브랜드의 제품 및 서비스와 비교된다. 그것은 고유한 가치가 무엇인지, 브랜드가 브랜드 이해당사자를 위해 어떤 것을 가졌는지, 또는 브랜드 이해당사자가 브랜드로부터 무엇을 원하는지 확인하는, 각 브랜드 이해당사자의 선별기이다. 사업주, 주주, 경영진, 직원 및 아웃소싱 또는 제조업체로부터 제품을 구매하거나 여러 공급처로부터 원료를 구매하는 오늘날의 비즈니스 운영 주체를 상상해보자. 브랜드 이해당사자는 여러 가지 목적에 따라 기준을 집행하고, 어떤 것을 강요 및 통제하는 연방 기관 같은 정부 기관과, 소비자에게 브랜드와 비즈니스에 대한 정보와 뉴스를 전하는 미디어도 포함된다.

결론적으로, 비즈니스를 구성하는 이들 그룹이 브랜드 이해당사자이다. 각 브랜드 이해당사자 그룹은 서로 다른 차원에서 브랜드와 관련된 것들에 관심을 보인다. 그리고 특별한 가치는, 브랜드가 이해당사자들과 브랜드에 발생하는 전체 경험의 일부로 브랜드 이해당사자에게 판매해야 한다.

브랜드 이해당사자는 브랜드와 관계 포인트를 갖는 것 외에도, 소비자로서의 삶을 병행한다. (규칙 1에 따르면 온라인과 오프라인 세계는 완전히 분리될 수 없다). 앞서 언급한 하이브리드 지위로 인해, 그들은 공유 가치 차원에서 브랜드에 연결될 수 있다. 예를 들면 종업원은 일하는 동시에, 친환경으로 제조되는 제품에 관심이 많은 소비자이기도 하다.

우리는 이 종업원이 일과 생활 모두에서 브랜드와 관계를 맺고 있음을 알 수 있다. 그 종업원은 브랜드가 친환경 제품을 제조하도록 요구할 수 있지만, 동시에 브랜드 정책과 문화를 준수해야만 한다. 결과는 두 역할이 연결되어 과거처럼 완전하게 분리할 수 없다는 것이다. 그것이 바로 브랜드를 살아있게 만들어야 할 디지털 시대의 핵심 이유이다.

소비자

이해당사자

$ 구매

관계의 특별한 시기

살아있는 브랜드

그림 110

우리는 어떤 식으로든 모든 소비자가 브랜드 이해당사자가 되는 기회가 존재한다고 말할 수 있다. 그 이유는 다른 관계 포인트를 가졌거나, 소비자 및 이해당사자 둘 다에서 공동 지위를 가졌는지가 중요하지 않기 때문이다. 그들은 여전히 이해당사자들 사이에서 관계를 구축할 수 있다. 결론적으로, 브랜드 경험에서 오는 가치에서 시장 가치(개인화된 가격)로의 전환에 중요성을 부여하고, 브랜드와 소비자의 여정에만 신경 쓴다면, 각 이해당사자 그룹이 가치를 다르게 정의하기 때문에 브랜딩 4.0시대에서 성공하기에 충분치 않다. 브랜드 가치전환의 중요성과 브랜드와 소비자간 여정을 통한 관계를 신경 쓰는 것에서 더 나아가 브랜드와 소비자간 여정을 추적, 관찰하며, 관리할 수 있어야 한다. 이것은 관계 포인트를 따라야 한다.

- 종업원은 브랜드로부터 만족스러운 소득과 멋진 경험을 동시에 원한다(작업 스타일, 삶의 질).
- 제조업체는 브랜드로부터 원자재 공급에 대한 좋은 가격뿐 아니라 좋은 경험을 원한다(정시 지급, 재 구매).
- 미디어는 소비자의 시선을 끄는 뉴스를 원하며, 한편으로 브랜드로부터 좋은 경험도 원한다(빠르고 통찰력 있는 정보의 제공, 협력).
- 투자자는 브랜드의 성과로 수익을 원하며, 동시에 브랜드로부터 좋은 경험도 원한다 (브랜드가 받아들여지고, 조직은 이익을 창출할 수 있는 능력이 있다).

가치가 시장가치를 이끄는 디지털 사회에서, 각 이해당사자 그룹의 경험은 브랜드와 관계에서 점점 더 중요해지고 있다. 경험과 관계 포인트의 분리는 특히 이해당사자 그룹의 관계 포인트가 무형적인 경우에 더 어렵다(예를 들면, 브랜드와 좋은 경험을 가진 경우 해당 브랜드에 우호적인 뉴스를 게재할 준비가 되어 있는 언론사 기자).

그러한 이유가 이해관계자와 브랜드의 여정을 과거와 다르게 만든다. 브랜드는 각 이해당사자 그룹을 완전히 분리할 수 없다. 하지만 동시에 브랜드는 각 이해당사자 그룹에 특별한 경험을 심어주기 위해 관계 포인트에 중요성을 부여해야 한다. 앞서 언급한 모든 조건은 브랜드가 각 이해당사자 그룹을 소비자에서 분리하는 시기를 확인하게 만든다. 우리는 그러한 시기를, 소비자의 구매 시기와 같은 특징을 공유하는 특정 관계 시기라고 부른다.

디지털 사회에서 관계 구축 형태의 변화를 이해하고, 특정 관계 시기를 이해당사자 여정과 연결하기 위해, 우리는 기본적으로 이해당사자를 2개의 큰 그룹, 즉 내부브랜드 이해 당사자와 외부브랜드 이해 당사자로 나눌 수 있다.

내부브랜드 이해 당사자는 브랜드에 속한 소비자들이다. 그들의 역할은 브랜드와 비즈니스의 운영에 직접 관련된다. 그들은 브랜드를 목표 방향으로 이동시키고, 자동으로 브랜드 대사가 되는 중요한 역할을 한다. 내부 이해 당사자 그룹과 관계를 구축할 때, 브랜드 포인트는 가능한 그들을 많이 브랜드 소유자로 만드는 것이다. 내부브랜드 이해당사자는 브랜드의 경영진 및 종업원 등이 있다.

내부 이해당사자

그림 111

외부 브랜드 이해당사자는 브랜드와 관련된 소비자들이다. 그들은 어떤 식으로든 브랜드 창조자 또는 영향력 행사자이다(소비자가 외부 브랜드 이해당사자 중 하나임을 고려할 것). 그들은 브랜드 존재와 브랜드가 하는 일에 중요한 역할을 한다. 브랜드 포인트는 우정과 같은 방식으로 그들을 브랜드와 최대한 좋은 관계를 갖게 하는 것이다. 외부 브랜드 이해당사자에는 투자자, 미디어, 정부 기관 등이 있다.

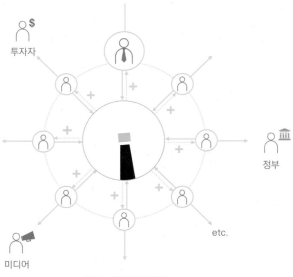

외부 이해관계자

그림 112

소비자를 브랜드 고객으로 전환하는 여정과 마찬가지로 디지털 시대의 브랜드 이해당사자는 브랜드와 관련되기 전부터(특정 관계 시기 이전), 브랜드가 관계 포인트가 있어야 하는 시간 또는 특정 관계 시기를 지난 후 마침내 브랜드 여정에 들어간다.

특정 관계 기간 이전

소비자는 브랜드 이해당사자가 되기 전, 디지털 세계에서 소비자로 살아왔다. 그들이 브랜드를 지각하고 익숙해져 연결할 때까지, 온라인과 오프라인 세계 양쪽에서 다른 터치 포인트로 브랜드 정보와 특히 스토리를 들었을 것이다.

그들은 브랜드와 연관되는데 관심을 두거나, 원하거나, 필요할 때까지, 자신들의 관심과 일치하는 정보나 스토리를 보유한 터치 포인트를 찾고, 접촉을 시도할 것이다. 예를 들어 브랜드 종업원이 되고 싶은 소비자는, 브랜드와 소비자의 공유된 가치를 고려하여, 지역사회를 함께 연결하는 일자리 제안이나, 종업원 그룹을 보유한 터치 포인트를 찾을 것이다. 그러한 정보와 스토리는 소비자를 특정 관계 시기로 끌어들이는 첫걸음이 될 것이다.

특정 관계 시기 이전 동안 이해당사자와 관계를 구축할 때, 브랜드 기능은 온라인과 오프라인 세계 사이를 오가는 연결을 배우고 이용하는 것이다. 디지털 시대에, 브랜드와 이해당사자 간 공유된 가치는 우리 일상생활과 분리할 수 없다. 소비자들은 브랜드와 관계 포인트를 원할 때, 온라인 및 오프라인 세계 양쪽에서 스스로 그러한 정보와 스토리를 찾을 것이다.

브랜드는 소비자에게 효율적으로 다가가기 위해 공유 가치에 부합하는 정보와 스토리를 표현할 수 있을 때까지, 생활에서 탄생한 공유 가치와 브랜드의 비즈니스 측면을 분명히 확인할 필요가 있다. 그 이유는 이러한 과정이 소비자를 고객으로 변화시킬 뿐만 아니라 브랜드 가치를 시장 가치로 변화시키는 메커니즘이기 때문이다.

- 사람들로부터 일하고 싶은 브랜드로 인정받은 브랜드는 틀림없이 구직자로부터 관심을 받는다.
- 많은 배당금을 지급하고, 높은 성장률을 보이는 브랜드는 틀림없이 투자자들로부터 관심을 받는다.

- 소비자가 주목하는 브랜드는 틀림없이 미디어로부터 관심을 받는다.
- 세계를 구하는 것으로 인정받은 브랜드는 틀림없이 환경 운동가들로부터 관심을 받는다.

소비자들은 브랜드와 자신들이 함께 공유한 가치와 브랜드를 연결할 수 있을 때, 브랜드에 합류하는 것을 결정하는 시기에 돌입한다. 이것은 분명히 소비자를 특정 관계 시기로 이동시킨다.

특정 관계 시기

이 시기는 각 관계 포인트에 따라 다르다. 예를 들면 투자자들의 특정 시기는 투자자들이 브랜드의 주식을 사기로 결정한 시기이고, 미디어의 특정 시기는 미디어가 브랜드의 뉴스나 스토리를 보도하는 시기이다. 이 시기에 브랜드 이해당사자의 어떤 행위나 절차는 브랜드에 관여한 가장 영향력 있는 시간이 될 것이다. 이것은 브랜드 이해당사들이 여정 내내 얻는 경험에서 우러난 영향력 때문이다.

따라서 일반적인 시기에 관계를 구축하는 것과 특정 시기에 관계를 구축하는 것 사이의 균형이 브랜드 이해당사자와의 관계를 관리하는 데 중요하다. 브랜드가 특정 관계 시기에만 좋은 경험을 만드는 데 초점을 맞추는 것은 관계 형성에서 신뢰를 구축하는데 충분치 않다 (브랜드 이해당사들은 그것을 수익을 목적으로 하는 행위로 간주한다). 하지만, 브랜드가 일반적인 소비자들에게 하는 방식으로 경험을 만드는 것은 충분한 영향력이나 연관성을 갖지 못할 수 있다(브랜드 이해당사자에게 충분한 관심을 받지 못하거나 개인화 되지 못한다).

내부 브랜드 이해당사자들에게, 일반적으로 특정 관계 시기는 외부 브랜드 이해당사자보다 더 길다. 왜냐하면 그 시기에 내부 브랜드 이해당사자들의 브랜드 참여도가 가장 높기 때문이다. 그리고 기본적으로 브랜드 대사로서, 그들이 행동하는 방식과 라이프 스타일, 그들이 디지털 사회의 메커니즘을 통해 주변 사람들에게 전하는 스토리가 자연적으로 외부 브랜드 이해당사자들에게 영향을 미쳐, 필연적으로 브랜드에 부메랑 효과를 가져올 것이다.

브랜딩 4.0 시대의 브랜드는 내부 브랜드 이해당사자를 통제하여 브랜드가 원하는 방식을 따르게 하기보다는, 내부 브랜드 이해당사들이 브랜드 문화에 스스로 녹아들어 브랜드와 하나가 되도록 그들을 격려해야 한다. .

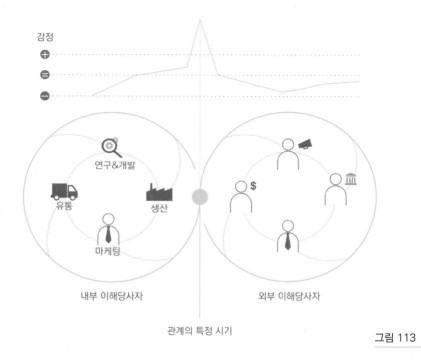

그림 113

브랜드 문화는 브랜드를 살아있는 사람처럼 브랜드의 정체성을 보여주는 인격이 될 생각과 말, 행동을 통하여 표현된 브랜드 스토리와 브랜드가 믿는 가치를 통해서 태어난다. 브랜딩 4.0 시대에 브랜드 문화를 형성하는 것은 브랜드가 디지털 모바일 기기를 매개로 가야할 여정과 결합하여, 독자적으로 설계할 수 있는 환경을 통해 브랜드 문화를 만들고, 브랜드가 내부 브랜드 이해당사자와 가진 모든 채널에 의존해야 한다.

브랜드가 내부 브랜드 이해당사자들과 공유된 가치를 제공할 수 있을 때(그들은 브랜드로부터 받게 될 것들을 인식한다), 브랜드를 살아있게 하는 것이 내부 브랜드 이해당사자들이 고수하는 문화가 될 것이다. 그들은 자신들의 삶의 일부처럼 마음을 열고, 그것을 받아들일 것이다.

내부 브랜드 이해당사자들의 경험이 쌓이면 쌓일수록, 그들은 더욱 브랜드에 흡수되어, 결국 브랜드와 하나가 될 것이다.

브랜드 문화가 수용되려면, 규칙이나 규정을 만들지 말고, 내부 브랜드 이해당사자들의 영감을 불러일으키는 것에서 시작해야 한다. 이렇게 할 경우 내부 브랜드 이해당사자들은 그러한 문화와 동질감을 느껴 기꺼이 흡수할 것이며, 결국 브랜드에 여러 가지 이로운 결과를 가져오게 된다.

외부 브랜드 이해당사자들의 경우, 디지털 사회의 성장은 브랜드 고객과 같은 방식으로 브랜드에 더 많은 영향력을 행사하게 한다. 브랜드는 외부 브랜드 이해당사자들이 원하는 제품을 발굴하고(관계 포인트), 그들이 특정 관계 시기에 브랜드 제품을 구매하도록 해야 한다. 관계가 이해당사자 사이에 복잡하게 연결된 시스템에서, 살아 있는 브랜드가 외부 브랜드 이해관계자와 관계를 더 쉽게 구축하도록 도와줄 수 있다.

그러나 외부 브랜드 이해당사자를 식별하고(그들을 전체 소비자와 분리한다), 특별한 관계 구축을 중시하는 것이 브랜드를 그것의 비전으로 이끄는 데 있어서 중요하다. 그것이 참여와 수용에 도움이 되는 과정의 일부이다. 예를 들어 플라스틱 펠릿 공장을 설립할 때, 이웃, 환경단체, 환경문제를 담당하는 정부 기관 등의 이해당사자를 고려해야 한다.

외부 브랜드 이해당사자와 관계를 비즈니스 운영 메커니즘의 일부로서 간주하고 참여를 만드는 것에 중점을 두는 것이, 하나가 되는 느낌을 만들고 브랜드와 외부 브랜드 이해당사자 간 좋은 관계로 이어지는 데 도움이 될 것이다.

특정 관계 시기 이후

특정 관계 시기 이후, 이해당사자들은 분명히 소비자 지위로 돌아오지만, 동시에 이해당사자 지위는 남는다. 모든 것이 연결된 세계에서 브랜딩 4.0시대에 태어난 관계는 절대 끝나지 않는 관계이다. 미래에 발생할 수 있는 결과를 결정하고, 관계 포인트를 달성할 때 경험이 중요한 변수가 된다.

게다가, 우리는 소비자와 브랜드의 공동 창출 참여 추세에 따라 소비자가 되는 것과 이해당사자가 되는 것 사이에 점점 많아지는 다중역할 관계를 목격하기 시작한다. 그것은 디지털 사회의 영향이 이해당사자 관리에 더 명확하게 영향을 미치게 한다. 소비자는 디지털 활동 형태에 따라 몇몇 다른 환경에서 브랜드에 더 영향을 미칠 수 있고, 이해당사자가 될 수 있다. 그들은 한 사람이 복합적인 역할을 하는 이해당사자가 된다.

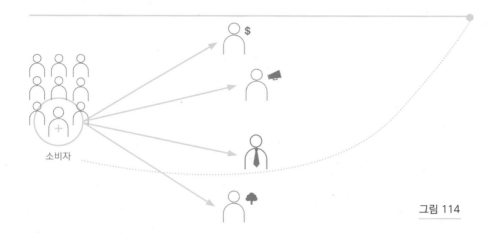

그림 114

이전에는 영업사원이 따로 존재했다. ──▶ 소비자가 전자상거래 플랫폼을 통해 영업사원이나 소유자가 될 수 있다.

이전에는 투자자가 따로 존재했다. ──▶ 소비자가 크라우드 펀딩을 통해 투자자가 될 수 있다.

이전에는 환경이 따로 존재했다. ──▶ 소비자가 온라인 소셜 네트워크를 통해 환경운동가가 될 수 있다.

이전에는 언론인이 따로 존재했다. ──▶ 소비자가 자신의 온라인 소셜 네트워크를 통해 언론인이 될 수 있다.

두 개의 지위가 동시에 발생하여, 소비자 일상생활의 일부가 될 때까지 자연스럽게 혼합된다. 이해당사자들이 좋은 친구가 될 때까지, 브랜드와 이해당사자 간 좋은 관계를 구축하는 유일한 방법은, 진정으로 활기를 띠도록 살아있는 브랜드를 관리하고, 사람들이 사회에서 관계를 맺는 방식으로 공유 가치를 브랜드와 연결하는 것이다. 브랜드는 모든 이해당사를 쫓아가는 대신에, 브랜드가 소비자와 함께 가진 공유 가치에 부합하는 핵심, 인격, 정체성을 통해 자신의 삶을 보여줄 수 있다. 그것을 통해 브랜드는 가치를 간직할 수 있으며 동시에 브랜드와 신념을 공유하는 이해당사자로부터 인정을 받을 때까지 소비자와 연결될 수 있다.

다른 관계와 마찬가지로, 처음부터 분명하게 설계된 자아 표현이 브랜드가 문제나 장애물이 나타날 때까지 기다렸다가 관계 구축을 시작하는 것보다 더 낫다. 후자와 같은 관계구축은 가식적인 행동과 많은 경우에 변명으로 인식할 수 있기 때문이다. 하지만, 브랜드의 관계나 가치가 두드러질 때는 어떤 사건이 브랜드에 일어나더라도, 브랜드와 전체 이해당사자 간 좋은 관계때문에 이해당사자들이 브랜드에 대해 우호적인 태도를 보이도록 도와줄 것이다. 그들은 브랜드 편에 서서, 브랜드가 문제와 장애물을 극복할 수 있도록 지원하고 홍보할 것이다.

큰 그림에서, 디지털 사회에서 브랜드와 이해당사자들 사이의 관계 구축은 온라인과 오프라인 세계 양쪽을 동시에 사는 소비자로부터 시작하고, 브랜드는 다른 스토리와 채널을 통해 그들의 일상생활의 일부가 되도록 노력한다. 소비자가 브랜드와 연결되고 공유된 어떤 가치를 믿는다는 것을 보여줄 때, 그들은 브랜드 이해당사자라는 또 다른 지위를 갖게 될 것이다.

그들이 브랜드 이해당사자로서 그들의 욕구를 충족시켜주는 무언가를 받았을 때, 그들의 지위는 다시 한번 미래의 이해당사자가 될 준비가 된 소비자가 될 것이다. 그러한 메커니즘은 브랜드가 이해당사자와 관계를 소홀히 하면, 목표 달성할 때 많은 문제와 장애에 직면할 수도 있음을 우리에게 보여주는 것이다. 반대로, 브랜드가 전체 이해당사자들을 파악하고 좋은 관계를 구축하기 위한 중심에 브랜드를 놓고 관리하는 과정을 만든다면, 그러한 관계는 고객과 전체 이해당사자에게 브랜드를 소중하게 여기게 하는 중요한 변수가 될 것이다.

브랜드 이해당사자 여정의 결론

브랜드 4.0시대는 브랜드에 생명을 불어넣는 것에서 시작한다. 브랜드가 분명한 인격을 가질 때 비로소 브랜드 고객과 이해당사자가 될 소비자와 진정한 관계 구축을 시작할 수 있다. 이해당사자들은 고객인 소비자보다 더 높은 관계와 함께 다른 차원으로 브랜드의 공유가치를 인식한다. 따라서 그들의 여정은 관계 포인트와 특정 관계 시기에 초점을 둔다.

내부 브랜드 이해당사자들은 브랜드일부가 되는 삶의 질에 초점을 두는 반면, 외부 브랜드 이해당사자들은 고객이 제품과 서비스를 원하는 것과 같은 방식으로 브랜드로부터 특정한 무언가가 필요하다. 그리고 브랜드는 그들과 친구처럼 좋은 관계를 구축하기를 원한다. 브랜드와 각 이해당사자 그룹 간 관계의 형태가 관계 포인트와 특정 관계 시기에 따라 다를지라도, 그들 모두 소비자라는 공통된 기반을 갖는다. 따라서 훌륭한 관계와 브랜드 가치에 대한 이해당사자의 인정이 디지털 시대에서 브랜드가 성장할 수 있는 능력을 결정할 것이다.

소비자 간 관계처럼, 관계 형성을 시작하기는 어렵지만 관계를 훌륭하고 영원하도록 유지하는 것은 더 어렵다고 할 수 있다. 비즈니스를 운영하는 관점에서 오랜 관계를 지속한다는 것은 강력하고도 안정된 비즈니스를 의미한다. 살아 있는 브랜드 지위에서, 브랜드와 전체 이해당사자 사이에 시작되는 관계는 브랜드가 브랜드와 소비자간 공유된 가치를 확장하는데 도움이 될 것이다.

가치는 브랜드가 소비자에게 인정받는 브랜드 행동이 될 때까지, 일정기간 전체 소비자를 향해 고수되어 온 것을 말한다. 그러한 행동은 소비자들이 장기적으로 브랜드에 대해 긍정적인 느낌과 경험을 얻게 하여, 그들 자신과 브랜드 사이에 좋은 관계를 발전시킬 준비를 하게 한다.

용어정리

이해당사자 여정(Stakeholders' Journey)

관계 포인트(Point of Relationship)

이익 독점(Profit Monopoly)

주주(Shareholders)

특정 관계 시기(Unique Period of Relationship(UPR)

UPR 이전(Before UPR)

UPR 이후(After UPR)

내부 브랜드 이해당사자(Internal Brand Stakeholders)

외부 브랜드 이해당사자(External Brand Stakeholders)

옹호(Advocacy)

다중 역할(Multiple Roles)

1인 다중 역할 이해당사자(One Person Multiple Roles Stakeholders)

7

소비자에게 좋은 친구가 되기 위한
여덟가지 브랜드 행동

소비자에게 좋은 친구가 되기 위한 여덟가지 브랜드 행동

모든 이해당사자들을 브랜드 친구로 바꾸기

브랜드와 소비자(모든 이해관계자를 소비자로 간주한다)간 관계 구축은 브랜딩 4.0시대 규칙에 부합하며, 특히 브랜드와 관계를 형성할 때 중요한 역할을 할 하이브리드 소비자 여정을 설계하기 위해, 온라인과 오프라인 세계 사이의 연결에 대한 이해가 필요하다. 브랜드에 대한 소비자의 인상적인 경험은 브랜드가 소비자 세계로 진입하는 길을 열어줄 것이며 그 반대도 마찬가지이다.

그림 115

관계를 시작하는 것보다 더 중요한 것은 관계를 유지하는 것이기 때문에, 반복적이며 지속적인 경험이 필수적이다. 어느 상대도 유일한 이해당사자가 아니라고 할 만큼 관계 수준을 발전시키고 업그레이드시키는 것, 대신 브랜드와 소비자는 진정한 친구가 되어야 한다. 결국 브랜드 커뮤니케이션이나 행동은 브랜드와 소비자간 관계를 결정하는 '브랜드 행동'으로 간주한다.

비교해보면, 행동의 반복은 습관 형성으로 이어지고 결국 자기 삶의 일부가 된다. '브랜드 행동'이라는 용어는 일시적인 이미지 구축(이것은 오래 지속하지 않는다)이 아닌 브랜드의 본질을 반영한다. 브랜드 행동은 소비자와 브랜드의 관계에 직접적인 영향을 미치며, 소비자들은 잘못 처신하는 브랜드로부터 일부 제품을 구매할 수 있지만, 브랜드와 관계를 맺는 것은 싫어할 수 있다. 구매 가능한 더 나은 대안이 있으면 소비자들은 또 다른 브랜드로 이동할 준비를 한다. 반면에 잘 처신하는 브랜드는 소비자에게 좋은 이미지를 얻고 장기적인 관계를 유지할 수 있다.

비즈니스 기반 포지셔닝에서 브랜드 인인화로 관점이 이동하면 브랜드와 소비자간 관계를 긴밀히 하는 데 도움을 준다. 그 이유는 브랜드와 소비자 관계로 시작할 필요 없이 낯선 사람이 지인으로 더 나아가 친구로 발전할 수 있기 때문이다. 한편, 그 사이에 수많은 거래와 서비스가 발생할 수 있다. 브랜드와 소비자가 친구가 되면 다음과 같은 결과로 이어질 수 있다.

1. 소비자가 타 브랜드(관련 없는 경쟁자)보다 해당 브랜드(친구)를 홍보할 가능성이 더 높다.
2. 소비자가 모든 상황에서 브랜드(친구)를 돕고 홍보할 것이다.
3. 소비자가 잘 알고 좋은 관계를 맺고 있기 때문에 브랜드(친구)가 하는 일을 신뢰할 수 있다
4. 소비자가 연대감 때문에 커뮤니케이션에서 행동 수준으로 브랜드(친구)와 협력할 준비가 되어 있다.

브랜드가 소비자의 친구일 경우, 소비자들은 완벽한 연대감을 느낄 것이다. 소비자가 초기 단계에는 비즈니스 관점에만 초점을 둘 수 있기 때문에 그러한 연대감은 고객이 처음부터 브랜드에 대해 다른 관점을 갖도록 한다. 그러나 브랜드 의인화는 그들 둘을 함께 연결해주고, 더 나은 커뮤니케이션을 형성하며, 마지막으로 친구 대 친구 관계가 시작된다. "고객의 좋은

친구"라는 말은 폭넓은 정의이며 세부적인 것들을 많이 포함한다(그것은 개인적인 개념이기 때문에).
하지만 디지털 시대에서 브랜드가 얼마나 신뢰할만하고 우호적인지를 결정하는 8가지 기본적인
브랜드 행동이 존재한다.

1. 관련성 Relevancy
2. 자기 창의성 Self Creativity
3. 적응성 Adapability
4. 자문 가능성 Consultability
5. 투명성 Transparency
6. 편안함 Comfortability
7. 책임 Responsibility
8. 일관성 Consistency

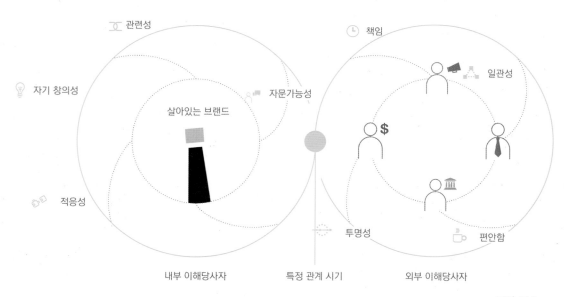

그림 116

1 관련성

디지털 사회는 규모가 크고 매 순간 콘텐츠와 상당량의 데이터를 인터넷과 온라인 네트워크에서 이용할 수 있다. 이전 장에서 언급된 것처럼, 디지털 사회의 소비자 수는 크게 늘어나고 있다. 온라인 소셜 네트워크의 사용은 특정하고 개별화된 목표를 달성하기 위해 소비자를 함께 연결하는 출발점인 콘텐츠와 정보 분류, 그리고 커뮤니케이션을 위한 것이다. 같은 특징, 성격 또는 개인 브랜드를 공유하는 소비자들은 상호 관심을 갖고, 함께 모이고, 좋은 관계를 형성하는 경향이 있다. 상호 관계는 '관련성'을 의미하며 두 당사자 사이에 공유된 가치로 인도하는 주요한 요인이다.

과거에는 관심사나 칭찬에 대한 개인적 느낌을 지금처럼 공개적으로 쉽게 표현하고 체계적으로 기록할 수 없었다. 하지만, 가상 세계가 효과적인 개인 식별 시스템을 갖춘 현실 세계임을 생각해 본다면, 특히 온라인 소셜 네트워크를 통해 소비자 행동이 디지털 모바일 장치의 사용으로 기록될 때, 사람들은 서로 알지 못한 상태에서 접촉하고 더 가까워질 수 있다. 페이스북에 "좋아요" 버튼을 클릭하거나 포스퀘어를 통해 좋아하는 장소에 체크-인 하는 행동들은 자기 이미지를 촬영하는 행위(셀피; 스마트폰이나 웹 카메라 등으로 자신의 얼굴을 촬영해 SNS에 올리는 행위)로 이미지 마이닝image-mining같은 첨단 기술을 이용하면 쉽게 연결할 수 있다. 그것은 소비자들이 좋아하는 것과 관심을 보이는 것을 알려준다.

지난 3개월 동안 온라인 구매를 한 적이 있다고 말한 응답자들

	세계 평균	미국	영국	독일	일본	인도	브라질	러시아	중국	남아프리카 공화국	나이지리아
전자제품	77%	83%	84%	90%	53%	79%	86%	71%	96%	60%	65%
가전제품	59%	46%	65%	58%	41%	67%	70%	62%	83%	41%	52%
가정용 가구	53%	56%	65%	66%	53%	59%	48%	43%	65%	34%	30%
패션 및 의류	76%	87%	85%	88%	66%	84%	75%	64%	97%	47%	65%
스포츠 및 아웃도어	52%	56%	53%	66%	36%	52%	49%	51%	78%	35%	35%
미용 제품	57%	50%	56%	62%	48%	68%	59%	53%	85%	41%	45%
가정용품	45%	36%	48%	40%	41%	60%	35%	36%	84%	31%	35%
식료품	45%	26%	60%	36%	68%	52%	29%	31%	90%	31%	30%
장난감, 어린이 및 아기	49%	48%	53%	49%	32%	61%	47%	44%	75%	38%	34%
티켓	64%	74%	69%	63%	43%	79%	65%	51%	71%	69%	47%
음악 및 게임	62%	74%	75%	66%	46%	65%	62%	43%	69%	64%	57%
도서	73%	82%	82%	80%	65%	70%	75%	52%	89%	64%	71%
서비스	76%	80%	76%	77%	63%	82%	70%	63%	87%	79%	80%

■ 〉75%가 온라인 범주로 구입했다.   □ 50%-75%가 온라인 범주로 구입했다.   ▨ 50% 미만이 온라인 범주로 구입했다.

출처: A.T. Kearney Connected Consumer Study

그림 117

위의 판매량은 브랜드와 소비자가 브랜딩 4.0시대 규칙 3에 따라 관계를 맺는 공유가치 네트워크의 결과를 보여준다. 흥미로운 것은 네트워크 간 연결 가능성인데 이는 소비자들이 하나 이상의 관심사(가치)를 가짐으로써 많은 네트워크에 속할 수 있다는 것을 의미한다 (소비자들은 제품이나 서비스가 아니라 개성 때문에 네트워크에 연결한다).

전자기기를 사랑하는 소비자들은 가전제품을 사랑하는 소비자들이 가구 및 실내 장식에서 관심을 갖는 이벤트뿐만 아니라 패션 제품도 사랑하게 될 것이다(전자기기를 사랑하는 소비자들이 관련성을 목격했을 때). 이러한 모든 일이 발생하는 이유는 소비자들이 일상생활 주변의 것들과 관계를 연결하고 개인적인 맞춤(개인 브랜드)을 만족시키기 위해, 그들을 조합하기 때문이다. 브랜드 관점에서 그러한 관련성은 경쟁이 아니라 소비자와 다른 브랜드가 협업하여 엄청난 기회가 되는 것이다. 이러한 협업은 멋진 브랜드 행동과 장기적인 관계를 가져온다.

한 가지 흥미로운 사례는 애플과 나이키 같은 세계적인 브랜드의 협력이다. 이들의 연결은 '운동은 일상생활의 일부이며 좋아하는 노래를 들으면서 운동하면 훨씬 더 좋다'라는 애플의 아이디어에서 출발했다. 같은 방식으로, 운동에 중점을 둔 나이키는 사람들이 운동하는 동안 더 즐겁고 행복하도록 장려하는 방법을 찾고 있다.

두 브랜드의 관계를 고려하면, 더 많은 비즈니스 기회가 만들어지고 서로의 필요를 보완해준다. 그러한 협력은 '공동 브랜딩'으로 알려져 있다 – 기술 전문가는 더 많이 운동할 것이고 '운동하는 사람'은 기술을 자신의 운동에 통합시킬 것이다. 그러한 결합은 그들이 네트워크를 확장할 때 애플과 나이키를 모두 이롭게 한다.

또한 애플은 브랜드 의인화 개념에 상응하는, 스타벅스와 연결을 구체화했다. 간단한 질문은 "애플이 남자라면 어떤 커피를 마실 것인가?"이다. 그러한 관련성은 브랜드의 가치 있는 행동을 소비자에게 제공한다. 애플 신봉자가 스타벅스 커피를 구매할 때 애플로부터 아이튠 스토어를 통해 음악을 무료로 내려받을 수 있는 'Song of Day' 티켓을 받게 될 것이다.

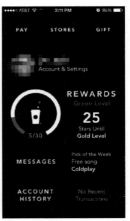

그림 118

우리가 일하거나 쉴 때와 상관없이 기술이 우리의 일상 속에 있다는 것을 고려하면, 커피를 마시는 동안 디지털 모바일 장치를 통해 음악을 듣는 것이 동시에 가능하다. 따라서 애플과 스타벅스는 기술 애호가와 커피 애호가의 공유 가치 사이에 새로운 연결을 구축한다. 그 결과 애플은 스타벅스의 매우 큰 네트워크에 접근 할 수 있으며, 스타벅스의 경우도 마찬가지이다. 이것은 애플이 자체적인 커피 비즈니스를 할 수 있고, 스타벅스도 자체적인 디지털 모바일 장치 비즈니스를 할 수 있다는 것을 보여준다.

전반적으로 애플의 행동을 연구하면, 애플은 기술을 선호하고, 일하면서 커피마시는 것을 좋아할 뿐만 아니라, 기술을 보완재로 가지면서 운동을 좋아하는 사람으로 인식할 수 있다. 이것이 애플 브랜드의 라이프 스타일이다.

그러한 행동은 피상적으로 고려하면 한 사람의 일과에서 일부에 불과할 수 있다. 사실, 비즈니스 관점에서 소비자의 공유 가치는 특히 브랜드가 살아있고 비즈니스 관리의 중심인 시대에서, 강력한 그룹을 형성하고 효과적인 시장 확장을 가능하게 할 것이다. 브랜드는 자체 소비자 그룹 내에서 관계를 만드는 것에 초점을 두는 대신에 공유가치의 공동 네트워크가 발생하도록 도움이 되는 타 브랜드와 협업을 꾀할 수 있다. 이것은 브랜드 네트워크를 빠르고 강력하게 확대할 것이다.

브랜딩 4.0시대에 소비자들은 자신의 정체성과 관련된 자신이 원하는 것과 자신의 인생 여정이 무엇인지를 적극적으로 표현한다(따라서 브랜드는 여정에 접근하여 소비자 관계를 디자인할 수 있다). 소셜 네트워크를 통해 추적 감시할 수 있도록 훌륭하게 관리된 데이터는 소비자와 관련되도록 브랜드를 효과적으로 지원할 것이다.

2 자기 창의성

데이터의 유입 또는 소위 빅 데이터는 정말로 필요한 정보를 분석, 분리하거나 접근하는 것을 어렵게 만든다. 마찬가지로 소비자들도 정보를 받을 수 있는 능력이 제한된다. 소비자들은 타인이 자신의 개인 데이터에 접근하지 못하도록 방화벽을 설치할 수 있다.

현 시대에 진부하고 현실적인 이야기들은 더는 소비자의 시선을 끌 수 없다. 분명한 것은 소비자들이 자신만의 개인 브랜드를 만들 수 있으며, 그들은 온라인과 오프라인 세계에서 자신의 정체성을 표현할 수 있는 어떤 것이나 자기 자신에게 더 집중한다는 것이다. 그러한 간극을 고려하더라도, 브랜드는 '자기 창의성'을 사용하여 소비자 세계에서 점유할 수 있는 공간을 여전히 갖고 있다.

디지털 모바일 장치의 엄청난 발전으로, 소비자들은 스토리, 정보, 일상에서 일어나는 흥미로운 사건을 기록하고, 네트워크를 통해 그것을 전송하며, 개인화된 스타일로 창의적인 요소를 부가한다(개인 브랜드 개념에 해당). 소비자 공간에 접근하기 위하여, 브랜드는 소비자들에게 평범하지 않은 창의적인 방법으로 자신을 보여주려고 노력한다.

자기 창의성은 중요한 요소이다. 그것은 커뮤니케이션을 지원할 뿐만 아니라 브랜드와 소비자간 그리고 소비자들 사이의 공동 창출을 촉진하여, 소비자 대 소비자의 기본 메커니즘으로 공동 창출을 이끌 수 있다.

"Share a Coke" 또는 누군가에게 콜라를 주자는 캠페인은 인정받고 개인화하려는 인간의 기본 욕구에 기초하여 만들어진 것이다. 코카콜라는 자기 자신의 '이름'이나 특별한 관계 지위, 예를 들어 남편, 부인, 형제, 자매가 캔에 인쇄되도록 허용함으로써 개인 공간을 만들어 주었다. 그것은 온라인 소셜 네트워크를 통해 매우 빠르게 확산되고 있다. 소비자들이 자기 자신의 이미지를 코카콜라 캔과 병에 제시한다. 이것은 개인화된 커뮤니케이션을 아주 잘 반영한 것이다. 코카콜라의 내부 창의성은 새로운 경험을 가져다주는 것으로, 청량음료 브랜드 가운데 어느 곳에서도 시도한 적이 없었기 때문에 그 당시 가장 많이 회자되는 캠페인이 되었다.

그러한 성공은 청량음료 자체가 아니라 코카콜라의 진정한 본질을 반영한, 차이와 창의성을 보여주는 브랜드 행동에서 비롯되었다. 자주 언급되지만, 자신의 정체성을 창의적으로 반영할 수 있는 브랜드는 차별화되고 탁월해지며, 다른 브랜드가 친구가 되고 싶어 한다.

내부 창의성을 보여주는 또 다른 사례 연구는 한국의 대중음악인 강남스타일이다. 노래하고 춤추는 뮤직비디오는 온라인 네트워크를 통해 전 세계로 급속하게 퍼졌으며, 그 외에도 소비자들의 커뮤니티를 통해 뮤직비디오와 춤을 모방하는 다양한 형태로 광범위하게 복제되었다.

강남스타일은 하루아침에 세계적으로 유명해졌으며 현재 뮤직비디오의 다시보기는 24억 회에 이른다. 이 전략은 한국 음악 산업의 성공을 반영하며 그러한 사건들은 브랜딩 4.0 시대에 커뮤니케이션의 힘을 보여준다. 브랜드는 외부 영향이 아닌 내부 영향으로부터 차이가 만들어진다는 것을 이해하고 이에 집중해야 하며, 그렇게 하면 예상치 못한 성공을 거둘 수 있다.

그림 119

차이와 창의성에 대한 마케팅 담당자의 지속적인 강조에도 불구하고, 부분적으로(특별함을 제공하는) 자기 브랜드를 찾기보다 소비자 욕구에 초점을 맞춘 마케팅 전략 때문에 일부 한계가 브랜드의 창의성과 차별화를 방해한다. 브랜딩 4.0시대에 성공으로 이끄는 것은 혁신적인 마케팅 전략을 파악하려는 시도가 아니라 이전에 어느 누구도 경험하지 못한 브랜드 인격의 명확한 표현이다. 내부의 창의적인 행동은 브랜드의 차이를 만들고 브랜드의 가치를 높이는데 도움을 주기 때문에 브랜드에 매우 중요하다.

자기 창의성은 비즈니스와 관련성 여부를 떠나(브랜드의 특별함이 다른 브랜드와 비경쟁적으로 만들기 때문에) 브랜드를 두드러지게 만들고, 그러한 두드러진 품질을 대중에게 전달한다.이것이 브랜드를 의인화한다. 차별화는 브랜드가 소비자에게 연결되어 결국 친구가 되도록 지원하고, 브랜드의 하위 범주인 광범위한 비즈니스로 발전할 수 있도록 공유 가치를 낳는다.

세계적인 브랜드 구축 전문가 데이비드 아커David Aaker 교수에 따르면, 하위 범주는 다른 브랜드보다 우수한 브랜드를 만드는 것이 아니라, 소비자가 동일한 범주에 속하지 않는 다른 브랜드들을 무시하게 만든다. 이는 소비자들이 제품을 같은 범주로 고려할 만한 연관성을 거의 찾지 못하기 때문이다. 다른 한편으로 경쟁업체는 그 브랜드가 수행한 것을 따라갈 수 없다 (브랜드와 소비자간 공유된 특별한 가치를 고려할 때).

테슬라의 전기 자동차Tesla's electrical vehicle
애플의 아이패드Apple's iPad
세그웨이Segway

자기 창의성은 한 브랜드와 다른 브랜드를 구별하는 데 도움이 된다. 자기 창의성은 소비자들이 브랜드의 진정한 가치를 깨닫게 해준다. 따라서 소비자가 자기 주변의 것들에 관심을 덜 가지는 시대에는 그 모든 것이 비슷하게 보인다.

수력전기   아이패드   세그웨이

그림 120

　자기 창의성은 브랜드가 소비자로부터 지속해서 충분한 관심을 받도록 보장해주는 중요한 특징이다. 소비자 인식이 브랜드의 커뮤니케이션과 행동으로 포착될 때, 관계 구축은 어렵지 않게 된다. 브랜드와 소비자 사이에 공유된 가치의 차이는 비즈니스에서 더 큰 발전(가치를 시장가치로 바꾸면서)으로 이어질 것이다. 브랜드는 타 브랜드와 경쟁할 필요가 없으며 소비자에게 유일한 선택이 될 것이다. 치열하게 경쟁하는 디지털 시대에 경쟁 없는 성공은 최고의 전략 중 하나이다.

3 적응성

세계는 빠르게 변화하고 있으며 디지털 모바일 장치의 발명으로 더욱 가속화되고 있다. 디지털 모바일 장치를 통한 온라인과 오프라인 세계의 연결로 스토리와 정보는 더욱 신속하고 효과적으로 업데이트되고 있다. 현재 지구촌 어느 한 곳에서 일어난 어떤 사건이 눈 깜짝할 사이에 속보가 될 수 있다. 다시 말하자면, 인터넷 시스템에 연결된 소비자들은 언제 어디서든 신속하게 업데이트된 현재 정보를 볼 수 있다. 그들은 온 세상을 자신의 손바닥처럼 실시간으로 들여다볼 수 있는 것이다.

소비자들이 소비하는 정보는 이러한 출처(뉴스 출처, 사고의 장면, 관련 인물)로부터 또는 재(再)게시와 같은 바이러스성 마케팅을 통해 다른 소식통에게서 직접 온다. 뉴스 출처는 앞서 정보를 받은 누군가(아마도 많은 사람)에게서 온다. 일반적으로 재(再)게시는 재(再)게시자의 관점으로 정보와 다양한 사건을 제시하는 것이다. 재(再)게시자의 네트워크가 넓으면 넓을수록 정보는 더 빨리 퍼진다.

디지털 사회에서 소비자들은 뉴스와 함께 자신도 계속 업데이트해야 한다. 소비자들은 그러한 뉴스나 정보의 출처가 아닐지라도 자신의 네트워크에서 뉴스를 전달하는 최초의 사람이 되고 싶어 한다. 그러한 바람은 인정을 받거나 개인적 욕구를 충족시키는 중요한 요인이 된다. 그래서 소비자들은 뉴스나 사건을 가능한 한 빨리 그리고 신속하게 제시할 수 있는 정보원(原)과 브랜드에 연결해야 한다. 정보는 정확하고 재미있어야 한다(그것은 사회의 공유 가치이다). 이러한 측면은 소비자들이 브랜드 협력자로부터 기대하는 것이다.

브랜드가 소비자 인지에서 공간을 차지하려면 지도자나 중요한 정보원(原)이 되는 것이 필수적이다. CNN이나 BBC 같은 세계를 선도하는 커뮤니케이션 조직들을 포함한 몇몇 브랜드는 세계의 모든 사건에 자신을 적응시키고 신속하게 대응하기 위해 그들의 지위를 전문적인 '미디어 회사'로 변화시키기 위한 전략을 찾고 있다. 그들은 실제 정보에 접근할 수 있는 역량과 능력이 더는 단일

미디어 조직에 국한되지 않고, 새로운 디지털 모바일 장치를 통해 소비자들(다른 브랜드들뿐만 아니라)에게 확산되었음을 깨닫고 있다. 그래서 그들은 소비자 욕구를 따라잡기 위한 전략에 고심하는 것이다.

소비자 사회의 존재와 참여를 보여주는 또 다른 사건은 동성 간의 결혼이다. 많은 세계적인 브랜드가 동성결혼 법안의 통과를 축하했다. 법안이 통과되자마자 브랜드들은 무지개 깃발을 장식한 변경된 로고로 자신들의 평등성을 보여주었다.

그러한 상징적인 행동은 온라인 세계에서 재현, 복사, 확산되고 공유되었다. 브랜드가 신속하게 행동을 취할수록 더 많은 관심을 받을 수 있다. 하지만 트렌드를 나중에 따라간 브랜드들은 그 이슈가 시들해져 대중의 관심에서 멀어질 수 있다. 정보에 즉각적으로 반응하고 주요 이슈에 빠르게 적응하는 것은 소비자로부터 인정받는 브랜드 행동 중 하나이다.

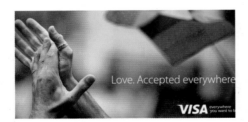

그림 121

적응 능력은 하나의 특정 상황이 아니라 언제나 자신이 적응시키는 것을 의미한다. 그러한 능력을 갖추면, 브랜드는 소비자들로부터 더 많은 인정을 받게 된다. 예를 들어, 세계에서 가장 큰 검색 엔진 구글은 국제적인(또는 심지어 지역적인) 현재의 사건에 대한 최신 정보를 받고 있으며, 주요 사건을 설명하기 위해 구글 로고로 만들어진 간단한 그림 'Doodles

(두들-기념일 로고: 구글이 유명인 탄생이나 역사적인 사건을 기념해 만든 일시적인 로고 디자인)'을 만들었다. 구글 검색 페이지에 들어가면 그것(두들)을 볼 수 있다.

그러한 개념은 움직임, 의인화, 정보에 접근 같은 브랜드와 소비자의 공유된 특징을 반영한다. 세상이 어떻게 변화더라도, 구글은 모든 트렌드와 사건을 따라잡고 모든 정보를 업데이트할 수 있다. 세계의 중요 사건뿐만 아니라 개인적 수준의 사건에도 초점을 맞춘다. Doodles는 더욱 개인 맞춤이 될 수 있다. 예를 들면, 누군가에게 감동을 주고 관계를 강화하기 위해 생일 축하 메시지를 보낼 수 있다.

그림 122

뉴스와 정보에 대한 즉각적인 개입은 세계의 사건들을 업데이트하기 위한 출발점이다. 브랜드 행동은 커뮤니케이션 측면에만 초점을 맞추지 않고 브랜드가 자기만의 스토리텔링을 제공하고, 개인적 공간을 만들고, 항상 주류 언론에만 의존하는 것 대신에 소비자 데이터에 접근하는 것을 의미하는 진정한 '미디어'가 되기 위해 브랜드의 지위를 개선하는 데 집중한다.

과거에는 커뮤니케이션이 제한된 예산과 커뮤니케이션 채널 때문에 광고와 홍보에 관한 것이 전부였다. 하지만 디지털 사회의 출현으로 그러한 한계가 사라졌다. 브랜드는 사회적 현상에 관심을 기울이는 제공자로서 행동하고 스토리를 자발적으로 제시할 준비가 되어 있어야 한다. 그러한 습관과 행동은 브랜드가 소비자와 친구가 되는 것을 쉽게 한다.

4 자문 가능성

디지털 모바일 장치를 통해 정보에 대한 접근은 어디서나 가능하지만 많은 데이터에 뛰어들어 필요한 정보를 얻기란 매우 어렵다. 이것이 소비자에게 큰 문제가 된다. 일반적으로 소비자들은 정보를 검색하는 출발점으로 구글이나 야후와 같은 검색엔진을 사용한다. 그 경우 소비자들은 다양한 출처로부터 엄청난 양의 관련 정보를 만나게 되지만, 이리저리 출처를 옮겨 다니다 보면 왜곡된 정보를 전달받게 될 수도 있다. 가장 중요한 것은 그 정보가 사실인지, 의견인지, 최신 인지, 오래된 것인지를 확인할 수 없다는 것이다.

마지막으로 소비자들은 그러한 정보를 토대로 결정을 내릴 수 없어서 결국 그 정보는 쓸모없게 된다. 목적이 무엇이든 소비자는 의사결정을 내리기 전, 신뢰할만한 출처를 찾아 필요한 정보를 확보하려고 노력한다.

온라인 소셜 네트워크에서 신뢰할만한 출처란 조언이나 관련된 경험을 제공해줄 수 있는 신뢰하고 믿을 만한 친구를 의미한다. 간단히 말해서, 브랜드는 우리의 공통 관심사와 관련된 정보를 편집하고, 분류해서, 추가적인 행동과 의사결정을 쉽게 하도록 모든 정보를 개편하여 구체적인 정보원으로서 역할을 한다.

훌륭한 정보 출처는 사실과 의견을 분리할 수 있으며, 의사결정을 쉽게 하도록 일부 유용한 의견과 비판을 제공해줄 수 있다. 소비자들은 당연히 최고의 정보원과 좋은 관계를 형성할 수 있다.

소비자 행동은 브랜딩과 비즈니스에 상당한 영향을 미친다. 이전에 브랜드의 마케팅 전략은 주로 제품이나 서비스에 초점을 두었지만, 지금은 제품과 브랜드를 넘어 폭넓고 깊이 있는 정보를 제공하는 전문가의 위치로 옮겨가야 한다. 브랜드는 소비자에게 최고의 제품을 설계하고 제시하기 위해 브랜드의 스토리에 데이터와 경험을 함께 연결해야 한다. 그러한 행동은 브랜드의 역할을 제품 판매나 판매 담당자에서 판매 컨설턴트로 전환한다.

세계적으로 유명한 스웨덴의 가구 브랜드 이케아는 가구를 판매할 뿐만 아니라 가정의 일상생활을 이해하고 있다. 그들은 '집을 가정으로 만들기'를 위해 소비자들이 원하는 모든 것을 제공할 수 있으며, 집을 더 살기 좋게 만들기 위한 조언도 제공한다는 명확한 관점을 제시하고 있다. 이케아 제품 정보는 아주 간단하며, 스스로 이케아 가구를 만들어야 하는 이유와 모든 부품을 단계적으로 어떻게 조립하는지를 설명하기 위해 고객에게 브랜드의 근거와 구조를 제공하는, 분명한 참조를 하고 있다(디자이너 이름 명시). 소비자들은 단 한 가지 필요에 의해서(이케아에 대한 사전 지식 없이) 이케아를 찾아올 수 있지만, 돌아가는 길에 브랜드 이케아와 소비자 사이의 관계가 형성되기 때문에 자신의 의사결정에 더욱 확신을 하게 될 것이다.

그림 123

또 다른 흥미로운 사례는 세계 최대 여행자 사이트인 *TripAdvisor.com*이다. 일반적으로 여행은 사전 경험이 없는 곳을 방문하는 것을 의미하기 때문에, 여행을 계획할 때 얼마나 많은 어려움이 있을지 이해하는 것이 중요하다. *Tripadvisor*는 소비자들이 의사결정을 위해 무엇을 필요로 하는지를 알고 있다. 예를 들어 우리는 처음에 가고 싶은 장소와 호텔에 대한 대략적인 생각만 갖고 있지만, 이 사이트의 추천으로 유명 레스토랑이나 왕복 픽업 서비스 등 더 많은 것을 알게 된다.

그러나 가장 중요한 측면은, 리뷰를 통해 이전의 경험을 공유하는 소셜 네트워크상의 친구의 친구 같은, 제삼자의 경험을 참조할 수 있다는 것이다. 이러한 경험에 대한 공유는 디지털 사회의 또 다른 디지털 활동으로 소비자들에게 여행에 대한 자신감을 북돋아 준다. 여행을 계획하고 있다면 누구나 쉽게 TripAdvisor.com에서 필요한 모든 정보를 얻을 수 있다.

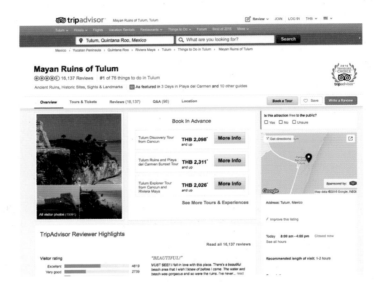

그림 124

브랜드가 전문가이자 유용한 정보 제공자가 되는 것은 소비자들이 바라는 행동이다. 다시 말해서 어려울 때 친구가 진정한 친구다. 브랜드는 제품 판매에 초점을 두는 것이 아니라, 그들이 소비자를 더 잘 이해하고 도울 수 있다는 이미지를 만들어내야 한다.

브랜드는 또한 소비자들이 전문적인 서비스와 친구로부터 얻을 수 있는 것과 같은 성실한 조언을 얻을 수 있도록, 처음부터 끝까지 각 소비자 욕구에 맞는 명확한 맞춤 서비스를 제공해야 한다. 그것이 가능해졌을 때, 브랜드 가치는 상당히 증가할 것이다. 소비자가 브랜드를 신뢰하고, 브랜드의 조언에 귀 기울이면, 제품의 판매나 서비스가 훨씬 더 쉬워질 것이다.

　브랜드를 정통하고 식견이 높은 출처로 만들기 위해, 커뮤니케이션은 브랜드와 소비자간 상호 이해를 보장하는데 중요한 임무를 수행한다. 언급한 것처럼, 현재 커뮤니케이션은 식견이 높은 전문적인 조언자로 입장을 포지셔닝해서, 더 적극적인 커뮤니케이션(소비자들이 제품을 사용한 후 문제가 있을 경우 핫라인 서비스가 제공되는, 수동적인 커뮤니케이션이 선호된, 과거와 다른)을 채택하는, 브랜드의 하나의 제품이다(먼저 가치를 판매한 다음에 시장가치로 전환하는 개념과 일치함).

　정보 제공자 측면에서 브랜드에 대해 깊은 지식과 폭넓은 이해를 가진 간부들이 브랜드의 강점을 강화시킬 것이다. 이것이 브랜드를 소비자에게 신뢰할만한 조언자가 되도록 만드는 열쇠이다.

5 투명성

디지털 사회는 정보에 대한 접근을 더욱 쉽게 했지만, 그 반면에 개인 공간을 사라지게 했다. 마크 저커버그Mark Zuckerburg가 "프라이버시의 시대는 끝났다"고 선언한 것처럼 우리의 개인 데이터는 더 많이 노출되고 있다. 전에는 정보와 지식이 비즈니스 세계에서 차이를 만들 수 있었지만, 현재는 모든 사람이 정보를, 심지어 개인 데이터까지 무료로 쉽게 접근할 수 있게 되었다.

그것은 우리가 정보 유출 시대에 산다는 의미가 아니라 우리 스스로 자신의 개인 데이터를 대중에게 공개하고 있음을 의미한다. 우리가 우리 이야기를 디지털 사회에 노출하면 할수록 우리의 개인정보는 더 많이 퍼진다. 이 상황은 소비자에게 일어날 뿐만 아니라 브랜드가 자신을 더 많이 밝히라고 요구하기도 한다.

상기와 같은 이유로, 투명성과 정직이 브랜드와 소비자간 관계구축의 핵심이 된다. 소비자는 브랜드의 제품과 서비스뿐만 아니라 그것의 전체 스토리를 알고 싶어 한다. 그 이유는 정보 제공이 많을수록 소비자의 의사결정을 쉽게 하기 때문이다. 브랜드는 생활과 비즈니스 관점에서 자신의 이야기를 전달해야 한다. 진정한 자기 표출은, 특히 제품, 서비스, 비즈니스 공정과 직접 관련된, 비즈니스 진실에 관해서는 브랜드가 소비자에게 책임감과 정직을 보여줄 의무가 있다.

모든 것이 연결된 세계에서, 석유산업은 소비자와 더 가까워지는 경향이 있다. 세계를 선도하는 석유가스 운영 업체 쉐브론은 진정으로 이 점을 깨닫고 있다. 소비자들은 사용자 수준 이상으로 석유 사업 스토리를 알고 싶어 한다. 따라서 쉐브론은 지속 가능성 보고서에 비즈니스와 브랜드에 직접 관련된 정보를 밝히고 있다. 이것은 모든 국내외 팀의 안전에 대한 브랜드의 관심을 분명히 보여준다. 동시에 환경보존의 중요성을 보여준다(기름 유출의 양을 줄이기 위한 노력과 같은). 또한 쉐브론은 경제, 건강, 교육, 자원봉사와 같은 다양한 측면에서 자신의 비즈니스와 관련 있는 커뮤니티에 대해 우호적인 관심을 갖고 있다. 그 사실에서 알 수 있듯이 쉐브론은 모든 이해당사자를 배려한다. 쉐브론은 정보를 성실하게 밝힐 뿐만 아니라 참여와 협업을 창출한다. 쉐브론의 행동은 에너지 비즈니스 변화와 관계없이 쉐브론이 계속해서 살아남게 될 증거들이다(이 브랜드는 여전히 강력하다).

그림 125

스타벅스도 커피 이상의 것을 제공한다는 것을 소비자에게 확신시켜준다. 그들은 진실하게 자신의 스토리를 드러낸다. 왜? 스타벅스는 적당한 때에 품질 좋은 커피콩을 선정하는 것에서부터, 공정 거래를 시작하여 현지 커피 재배업자를 지원하고, 커피콩의 품질을 유지하기 위하여 훌륭한 물류 시스템을 관리하고, 최고의 커피를 제공하기 위하여 바리스타를 감독하는 것까지, 그들의 모든 이해당사자를 고려하고 있다. 스타벅스 직원들은 회사의 전체 이야기를 알고 있으며, "한 번에 한 컵One Cup at a Time" 슬로건에 따라 각 커피 한잔에 가치를 더하기 위하여 소비자에게 이것을 알리고 있다. 브랜드 이야기를 공개한 후, 소비자들은 스타벅스의 정직성을 느끼고 풍요로운 경험으로 그것을 받아들인다. 이것이 스타벅스를 세계적으로 유명한 브랜드로 만들었다.

Starbucks is not a coffee company that serves people.
It is a people company that serves coffee.

그림 126

정보 공개의 목적은 단순히 이미지를 만들거나 완벽함에 도달하기 위한 것이 아니라 소비자와 친구가 되어 자신을 의인화하는 데 있다. 이러한 사명은 제품을 판매하거나 즐거운 이미지를 만드는 것뿐만 아니라 모든 절차에 대해 더욱 세심한 주의를 기울이며, 브랜드 개발의 이유와 까닭을 제시하고, 모든 각도에서 자기 정체성을 반영하여, 소비자들에게 좋은 의도를 나타내려는 것이다. 과거에는 브랜드 이야기를 공개하는 것이 복제품을 방지할 필요성(생산 원천이 알려진 경우 위조가 더 쉬웠다)이나 가격을 규제할 필요성(총 원가가 알려지면 가격 규제는 매우 쉽게 이루어질 수 있다) 등 몇몇 요인 때문에 쉽지 않았다.

현재 브랜딩 4.0규칙에 따라, 경쟁자들이 브랜드의 제품은 모방할 수 있지만, 브랜드가 만드는 네트워크(연결 및 관계)를 소유할 수는 없다.

세계적인 럭셔리 브랜드 루이뷔통을 예로 들어보자. 모조품에 대한 욕구는 루이뷔통이 얼마나 필요한지를 나타내고, 진품을 가지고 다니는 것은 소비자에게 가치를 증가시킨다는 것을 의미한다(널리 퍼진 모조품 때문에).

이는 비즈니스 프로세스만을 고려할 경우, 누구든지 제품을 모방할 수 있지만 브랜드의 모든 가치(공유된 가치와 특별한 가치)를 살펴볼 경우, 모조품은 브랜드의 피상적 수준에서만 행해질 수 있음을 나타낸다.

정직과 투명성은 특히 브랜드가 예기치 않은 공격을 받을 때 브랜드 입장을 보호하고 지지할 뿐만 아니라 브랜드 가치도 올릴 수 있다. 브랜드가 더 많은 정보를 공개할 때, 브랜드를 정말 잘 아는 소비자들은 브랜드에 대해 더 확신을 하고 지지하려고 노력할 것이다. 소비자는 어느 브랜드가 더 좋은지 잘 알고 있다.

브랜드가 소비자를 제품이나 서비스 사용자로 보지 않고, 브랜드와 공통된 경험을 가진 친구 관계를 형성하면, 어떤 문제나 실수가 발생했을 때 소비자는 공감과 지원을 표현하게 될 것이다. 투명성과 정직은 어떤 상황에서도 브랜드의 중요한 방패로 브랜드 입지를 강화시켜 준다.

6 편안함

정보 과부하와 과잉 경쟁의 시대에 소비자는 일과 삶 또는 사회문제 같은 많은 스토리를 알 수 있다. 디지털 모바일 장치는 정보 수신을 가속화하고 복잡하게 만들면서, 커뮤니케이션과 활동에서 더 중요하고 핵심적인 역할을 한다. 끈임없이 유입되는 상당량의 정보를 이해하고 분석하는 것이 우리를 스트레스받게 하고 걱정스럽게 만든다. 디지털 사회에서 더 경쟁적인 작업 스타일 역시 또 다른 문제이다. 이러한 것들이 소비자들에게 자신을 위해 '행복과 즐거움'을 찾을 수 있는 공간을 찾도록 설득하는 요인이 된다. 그들은 편안하고, 미소 짓고, 웃고, '기분 좋게' 만드는 스토리를 찾는다.

그러한 이야기들은 주변 사람들이나 그들이 따르는 어떤 커뮤니케이션 채널에서 올 수 있다. 커뮤니케이션 수단은 고객을 더 행복하고, 더 편안하고, 그리고 그들이 찾고 있는 근본적인 것 즉 웃음을 터트리도록 해야 한다. 소비자들은 그러한 채널을 볼 때마다 기분이 좋아진다는 것을 깨닫기 때문에 그러한 스토리에 애착을 느낀다. 이것을 친구 관계와 비교하면, 우리는 항상 우리의 욕구를 이해하고, 들을 준비가 되어 있거나, 유용한 조언을 해주는 사람들과 어울린다. 가장 중요한 것은 만나고, 말하고, 상호작용할 때마다 기분이 좋아진다는 것이다.

과거부터 현재까지, 고객이 편안해하는 브랜드는 엔터테인먼트 비즈니스와 관련이 있다. 그러한 비즈니스는 비즈니스를 하는 핵심 요소가 소비자에게 행복과 편안한 느낌을 제공할 수 있기 때문이다.

디즈니, 특히 디즈니랜드는 모든 세대가 가장 많이 이야기하는 또 하나의 브랜드이다. 소비자들이 어떤 한계도 없이 상상의 세계로 빠져드는 특별한 경험을 만들려는 의도와 함께, 각 캐릭터를 통해 자신의 상상력을 펼치고, 그것을 살아있는 것 같이 만드는 능력이 소비자가 현실 세계의 모든 스트레스를 잊게 만든다. 디즈니랜드는 어린이를 위한 장소일 뿐만 아니라 성인들도 모든 스트레스와 걱정을 떨쳐버리고 자신만의 작은 세계로 돌아가는 추억의 순간을 가질 수 있다. 틀림없이, 디즈니랜드를 경험한 대부분의 어린이(그리고 성인들)는 적어도 한번은 그곳으로 돌아가고 싶어 할 것이다.

그림 127

맥도날드는 패스트푸드 비즈니스를 넘어 스스로를 제시하는 또 하나의 브랜드이다. 그들은 메뉴(Happy Meal), 장난감, 분위기, 장식에 이르기까지 제공되는 다양한 활동을 통해 소비자들을 미소짓도록 행복하게 만들 수 있다. 소비자들은 매장에 올 때마다 편안해질 수 있다는 것을 잘 안다. 패스트푸드 비즈니스가 영양 면에서(미국인들의 비만을 유발) 다소 부정적인 이미지를 가질 수 있지만, 이것이 맥도날드와 모든 연령 및 성별 소비자 사이의 관계를 평가 절하할 수는 없다.

그림 128

재미와 행복, 즐거움은 모든 브랜드나 비즈니스의 가장 필수적인 요소는 아닐지 모르지만 모든 측면에서 소비자의 관심과 참여를 유도하여 지루한 스토리를 재미있게 바꾸는, 브랜드 커뮤니케이션과 발표 수단이 된다.

버진 그룹의 항공사 버진 애틀랜틱Virgin Atlantic은 비행기의 안전성 시범을 보여준다. 항공기 안전 시범은 더 이상 지루한 스토리가 아니다. Virgin은 안전 시범을 모든 승객의 관심을 끄는 동영상으로 전환하여 비행을 더 즐겁고 편안하게 만들었다. 이는 항공사에 대한 새로운 관점이 만들어지고 회사의 가치를 증대시켰다.

Virgin America Safety Video #VXsafetydance

Virgin America

11,527,996 views

그림 129

위의 사례를 통해 알 수 있듯이, 행복과 편안함을 만드는 것은 소비자와 상호작용하고 친구가 되기 위해 브랜드에 '필수사항'이 되고 있다. 무슨 브랜드이든, 어떤 비즈니스 영역에 속하든, 비즈니스와 편안함을 만드는 것이 장기적인 목표가 되어야 한다. 소비자 행동을 고려하면 브랜드는 자신의 진실한 이야기를 전달하고, 자신의 진실한 정체성을 반영하여, 소비자를 행복하고 편안하게 만들어야 한다. 브랜드는 소비자가 브랜드와 상호작용한 후에 미소 지을 수 있도록 비즈니스와 조화를 이뤄야 한다. 이것이 브랜드 의인화와 행복 창출의 과정이다.

7 책임

어느 시대에나 말과 행동에 책임을 지는 것이 성공의 주된 요소이다. 과거에는 스토리, 관점, 개인 의견을 전달하는 것이 제한된 집단의 사람들에게 도달했고, 실시간 속도로 이행되지 않았다(준비될 수 있는). 그것은 브랜드가 특별한 방식으로 말하거나 행동하기 전에 생각하고 철저하게 숙고할 시간을 갖는 이유이다. 오류가 발생했을 때도 적당한 방법으로 해결할 수 있었으며 손해를 최소화할 수 있었다.

요즘은 과거와 완전히 다르다. 디지털 사회는 정보에 도달하는 능력을 극대화하여, 더 많은 사람이 엄청난 속도로 증가한 정보와 뉴스를 검색하게 했다. 비즈니스의 역할로서, 브랜드로부터의 말과 행동은 많은 사람들과 관련되고 당연히 더 높은 책임이 수반된다.

과거 마케팅은 주로 제품과 서비스에 대한 브랜드의 책임을 언급한다. 이는 대부분 커뮤니케이션과 행동이 제품과 서비스 판매에 관심을 가졌기 때문이다. 브랜드에 대한 가치를 창출하는 것이 더 중요해진 시기에 진입하면서, 브랜드 책임 역시 더 높아지고 있다. 브랜드는 이러한 행동들이 소비자 신뢰와 직접적으로 관련되기 때문에 말하고 행동하는 것에 더 관심을 가져야 한다.

마지막으로 브랜딩 4.0시대의 브랜드 커뮤니케이션과 행동이 브랜드의 수명을 좌우한다. 반면에 제품과 서비스는 그것의 일부이다. 그래서 더 많은 커뮤니케이션과 더 많은 행동이 이루어지면, 브랜드의 책임도 더 커진다. 따라서 브랜드는 말과 행동에 주의를 기울이는 것이 중요하며 특히 진실해야 한다. 진실은 광고만큼 흥미롭지는 않지만, 진실은 결코 바뀔 수 없으며, 브랜드가 반드시 지켜야 할 가치이다.

어떤 것을 전달하는 것은 소비자들에게 약속하는 것과 같다(비록 제품과 서비스와 아무 관련이 없지만). 브랜드의 책임은 소비자들의 책임보다 훨씬 높다는 것을 유념해야 한다. 완벽하게 상호작용하는 커뮤니케이션 채널이 있으면(함께 앉아서 이야기하는 것처럼), 소비자가 브랜드를 팔로우 업하여 책임을 물을 수 있다.

소비자가 브랜드 스토리와 메시지를 인식하는 것을 고려하면, 그들 중 일부는 피상적으로 브랜드에 대해 알 것이다. 이 그룹은 브랜드가 약속한 것을 책임지는 것에 별로 관심이 없다. 하지만 일부 소비자들(특히 브랜드 가치와 연결된 그룹)은 브랜드의 약속을 높게 평가하고 그러한 말과 행동에 대한 브랜드에 책임을 요구할 것이다. 브랜드가 약속을 지키지 못할 경우, 이 소비자들은 과거보다 더 큰 피해를 초래할 수 있는 브랜드에 반대하는 목소리를 높일 것이다. 지금은 소비자들이 실시간으로 빠르게 연결할 수 있는 시대라는 것을 기억해야 한다.

다음의 사례들을 살펴보자.
- 피자 회사가 30분 이내에 배달하겠다고 고객에게 약속할 때.
- 브랜드가 배달되지 않은 소포에 대해 고객으로부터 문의를 받고 3일 이내에 돌려주겠다고 약속할 때.
- 전자제품 회사가 신제품 출시를 약속했지만, 이유를 밝히지 않고 연기하기로 했을 때.
- 섬유회사가 아동 노동자를 고용하지 않겠다고 약속했지만 어떤 사람이 이에 반하는 것을 발견하고 소셜 네트워크에 사진을 올린 경우.
- 패스트푸드 회사가 자사 버거에는 보존 물질이 없다고 했으나 어떤 전문가 (고객으로서)가 그것이 거짓임을 발견한 경우. 매장에서 잘못된 의사소통을 하는 종업원과 고객에 대한 일상적인 이야기조차 소셜 네트워크에서 확대되고 커다란 이야기가 된다.

브랜드가 전달한 것에 책임을 지고 약속을 지키는 것은 브랜드를 직접 대표하는 모든 사람과 관련된다. 브랜드는 모든 부분에서 내부 운영이 브랜드가 소비자와 모든 이해당사자에게 한 약속과 같은 방향으로 조정되고 향하도록, 자신의 견해를 명확히 유지하고 확신할 필요가 있다.

실수나 실패가 발생할 때마다, 브랜드는 사과로 대응하고 가능한 한 빨리 바로잡아야 한다. 해결책은 브랜드 단독으로 또는 다른 도움 및 소비자로부터 협업으로 수행될 수 있다(이것은 소비자들이 이 문제를 해결할 때 기대하는 것을 배울 수 있는 기회이다). 브랜드가 절대 해서는 안 되는 것은 거절하거나, 핑계를 대거나, 특히 거짓말을 하는 것이다. 만약 이런 일이 발생하면 단번에 그동안 쌓아온 신뢰와 관계는 완전히 무너질 것이다.

모든 것이 빠르게 발생하는 디지털 사회에서 실수는 언제든지 일어날 수 있다. 커뮤니케이션을 완벽하게 하려고 노력하는 것은 매우 현실적이지도 브랜드가 살아 있게 만드는 개념과도 부합하지 않는다(그것은 오랜 시간이 걸리기 때문에 계속해서 업데이트될 수 없을 것이다). 그러나 커뮤니케이션과 행동에서 전문적인 설명은 브랜드에 더 많은 이익을 가져다줄 것이다.

브랜드는 진정으로 성공할 수 있도록 브랜드가 믿고 있는 품질과 속도 사이에서 균형을 찾아야 한다. 성공적인 브랜드 역시 소비자들이 브랜드를 신뢰하도록 커뮤니케이션과 실무 능력을 갖춰야 한다. 이것은 브랜드가 소비자와 장기적인 관계를 유지하는 데 매우 중요한 역할을 한다.

8   일관성

"시간이 지나면 알게 될 것이다." 브랜드 전문가와 마케팅 담당자는 항상 브랜드를 만드는 것은 소비자가 브랜드를 흡수하고 인정하는 데 시간이 걸리기 때문에 장기적인 프로세스라고 말한다. 하지만, 지속적인 환경변화가 우리의 관점을 바꾸기 때문에 그러한 표현은 재고되어야 한다. 디지털 사회 시대에 사람들은 디지털 모바일 장치와 함께 훨씬 더 많은 시간을 소비한다.

어떤 행동은 클릭 한 번으로 완료할 수 있다. 이는 소비자(디지털 원주민)가 점차 기다리는 인내심을 잃게 만든다. 다른 한편으로, 디지털 시대에서 브랜드를 알리는데 별로 시간이 걸리지 않는다 – 아마도 하룻밤 사이에 – 과거에는 몇 년이 걸렸다. 분명한 것은 그러한 환경이 브랜딩 과정을 가속화하고 비즈니스에서 더 중요한 역할을 한다.

과거와 달리 살아있는 브랜드 구축의 성공은 시간에만 의존하지 않고, 신뢰받는 브랜드를 만들기 위한 지속적인 표현에 달려 있다. 브랜드는 소비자와 좋은 연결을 만들어 장기적인 관계를 형성할 수 있다.

기본적으로 브랜드 의인화는 소비자의 신뢰를 뒤흔드는 사실과 거짓 스토리가 혼재된 정보가 쏟아지는 시대에서 브랜드를 살아남게 할 것이다. 소비자는 진실한 정보를 찾고 거짓된 정보를 가려내기 위해서 많은 시간을 소비해야 한다. 브랜드는 소비자들의 신뢰를 얻고 장기적인 관계를 구축하기 위해 분명하고 지속적인 방법으로 자신의 관점을 제시해야 한다.

소비자와 '친구' 관계를 유지하는 것은 가능한 모든 채널을 통해 브랜드의 진짜 인격과 정체성을 명확하게 지속해서 전달하는 것을 의미한다. 시간이 지나서 브랜드와 소비자간 관계가 정점에 도달하면, 그 관계는 비즈니스 파트너에서 신뢰할 수 있는 친구로 지위가 바뀌게 될 것이다.

그러한 관계를 달성하려면 앞서 언급한 몇 가지 요소가 중요하다. 적어도 살아있는 브랜드를 유지하는 연속성이, 브랜드가 해왔던 것이 가치 있다는 것을 증명하는 매우 중요한 단계라고 결론지을 수 있다.

Compute 처리장치를 생산하는 세계적인 기업, 인텔은 인텔 CPU가 지능형 프로세싱 시스템이라는 확신을 구축하는데 거의 40년을 보냈다. 처음에 소비자들은 그것이 정말로 지능형인지 궁금해했지만, 시간이 지나면서 소비자들은 인텔 프로세싱 시스템을 갖는 것이 지능의 상징이라고 확신하고 있다. 게다가 인텔은 그것의 기술이 세상을 더 살기 좋고 쾌적한 곳으로 만든다는 개념을 보여준다. 현재 인텔은 세계적인 브랜드로서 관점과 지위를 유지할 수 있다.

애플Apple의 혁신은 세계에서 가장 인정받고 있다. 그리고 자신을 입증하고 가장 위대한 공유 가치를 가진 브랜드로 발돋움하는데 오랜 시간이 걸렸다. 애플의 공동 창업자인 스티브 잡스는 그가 믿는 것을 입증하려고 노력해왔다. 그때 당시 90% 이상의 소비자들이 마이크로소프트Microsoft의 PC를 사용하는 것을 선호했지만, 그 외 소비자들은 점차 애플의 존재와 관점을 인지하면서 마침내 그 브랜드와 연대감을 느끼고, 그 브랜드의 일부가 되었다. 애플은 개인용 컴퓨터를 자신만의 능력과 창의성을 보여줄 수 있는 장치로 바꿨다(과거에 애플은 사용자 친화적이지 않은 것으로 간주되었고, 다른 장치와 연결하기 어려웠다). 분명한 연속성과 노력이 브랜드를 정상에 올려놨고, 소비자 생활의 일부가 될 수 있다는 사실을 확인시켜주었다.

연속성은 소비자 친구들에게 브랜드 행동을 설계하고 만들기 위한 핵심 개념이다. 어떤 행동이든 브랜드는 장수하는 다른 브랜드처럼, 계속해서 정기적으로 그러한 개념을 표현해야 한다. 그에 따라 신뢰와 믿음이 생길 것이다. 브랜드 정체성 상실을 초래하는 몇 가지 요인들이 있을 수 있지만, 브랜드 소유주와 경영진이 관점을 이해하고 믿으면, 브랜드 가치는 아무도 흉내 낼 수 없는 차이를 만들때까지 축적될 것이다.

결론: 소비자에게 좋은 친구가 되기 위한 여덟가지 브랜드 행동

브랜딩 4.0시대에 브랜드는 문제를 파악하고 해결책을 찾는 사람처럼 자신을 제시하고 비즈니스를 창출하는 데 앞장서야 한다. 브랜드 구축의 목적은 단기적이고 피상적인 관계를 만드는 것뿐만 아니라 소비자와 더욱 친밀해지는 것이다. 관계가 얼마나 오래 가느냐는 브랜드가 소비자와 형성한 인격과 행동에 달려있다. 브랜드가 관련성, 자기 창의성, 적응성, 자문 가능성, 투명성, 편안함, 책임, 일관성 등 8가지 지침을 따른다면, 브랜드는 분명히 소비자들의 좋은 친구가 될 수 있다.

브랜드와 소비자의 친구관계는 강력하고 가치 있는 관계이다. 소비자처럼 브랜드도 비즈니스에서 더 많은 마케팅 가치를 창출하는 데 도움이 될 친구를 갖고 싶어 하기 때문이다. 그러나 목표를 달성하려면, 브랜드는 관계를 개선하기 위해 소비자가 브랜드를 통해 생각하고, 느끼고, 기대하는 것을 이해해야 한다. 자기 자신의 삶을 영위하는 것처럼, 관계는 두 당사자가 함께 걸어가야 하는 여정과 같다. 브랜드와 소비자는 서로 더 많이 알고 맞출 수 있도록 서로에 대해 더 많이 배워야 한다. 그 과정에서 이러한 유대관계가 강해지도록, 브랜드는 브랜드를 향한 소비자 인지를 추적 관찰하고 평가해야 한다.

용어 정리

브랜드 행동(Brand Behaviors)

관련성(Relevancy)

공유 가치를 위한 공동 네트워크(Co-network fo Shared Values)

자기 창의성(Self Creativity)

공동 창출(Co-creation)

하위 범주(Sub-category)

적응성(Adapability)

미디어 회사(Media Company)

의인화(Personalization)

자문 능력(Consultability)

판매 대표자(ale representative)

소비자 컨설턴트(Consumer Consultant)

투명성(Transparency)

편안함(Comfortability)

책임(Responsibility)

일관성(Consistency)

8

브랜드 평가 및 감사

브랜드 평가 및 감사

소비자의 시각에서 브랜드 자신을 이해하라

———

브랜드와 소비자의 좋은 관계는 소비자가 브랜드에 대해 갖는 경험의 결과이다.

소비자는 모든 터치 포인트에서 처음 접한 이래 브랜드를 인지하기 시작한다. 생명력 있는 브랜드의 존재를 깨닫고 좋은 관계를 맺기 시작하면 브랜드는 친한 친구의 위치를 유지하기 위해 소비자가 선호하는 개성과 행동을 지키며 그들과의 관계에 주력해야 한다.

당신도 알다시피 그러한 관계는 하루아침에 이루어지는 것이 아니라, 신뢰와 확신으로부터 조성되는 것이다. #브랜딩 4.0에 있어 어려움은 시작에 국한되지 않으며 신뢰를 얻고 관계를 오래 유지하는 것 또한 쉽지 않다. 이를 위해 브랜드는 소비자 경험과 브랜드에 영향을 미치는 소비자의 인식에 대해 깊이 이해하고 연구하며 개선해야 한다. 이러한 과정을 브랜드 평가 및 감사라고 한다.

브랜드와 소비자의 관계는 소비자의 인지 수준에 달려 있다. 이것이 브랜드 평가 및 감사가 의사소통 단계에서 시작한 소비자 인식에 대해 참여 단계에 이르기까지 각별한 주의를 기울여 수행되는 이유이다. 브랜드에 대한 선호 표출, 구매 그리고 동료 추천 등이 포함될 수 있다.

그러나 중요한 점은 각 고객의 서로 다른 인지 수준이다. 과거에는 인식이 제품과 서비스에 달려있었지만, 소비자와 브랜드가 높은 수준으로 연결된 요즘의 소비자는 브랜드 이야기를 접하기 시작하고 이것은 브랜드에 대한 인지 수준과 관계에 영향을 미친다. 소비자들은 브랜드 이름을 들어본 적이 있을 수도 있고 브랜드에 적극적으로 참여하여 브랜드의 모든 면을 지원할 수도 있다. 이는 인지 수준의 차이로 인한 결과를 보여주는 예이다.

#브랜딩 4.0에서 언급한 바와 같이 아래 두 중요한 요소의 차이로 인해 브랜드와 소비자 간의 격차가 발생할 수 있다.

1. 비즈니스 성과

2. 브랜드 성과

    비즈니스는(제품 및 서비스에 초점을 둔) 매출 및 이익을 포함한 브랜드 고유 가치로서 비즈니스 성과는 일반적으로 사업 운영 능력의 결과이다. 반면 브랜드 성과는 사업 운영 및 소비자와의 관계 형성과 관련된 능력이다. 그러나 두 요소 모두 브랜드를 가치 있고 사회에 용인시키기 위한 것이다.

    과거에는 두 요소의 측정이 개별적으로 수행되었다. 사업이 어떻게 운영되는지 소비자가 반드시 알아야 하는 것은 아니지만 #브랜딩 4.0의 새로운 시대에서는 브랜드 잠재력이 비즈니스 잠재력을 나타내기도 한다. 그러므로 고객이 브랜드에 대해 가진 인식은 비즈니스 성공을 나타내거나 가져오기도 하며 이것은 디지털 사회에서의 행동과 일맥상통한다. 포춘 Fortune지에 선정된 500개의 글로벌 브랜드를 살펴보면, 이러한 기업(또는 브랜드)의 가치는 특히 소비자 및 사회 참여와 관련된 부분에서 비즈니스 성과와 브랜드 성과를 고려하여 결정된다는 것을 알 수 있다.

    따라서 성과 측정은 두 요소를 동시에 모두 고려한다. 브랜드 성과가 좋을수록 현재와 미래에 대한 더 많은 비즈니스 기회가 열려 있기 때문이다. 브랜드에 대한 소비자 및 이해관계자의 인식은 비즈니스 성과를 반영하고 수반하고 있다. 이것은 디지털 사회에서의 소비자 행동 변화와 일치한다. 디지털 사회에서는 브랜드가 말하고 행동한 모든 것이 브랜드와 소비자 간의 공유 가치가 되어 결국 고유 가치로 이어진다.

    그러므로 브랜드 개성과 비즈니스 측면에서 브랜드 정체성이 진리라는 것을 고려할 때 소비자가 인지하는 질적인 평가는 사실과 감정적인 부분 모두를 포함해야 한다. 그에 따라 진리는 내부 이해관계자, 즉 '브랜드 리더'와 직접적으로 관련이 있다. 반면 감정은 '외부 사람들'(외부 이해관계자)이 브랜드에 대해 느끼고 인지하는 것이다. 인지의 질적 평가는 주로 사실에 따라야 한다. 평가는 건강 검진과 비교될 수 있으며 그래서 우리가 건강해야 브랜드에 대한 생각을 가질 수 있는 것이다. 인지 평가는 내부 이해관계자가 많을수록 매우 중요하며 조직이나 브랜드에 대해서도 마찬가지이다.

측정 결과는 브랜드가 전략적 계획을 세우는 데 도움이 될 것이다. 그리고 경영진이 브랜드가 원하는 바와 이해관계자가 브랜드에 대해 인지하고 이해하는바(4장에서 어떻게 브랜드가 설계되는지에 근거하여)의 차이를 발견하고 이해하도록 도움을 줄 것이다. 결과는 브랜드와 이해관계자 간의 긴밀한 유대 관계 구축을 위한 피드백 연결 고리 역할을 한다.

인지된 감정을 측정하는 부분에서 이 결과는 브랜드와 소비자, 특히 외부 이해관계자와의 관계 상태를 반영한다. 하여 브랜드는 사람들이 어떻게 브랜드를 바라보고 생각하고 느끼는지 알 수 있다. 인지 측정에 대한 이해는 브랜드 인지도와 소비자 여정 사이의 적합성을 개선할 뿐만 아니라 관계 강화에 있어서 결정적인 역할을 한다. 외부 이해관계자(각 이해관계자가 서로 관련되어 상호 영향을 미치기 때문에)가 많을수록 브랜드에 기대되는 인지를 설계하는 것이 더 어려워진다.

브랜드는 정기적인 평가를 통해 중간 점검을 할 뿐 아니라 급속히 변화하는 관계를 이해할 수도 있다. 이것은 브랜드 스스로 소비자 사회에 적응할 수 있는 능력으로 이어진다(그러나 브랜드 정체성은 여전히 남아있다). 브랜드와 소비자가 가까울수록 강한 유대감을 갖는다.

#브랜딩4.0에서 흥미로운 점은 소비자의 여정 내내 브랜드 인지가 발생한다는 것이다. 따라서 브랜드 평가 및 감사는 소비자 및 브랜드의 일상생활에 맞추어 실시간으로 동시에 이루어져야 한다. 초고속 정보 시대의 소비자들은 단시간 내에 브랜드의 긍정적인 이미지를 인지하지만, 단시간 내에 부정적인 이미지에 의해 큰 영향을 받을 수도 있다.

앞서 언급된 부정적인 경우에 대비하기 위해 브랜드 평가 및 감사는 브랜드 인지도 설계와 조화롭게 수행되어야 하고, 그 결과 온라인 및 오프라인에서 발생하는 일에 대응하기 위한 유연하고 순응적인 전략 수립을 해야 한다.

인지가 추상적이고 무형적인이기 때문에 인지 측정을 위한 많은 지표가 있다. 여기서는 퓨처브랜드FutureBrand 회사가 개발한 인지 수준 지수를 활용하고자 한다. 퓨처브랜드는 글로벌 최고 브랜드 컨설팅 회사로 다음과 같이 #브랜딩 4.0과 발맞추어 비즈니스가 더욱 확장되고 있다.

Level 1 인지(Awareness)

Level 2 친숙함(Familiarity)

Level 3 연관성(Association)

Level 4 선호(Preference)

Level 5 고려(Consideration)

Level 6 결정(Decision)

Level 7 약속(Promise)

Level 8 영감(Inspiration)

Level 9 브랜드 대사(Ambassador)

1	2	3	4	5	6	7	8	9
AWARENESS	FAMILIARITY	ASSOCIATION	PPEFERENCE	CONSIDERATION	DECISION	PROMISE	INSPIRATION	AMBASSADOR

그림 130

5장에서 소비자 여정에 동반된 인지 지수를 살펴보면 9가지 지수가 모두 소비자 여정의 3단계, 구매 전, 구매, 구매 후 단계와 직접 관련되어 있음을 알 수 있다. 그러나 소비자 여정과 브랜드 인지도 단계를 맞추는 것은 어려운 일이다. 브랜드 인지도는 통제 할 수 있고 불가능한 요소 모두를 가졌기 때문이다.

일반적으로 구매 기간 전의 소비자 인지수준은 1~3단계에 해당한다. 그리고 브랜드를 커뮤니케이션이나 참여를 통해 처음 경험할 때 발생한다. 구매 단계에서 소비자는 브랜드에 대한 자기 생각을 표현할 것이다. 이는 소비자의 입장을 대변할 뿐 아니라 의사 결정 과정도 포함하는 인지 단계 4-6으로 분류된다. 구매가 관계에 있어서 특정 포인트 중 하나라고 생각하면 6단계에서 내려지는 결정이 항상 구매일 필요는 없다. 이는 브랜드와 특정 이해관계자 간의 관계에 달려있다.

결국 소비자가 해당 브랜드의 제품을 구매하기로 한다면 이는 소비자가 브랜드의 특정 가치를 수용한다는 것을 의미한다. 구매 단계 이후는 소비자가 브랜드 제품과 서비스를 사용하며 얻은 혜택에 대해 사회에 공유하는 기간이다.

이 과정은 브랜드와 소비자 관계의 결론이며 소비자의 인지 7-9단계에 위치한다. 그것은 브랜드가 다음에 무엇을 해야 하는지 알려주는 안내서의 역할을 한다. 브랜드가 소비자들과 동일하게 이해한다면 인지 지수 해석의 결과에 기초하여 관계를 발전시키는 방법을 터득할 수 있을 것이다.

1단계

인지: 브랜드 존재에 대한 인식

이 단계에서 소비자는 이전에 브랜드를 보거나 경험한 적이 있다고 말할 수 있다. 사소한 세부 사항을 알아보지 못할 수도 있지만 일단 이 브랜드를 보았거나 경험했는지 구분 할 수 있다. 이것은 브랜드가 뚜렷이 구별되고 독창적이며 탁월한 구성 요소를 가지고 있다는 것을 의미하며 또는 소비자가 브랜드 존재를 인지할 수 있을 정도로 감정에 호소한다는 것을 말한다.

소비자 여정에서 살펴보면, 이것은 소비자가 첫 번째 단계에서는 식별 적인 요소에 연결될 수 있음을 의미한다. 그들은 이전에 브랜드를 보거나 경험한 적이 있다. 이것은 주로 브랜드가 브랜드 정체성과 결합한 디자인에 중요성을 부여하기 때문에 발생한다. 그리고 브랜드 정체성이 특정 상징물과 관련되어있는 경우 더욱 그렇다.

인지 단계에서 질적인 평가의 결과는 소비자에게 브랜드를 소개할 때 브랜드 잠재력에 반영된다. 사람들의 관심을 끌거나 기억되기 쉬운 로고 또는 눈에 띄는 이름을 통해 수행될 수 있다. 온라인 및 오프라인 세계에서 소비자에게 도움되는 브랜드 터치 포인트도 필요하다.

따라서 이 단계에서의 성공은 커뮤니케이션 전략의 예산에 크게 좌우된다. 커뮤니케이션은 브랜드와 소비자의 관계를 구축하기 위한 첫 단계이기 때문에 가능한 많은 소비자 인지를 얻는 것이 중요하다. 이것은 대중에게 브랜드를 소개해야 하는 경우, 새로운 타깃을 위한 브랜드 이미지를 적용해야 하는 대형 브랜드인 경우, 또는 트렌드에 발맞춰야 하는 경우에 종종 지표로 활용된다. 이는 브랜드를 만드는 과정으로 브랜드 재생이라고 일컫는다.

1

AWARENESS

그림 131

2단계

친숙함: 브랜드 친밀감

이 단계에서 소비자는 자신이 이 브랜드에 익숙한지 아닌지 구분할 수 있다. 이것은 브랜드를 한 번 이상 보고 경험한 후에 시작된다. 그리고 개인적인 상호작용 또는 소비자 주변 모든 곳에 브랜드가 존재한다는 사실로부터 소비자가 "그것을 보았어. 또는 예의 주시하고 있어"라고 말할 수 있을 때까지 발생할 수 있다.

다시 말하지만, 이 모든 것은 계획과 디자인의 효율성뿐 아니라 어떻게 소비자 여정의 일부로서의 터치 포인트에 적용하는지 판단할 수 있다. 소비자가 브랜드를 볼 수 있는 빈도가 높을수록 더 많은 소비자가 해당 브랜드가 세상에 존재한다는 것을 알게 된다. 친숙함은 소비자가 브랜드를 신뢰하고 그들이 마음을 열 수 있도록 인지하는 것이다.

브랜드 평가 결과를 통해 브랜드는 타깃집단의 개성 및 유형에 대해 그들의 일상생활 속에서 더 깊이 이해할 수 있다. 평가 결과는 브랜드가 소비자의 여정을 얼마나 잘 이해할 수 있는지, 타깃집단이 어디에 거주하며 터치 포인트는 효과적으로 접근 가능한지도 반영한다. 또한 브랜드 이야기와 관련되거나 소비자 라이프스타일에 맞는 터치 포인트를 선택해야 할 때 유용하게 사용된다.

이 단계에서 성과를 창출하려면 터치 포인트 양과 대중 커뮤니케이션 터치 포인트의 예산을 조직적으로 편성해야 한다. 친숙한 단계에서 가장 중요한 점은 소비자를 화나게 하거나 불쾌한 관계를 유발하지 않으면서 자연스럽게 소비자와 더 가까워지는 방법을 터득하는 것이다.

2

FAMILIARITY

그림 132

3단계

연관성: 공유 가치로의 연결

우리 삶에 비교하면, 존재감과 친숙함에 대한 인식은 "당신은 여기에 있고 우린 서로 여러 번 만났습니다"라는 메시지를 보내려고 시도하는 것과 유사하다. 브랜드와 소비자가 '공유가치'를 배우기 시작할 때 진정한 관계는 시작될 것이다.

연관성 단계의 인지는 브랜드 구축에 결정적이다. 그것은 브랜드가 소비자와 공유가치 네트워크에 공유가치를 얼마나 잘 전달할 수 있는지 보여줄 수 있다. 이 수준의 인지는 브랜드의 존재를 실현하게 한다. 또한 소비자가 브랜드를 완전히 지각하도록 만들 것이다. 가치를 내재하지 않은 채 존재하는 브랜드에 대해 소비자가 가진 친숙함은 무의미하다. 예를 들어,

A브랜드는 사회의 여러 다양한 브랜드 중 하나이다(단계1에 해당). 우리는 A 브랜드를 여러 번 보았다(단계2에 해당). A브랜드는 운동선수에게 적합한 스포츠 장비를 판매한다는 것을 알게 되었다(단계3에 해당). 위의 예에서 A브랜드는 연관성 단계에서 구축된다. A브랜드의 스포츠 장비는 일반 대중이 아니라 운동선수에게 적합하다. 이 연관성은 소비자가 브랜드 가치에 연결되었는지 여부를 알 수 있다. 소비자가 브랜드 가치를 개인의 가치(소비자의 가치가 공유 가치가 된다)에 연결할 수 있다면 그 둘의 관계가 이어지기 시작했다는 것을 의미한다.

브랜드 연관성은 단지 하나의 가치로 제한되지 않는다. 관계를 통해 브랜드는 소비자와 함께 가진 여러 가치에 연결할 수 있다. 이것은 소비자 참여 이전까지 소비자가 브랜드에 대해 갖는 인지 수준을 향상시킨다. 그러므로 이 단계에서의 인지는 브랜드 개성 및 정체성과 직접적으로 연관된다. 확실히 살아있는 브랜드는 다양한 차원에서 소비자와 쉽게 연결될 수 있을 것이다.

반면 생명력 없는 브랜드는 소비자들에게 의심을 불러일으킬 것이다. 이로

인해 연관이 일어나기 어려워질 수 있다. 소비자가 공유가치를 인식하지 못하면 브랜드와의 관계는 형성될 수 없다.

이 단계의 브랜드 평가 결과는 브랜드 건전 상태를 확인한다. 그리고 브랜드가 제시하는 것과 소비자가 인식하는 것의 집합점 그리고 공유가치와 고유가치를 소비자에게 결합하는 연결점을 판단한다. 또한 소비자와 브랜드 간의 인식 차이, 브랜드 커뮤니케이션의 명확성, 브랜드의 개성과 정체성 모두에 대한 분명한 전략을 판별한다.

주목할 점은 이 단계의 의사소통은 미디어 투자와 터치 포인트에 막대한 돈이 지출되는 문제를 반영하면서도 브랜드 가치를 창출하지는 못한다는 것이다. 이것은 이야기가 흥미로운 방식, 즉 통합되지 않고 다원화된 방식으로 브랜드 가치를 더 반영해야 하기 때문이다. 오늘날 이 지수로부터 얻을 수 있는 교훈은 이야기 전달과 소비자 연결을 이끌어내기 위한 이해에 있어서 항상 브랜드 자체에 집중해야 한다는 것이다. 이것은 진정으로 소비자와 브랜드가 공유가치에 서로 연결되도록 도울 것이다.

그림 133

3

ASSOCIATION

OUR MISSION

BRING INSPIRATION AND INNOVATION TO EVERY ATHLETE* IN THE WORLD

*IF YOU HAVE A BODY, YOU ARE AN ATHLETE.

1~3단계에서 축적된 인지는 브랜드 인지, 친숙함 및 연관성을 포함하는
브랜드의 말과 행동이다. 많은 경우 소비자가 우연히 또는 의도치 않게 브랜드에
연결될 수 있음을 보여주지만, 기본적으로 1~3단계에서는 인지에 대한 분명한
방향을 제시하는 것이 좋다. 이는 살아있는 브랜드와 그 개성을 직접 표현하고,
또한 브랜드에 대한 투자가 가장 효과 있는 특정 가치로 이어질 것이라는
자신감을 증가시킨다.

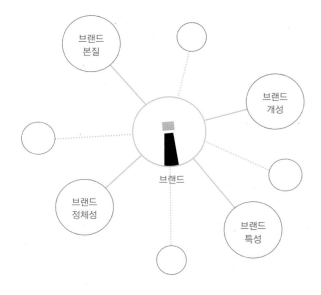

그림 134

4 단계

선호: 브랜드 개성에 대한 관심과 존경

이 단계에서 인지는 소비자가 브랜드를 경험하고 브랜드와 연결된(참여 발생) 후 반응한 결과이다. 세 번째와 네 번째 인지 단계의 차이를 살펴보면 세 번째 단계에서 브랜드는 소비자가 알길 바라는 것을 기반으로 하지만, 네 번째 단계에서는 소비자가 주체가 되어 브랜드에 대해 어떻게 느끼는지에 대한 것이다. 즉 네 번째 단계에서는 브랜드가 전달하고자 하는 가치가 소비자가 원하는 것이 아닐 수도 있다.

선호도 수준은 또한 소비자에 대해 브랜드가 전달하고자 하는 이야기 및 방식을 좋아하는지 여부, 브랜드가 제시하는 것에 관심 있는지, 그리고 브랜드를 따르고 싶어 하는지 여부 등을 보여준다. 구매 결정이 이 단계에서 발생하지는 않지만(소비자가 그 순간 해당 브랜드의 제품이나 서비스를 원하지 않기 때문일 수 있다), 선호한다는 것은 소비자가 해당 브랜드와 관계를 맺어 기쁘다는 것을 뜻한다. 이것은 소비자가 그들 자신과 브랜드 간의 의사소통 및 참여를 위해 마음을 열리라는 것을 의미한다.

4

PREFERENCE

그림 135

반대로 소비자가 브랜드에 대해 중립적인 감정을 가진다면 이는 그들이 향후 해당 브랜드의 잠재 고객이 아닐 수도 있다는 것을 의미한다. 다른 관점에서 보면, 브랜드가 제시하고자 하는 것과 소비자가 인지하는 것에는 차이가 있을 수 있다. 여느 소비자 그룹이 부정적인 감정을 가졌다면 브랜드 전략을 재검토해야 한다는 의미로, 이러한 소비자 감정은 대단히 중요한 역할을 한다. 이 경우 브랜드는 소비자가 가능한 한 신속히 브랜드에 다시 긍정적이고 선호하는 감정을 가질 수 있도록 이끌어야 한다. 그렇게 되면 소비자는 긍정과 부정이 혼합된 감정을 겪게 되지만, 이는 정상적인 것으로 간주한다(매우 거대한 세계에서 모든 사람의 사랑을 받는다는 것은 불가능하다). 또한 평가 및 감사의 긍정적인 결과는 #브랜딩 4.0에서 소비자 행동을 이해하는 브랜드의 능력을 보여준다. 이것은 사회에서 공유가치 네트워크와 소비자를 위한 공간을 확보한다는 점에서 브랜드에 큰 의미가 있다.

네 번째 단계의 인지는 대개 1~3단계로부터의 인지 결과이며 이것은 브랜드가 반드시 알아야 하는 본질이다. 그러나 현실에서 항상 그런 것은 아니다(소비자는 다른 단계에서 먼저 인지할 수 있다. 예를 들어, 브랜드와 관련된 이야기를 모르고 브랜드를 좋아할 수도 있다). 따라서 브랜드는 소비자가 브랜드 가치에 대한 이해를 충분히 할 수 있도록 이야기 전달 과정에 초점을 맞춰야 한다. 왜냐하면 소비자가 서로 이야기를 전달할 수 있도록 하는 것은 핵심적인 역할을 할 것이기 때문이다.

과거에는 각 단계에서 대중이 브랜드를 인지하도록 만드는데 더 오랜 시간과 노력을 투자했을 수 있다. 디지털 사회의 환경에서는 1단계부터 4단계까지의 인지 과정이 몇 분 내에 이뤄질 수 있다. 주변이 급속하게 변화하는 환경에서 브랜드는 인지의 질적인 평가에 따라 학습하고 적응해야 하며 이것은 특히 소비자 감정과 관계와 관련된 단계에서 중요하다. 소비자가 브랜드에 대해 긍정적인 감정을 갖는다면 브랜드가 원하는 것을 쉽게 성취할수 있을 것이다. 반대로 소비자가 브랜드를 싫어하면 브랜드에 큰 장벽이 생기고 이 한계를 극복하는 데 막대한 자원이 필요할 것이다.

그림 136

브랜드 ──▶ 소비자   소비자 ──▶ 브랜드

AWARENESS   FAMILIARITY   ASSOCIATION   PREFERENCE

5단계

고려 – 수요의 발생, 브랜드를 고려하는 소비자

이 단계에서의 인지는 제품이나 서비스에 대한 소비자 수요가 있을 때(필요로 하고 가능한 옵션을 고려해야 함) 상승한다. 1~4단계의 인지는 관계에서 대화와 같다. 분명히, 좋은 관계는 소비자가 브랜드를 먼저 생각하도록 만들 것이다. 그리고 그 브랜드는 선택되어 소비자를 고객으로 바꿀 가능성이 더 높다.

다섯 번째 인지 단계에서 소비자는(자신이 필요로 하는) 데이터와 정보를 스스로 검색하고 찾는 경향이 있다. 소비자는 그들의 경험을 토대로 비교해 볼 것이다. 관계가 비즈니스를 이끌어가는 시대에서 소비자는 경험이 적은 또는 경험한 적 없는 브랜드보다는 깊은 관계를 맺고 있는 브랜드를 선택할 가능성이 더 높다 (친한 친구를 선호하는 것과 마찬가지로, 이는 결정에 영향을 미친다).

소비자 여정에 견주어 이 단계를 살펴보면, 5단계의 인지는 소비자와의 관계에서 특별한 지점으로 유인하는 것을 볼 수 있다. 상황에 따라 참여는 다양한 방식으로 나타날 수 있다. 예를 들어, 소비자는 상점이나 판매지사와 같이 참여도가 높은 환경에서 제품이나 서비스를 믿고 결국 구매하도록 동기부여 되기 쉽다. 참여도가 낮은 장소에서, 예를 들어 디지털 모바일 기기를 통해 터치 포인트에 접근하는 것은 일반적으로 브랜드를 고려하는 과정에서 발생한다. 이 과정에서 소비자는 마음을 열고(브랜드 고유 가치로부터 생긴) 관계, 제품 및 서비스에 대해 최상의 결정을 내리도록 정보를 처리한다.

그림 137

이 단계의 결과는 브랜드가 제시하는 것과 소비자가 원하는 것의 관련성을 이해하기 위한 좋은 지표로 활용된다. 처음 세 단계에서는 브랜드가 소비자에게 접근하여 공유 가치를 전달하려고 노력한다는 것을 명심해라. 그러나 이 단계에서 소비자는 스스로 브랜드를 검색하고 모든 경험을 상기하여 결국 결정을 내리는 당사자이다.

세부적으로, 소비자는 과거의 브랜드 경험과 함께 현재 발견한것으로 부터 가치를 평가할 것이다. 이 모든 것은 '구매하기'에 상당한 영향을 미칠 것이다. 결론적으로, 브랜드 인지가 1~4단계에서 잘 수행되었다면 지금까지의 경험은 서로 일맥상통하여 소비자의 요구에 연결된다. 이것은 온라인 세계에 존재하는 브랜드 웹사이트에 소비자가 개인적으로 접근하는 것과 일치한다. 소비자를 '관심'에서 '구매 결정' 단계로 전환하는 것은 그렇게 어렵지 않을 것이다.

6 단계

결정: 이제 막 구매하려는 행위는 '구매 성사'가 아니다.

구매는 세계 마케팅 전략의 핵심이다. 그리고 비즈니스 및 마케팅에 있어서 성과 지표로 활용된다. 구매는 가장 효과적인 방법으로 여겨지는 여러 요인에 의해 발생할 수 있지만, 이 단계에서의 인지는 1~5단계의 인지 결과여야만 한다. 인지도가 상승하는 과정을 살펴보면 소비자들은 브랜드를 알기 시작하고 더 친숙해지는 것을 볼 수 있다. 그들은 브랜드와 관련된 좋은 정보를 습득했고, 이제 정말로 브랜드를 좋아한다. 구매를 해야 할 때마다 그들은 브랜드와 관련된 데이터 및 정보를 스스로 검색할 것이다. 이 모든 단계가 일어나면 해당 브랜드의 제품 및 서비스 구매에 대한 확신을 가질 수 있다. 디지털 사회에서의 구매는 가깝게 우리 손(디지털 모바일 기기)안에서 또는 멀리 대형 백화점에서도 일어날 수 있다는 것을 기억하라. 이것 또한 구매 결정에 영향을 미치는 중요한 요소가 될 것이다.

소비자의 구매 결정은 브랜드 가치(제품 및 서비스의 공유가치와 고유가치 모두)와 수용 가능한 시장가치(제품 및 서비스의 가격)를 연결시키는 경험에 기반한 메커니즘이다. 처음, 이 평가 단계는 브랜드 가치와 소비자가 지불해야 하는 시장가치 간의 관계를 명확하게 보여준다. 소비자가 지불해야 하는 시장가치보다 브랜드 가치가 훨씬 뛰어나다면 구매 결정을 쉽게 내릴 수 있을 것이다. 그러나 소비자가 지불해야 하는 시장가치가 브랜드가치와 논리적으로 관련 없다고 깨닫게 되면 소비자는 결정을 내리지 않고 구매 결정을 뒷받침할 다른 요인을 필요로 할 것이다.

이 단계에서 인지 측정은 #브랜딩 4.0 및 언급된 모든 전략에 대해 이해한 바를 명확하게 반영한다. 구매가 구체적으로 발생할수록(소비자가 더욱 세부적인 개별 제품을 원할수록), 판매자는 브랜드 제품을 더욱 맞춤형으로 제작할 필요가 있다. 따라서 브랜드와 소비자간에 좋은 관계를 맺는 것이 중요하며, 이는 구매 결정을 내리는 과정에 중대한 요소로 작용한다. 이 평가 단계의 결과는 브랜드 가치를 명확하게 반영하는 시장가치 또는 가격전략을 설정하는 것뿐만 아니라 생명력 있는 브랜드, 제품 및 서비스 생산을 위해서도 매우 중요하다.

이 인지 단계의 결과는 브랜드 관리에서 매우 중요하다. 만약 브랜드가 1~5단계의 인지 과정에 따라 소비자와 강한 유대감을 형성했다는 결과를 얻는다면 판매 작업은 매우 쉽게 이루어질 것이 분명하다. 왜냐하면 소비자가 결정을 내리는 데 필요한 모든 정보를 습득하였을 것이기 때문이다. 나머지 접근 방식은 단지 해당 과정을 완료하기 위한 것에 불과하다.

반대로 브랜드가 1~5단계의 인지 과정에 따라 소비자와 관계를 형성하지 못하면 판매 시점에서 해야 할 일이 많을 것이다. 브랜드는 모든 이해관계자와 환경을 이용하여 해당 브랜드에 대한 경험이나 강렬한 공유 가치가 없는 소비자 (디지털 사회의 시대에서는 일어날 가능성이 거의 없다)가 해당 브랜드를 선택하도록 동기를 부여하고 지원해야만 한다.

6

DECISION

$

7단계

그림 138

약속: 실천은 말을 입증한다.

우리가 익히 들었듯이 10번 보는 것은 단 1번 만져보는 것만 못하다. 처음 세 단계의 인지는 브랜드가 소비자에게 이야기를 해주는 것과 유사하다. 소비자는 브랜드에 대해 긍정적인 느낌이 들수도 있지만, 이것이 비즈니스적 결과를 초래하지는 않을 것이다. 그러나 소비자는 해당 브랜드를 선호하기(4단계) 시작한 이래로 구매할 때까지(6단계) 구매에 대한 수요를 갖는다(5단계). 제품이나 서비스를 사용한 결과는 소비자가 브랜드에 대해 가지는 경험을 반영한다. 고객 만족도는 이 인지 단계에 대한 결론이다. 이것은 브랜드가 소비자의 자아실현에 맞으며 가치를 시장가치로 성공적으로 전환 할 수 있는 능력이 있는지 입증할 것이다.

이 인지 단계에서 성공적인 브랜드는 괜찮은 비즈니스 전략(소비자가 제품과 서비스에 대해 만족한다)과 좋은 의사소통 및 참여 전략(소비자는 브랜드와의 관계에 대해 긍정적으로 생각하며 브랜드와 함께하는 것이 기분 좋다)을 보장 할 수 있다. 소비자 만족을 유도하는 참여 방식은 #브랜딩 4.0을 위한 최상의 도구 중 하나이다. 브랜드로부터 직접 요구되지 않은 소비자의 자발적인 표현과 행동은 브랜드 질과 생존을 효과적으로 보장한다(소비자 대 소비자). 이러한 종류의 행동은 신뢰할 수 있으며 같은 편이라는 느낌을 줄 수 있다. 그리고 미래에 브랜드 네트워크의 창출이나 비즈니스 확장에 큰 영향을 미칠 것이다.

반면, 소비자의 인지 수준이 브랜드가 기대하는 수준에 미치지 못할 경우(브랜드가 1~6단계에서 제시한 제품 및 서비스에서의 오류 또는 미흡한 연관성으로 인해 발생할 수 있다), 이는 브랜드에 대한 신뢰를 형성하는데 가장 큰 걸림돌이 될 것이다. #브랜딩 4.0의 소비자는 자신의 감정에 신속하게 반응한다. 그들이 제품을 선호하면 그들은 자신의 개인 채널을 통해 즉각적으로 그 감정을 표현할 것이다. 그러나 제품에 만족하지 못하면, 불가피하게도 그들의 경험은 주변 사람들에게 부정적인 영향을 미칠 것이다. 살아있는 브랜드와의 좋은 관계는 어떻게든 그런 문제를 줄이는 데 도움이 될 것이다. 소비자와 친구 관계를 형성하면 브랜드를 부정적인 이야기로부터 보호하는 데 도움이 될 것이다.

또한, 이 단계에서 인지를 측정하는 것은 구매 전후의 상태(소비자는 제품 자체 이상으로 브랜드와 연관된다)를 직접 나타낸다. 오늘날 브랜드를 구축하는 메커니즘에서는 어떤 인지 단계에 그쳐버리거나 그 단계를 건너뛰면 소비자 자아실현을 충족시키는 것이 힘들 수 있다. 실제로 소비자는 브랜드에 대한 경험이 없거나 부족해도(1~6단계를 거치지 않고) 제품을 구매할 수 있다. 그러나 이 경우 브랜드에게 남는 것은 단지(어쩌면 한 번 구매하고 모든 브랜드 가치는 무시하는) 구매자이다.

1~6단계를 거쳐 브랜드를 경험하는 소비자는 브랜드와 긴밀한 관계를 맺을 것이다. 그들은 공유 가치를 브랜드와 연관시키고, 다른 차원에서 그들의 요구를 상당히 충족시킬 수 있다. 이는 또한 고객으로 하여금 제품 및 서비스 이용 경험을 브랜드에 효과적으로 연관시킬 수 있도록 만든다. 가장 중요한 것은 브랜드와 소비자의 관계가 유지된다는 것이다. 여러 번 언급했듯이 이것은 제품 및 서비스의 판매가 소비자와 유대감을 형성하는 관계 일부로 여겨지기 때문이다.

PROMISE

8단계 ✓

그림 139

영감: 소비자 자아실현의 성취

#브랜딩 4.0 시대에 소비자는 단순히 제품과 서비스를 기대하지 않고 그들의 삶, 일과 완벽성에 영감을 주는 브랜드 경험 및 제품 사용 혜택을 찾는다. 소비자는 아마 해당 제품의 사용이나 브랜드 선택이 어떻게 자신의 삶에 더 좋은가라는 질문으로 시작할 것이다. 이것은 전적으로 제품에 대한 것만은 아니다. 살아있는 브랜드는 소비자에게 영감을 불어넣고 창출해야 하며 자아실현 수준에서 그들이 원하는 것에 도달할 수 있도록 지지해야 한다. 이것이 책 전체에서 언급한 요점이다. 영감을 창출한 결과 브랜드는 제품 또는 서비스의 형태로 소비자에게 고유 가치로서의 공유 가치를 전달할 수 있다. 이것은 제품 및 서비스를 그 자체보다 더 가치 있게 만들어준다. 이 과정으로 소비자는 진정으로 생명력 있는 브랜드와 연결된다. 우수한 영감을 창출하는 것은 소비자가 브랜드 이야기를 동료에게 전달할 수 있도록 도모하는 좋은 시작 점이다.

결론적으로 여덟 번째 인지 단계의 결과는 브랜드가 제품 및 서비스와 별개로 소비자의 문제를 해결하고 개인적인 조건을 만족시키도록 도움을 줌으로써 그들 생활의 일부가 되는 것을 보여준다. 브랜드는 고객에게 영감을 주는 가치를 제공하고 그 결과 그들이 원하는 방식으로 결과를 바꾸고 만들 수 있을 것이다. 브랜드의 제품 및 서비스는 이런 영향력 있는 가치들을 전달하는 운반자의 역할을 한다.

#브랜딩4.0 #규칙2에서 언급했듯이 디지털 사회의 시민은 개인 브랜드를 만들 가능성이 크다. 따라서 이 인지 단계의 결과는 살아있는 브랜드로써 브랜드 중심 가치를 창출하는 것에 대한 고객의 의견을 수반할 것이다. 1단계 지각 수준을 지나쳐 이 단계에 이른 소비자는 동기와 감정적인 부분에서 브랜드와 연관되며, 결국 개인적인 이유도 포함할 것이다. 논리적으로, 그들은 브랜드가 제공하는 것이 문제를 해결하고 개인적인 결과를 창출하는 데 도움이 될 수 있음을 스스로 깨닫는다. 이러한 고객은 제품의 결과물이며 이는 브랜드가 개인

브랜드를 만들어 고객을 지원할 수 있다는 것을 의미한다. 고객들은 소비자와 같은 편에 있기 때문에 브랜드와 관련된 이야기를 전할 때 소비자로부터 높은 신뢰를 얻을 수 있다.

8

INSPIRATION

그림 140

이 인지 단계를 다른 단계와 함께 고려하면, 브랜드 영감은 소비자가 브랜드 이야기에 대해 더 많이 배우고 브랜드와(단지 고객-브랜드 관계가 아닌) 더 깊은 유대감을 형성할 수 있도록 한다. 그리고 소비자로 하여금 브랜드와 관련된 그들의 느낌과 이야기를 단지 추상적이고 유대감이 부족한 '좋은', '훌륭한' 또는 '우수한'이란 단어를 사용하는 것 이상으로 진정성 있게 동료들에게 전달되도록 유도할 것이다.

다시 말하면, 소비자는 브랜드 이야기와 가치를 논리적으로 그리고 자신의 의사에 따라 설계하여 전달함으로써 브랜드를 보조할 것이다. 이것은 소비자가 제품과 브랜드 관계 모두로부터 영감을 받기 때문이다. 이것은 매우 위대한 삶을 살아가는 유명인에게 고무되는 것에 비교할 수 있다. 우리는 그들을 인정하고, 존경하며, 어떻게든 그들과 같아지거나 그들처럼 하고 싶기 때문에 유명인의 이야기를 하고 싶은 것이다. 이러한 동기는 제품 및 서비스뿐 아니라 성공적인 인생 또한 요구되는 디지털 사회에서 소비자 삶의 일부가 되는 것이다.

9단계

대사/ 지지: 친한 친구는 좋은 이야기를 전한다.

    소비자가 제품 및 서비스에 만족할 때 어떤 일이 발생할까? 또한 그들이 브랜드 이야기를 잘 알고 브랜드와 깊은 관계를 맺고 있다면 어떨까? 물론, 그들은 스스로 브랜드와 관계를 유지할 것이다. 그들은 브랜드에 대한 이야기뿐만 아니라 자신의 경험도 동료들과 공유할 것이다. 또한 브랜드의 친구로서 그들은 브랜드 소유주처럼 브랜드에 박식하고(고용 또는 비용 없이) 많은 것을 기꺼이 할 것이다.

    애플과 같은 브랜드를 상상해보라. 그들은 브랜드를 다양한 방식과 방법으로 지지하는 수많은 추종자를 전 세계적으로 갖고 있다. 이것은 브랜드와 소비자 간 인지 관계에 있어 최고점이며 소비자를 브랜드 홍보대사로 전환한 예이다. 따라서 #브랜딩 4.0에서 9단계의 인지는 소비자를 위한 삶을 통해 나타나는 브랜드 가치를 수반할 것이다.

그림 141

9

AMBASSADOR

브랜드 홍보대사는 단지 의사소통이나 사업이 아니다. 그것은 브랜드와 관련된 모든 것이다. 브랜드 홍보대사는 브랜드가 누구인지 이해하고, 좋은 관계를 유지하면서 모든 면에서 브랜드를 대신하여 말하고, 표현하고, 보호할 준비가 된 사람으로 간주한다. 동시에 그들은 제품, 서비스 및 자아실현으로 이끄는 영감이란 측면에서 브랜드로부터 원하는 것을 얻는다. 그들을 브랜드의 친한 친구라고 말하는 것은 전혀 낯설지 않다.

흥미로운 질문은 소비자가(결국 고객으로 전환하는) 9단계에 들어가기 전에 8개의 모든 인지 단계를 거치는 것이 중요한지 여부이다. 그러나 8개의 단계 중 하나를 건너뛰면 대답은 '아니오'이다. 이 경우 훌륭한 브랜드 홍보대사가 될 수 없을 가능성이 높다.

왜냐하면 그들은 브랜드에 대한 비판적 지식과 이해가 부족할 것이기 때문이다. 이러한 이유로 만약 그들이 브랜드 홍보 대사로 나서서 브랜드 경험을 전달하려 하면 결과는 긍정적이기보다는 부정적일 수 있다.

우리가 모두 알고 있는 조건에서 #브랜딩 4.0의 브랜드 전략은 소비자 대 소비자 커뮤니케이션을 기반으로 한다. 따라서 소비자 네트워크 구축에 있어서 성공적인 브랜드는 9개의 모든 인지 단계를 이해하는 브랜드이다. 그들은 소비자와의 관계를 수립하고 인지 수준과 브랜드 건전 상태를 정기적으로 점검하는 데 이러한 이해를 적용할 수 있다.

지각 단계는 각각 1에서 9까지 순차적이지만, 실제로 인지는 자연스럽게 발생하는 문제이며 완벽하게 설계될 수 없다. 일부 소비자는 구매 결정에 해당하는 6단계에서 인지하기 시작한 다음 브랜드 이야기에 호의적인 4단계로 되돌아갈 것이다. 다른 일부 소비자는 인지 3단계에서 시작하여 브랜드와 공유된 가치를 습득할 때까지 3단계를 반복하다 (많은 가치와 연관됨) 인지 4단계로 상승한다. 디지털 사회에서 소비자 행동을 거론하자면 각 인지 단계는 동시에 또는 아주 근접한 시간 내에 감지될 수 있다. 따라서 소비자와 이해관계자의 인지 수준에 대해 이해하는 것은 소비자 및 이해관계자와의 관계를 보다 효율적으로 관리하기 위한 주요 도구로 활용될 수 있다.

모든 인지 단계 지수의 최신 지표는 브랜드 관계에서 비롯한 결과와 소비자의 브랜드 홍보 대사로의 전환이 얼마나 중요한지 보여준다. 새로운 고객을 창출하려면 현재 고객을 보유하는 것보다 3-5배 이상의 투자가 필요할 것이라는 통계가 있다. 그러나 브랜드 대사가 있다면 그들은 현재의 고객을 유지하고 자연스럽게 새로운 고객을 창출하도록 지원할 것이다.

따라서 브랜드 대사를 소중히 여기는 것은 필수적이다. 브랜드 대사는 그들이 브랜드를 위해 얼마나 중요한지 깨달아야 한다. 이러한 자부심은 그들이 브랜드와 같은 편에 서서 브랜드 네트워크가 되도록 할 것이다. 우리가 모두 아는 바와 같이 이것이 미래에 브랜드를 지속할 수 있도록 만드는 브랜드 가치 또는 비즈니스 자산인 것이다.

#브랜딩4.0에서 어떻게 브랜드 건전 상태를 평가해야 하는가

우리는 무엇을 측정해야만 하는지 배웠고 이제 그것을 어떻게 측정할지 알아볼 것이다. 평가 및 측정 방법은 수십 년 전부터 지금까지 광범위하게 전개되어온 연구 주제이다. 인지를 측정하는 것은 매우 무형적이고 직접적인 방식으로 정량화할 수 없기 때문에 (그렇다면, 연구자가 다른 방법론을 개발한 후, 다른 결과를 산출함) 인지 평가 및 측정은 어렵게 여겨진다. 온라인 평가만으로 모든 것을 다룰 수는 없다. 그러나 오프라인 평가는 비용이 많이 들고 데이터 편차 및 수집 과정에서 부정확한 정보를 얻을 가능성이 있다.

디지털 모바일 기기를 통해 온라인과 오프라인 세계의 격차를 해소하는 데 일조한 디지털 사회에서는 브랜드 인지도를 측정하는 것이 더 효과적이다. 그것은 설문의 유형이 아니라 '직감 반응'이라고 불리는 반응 행동을 측정하는 것으로, 일상 행동을 참고하여 지각과 감추어져 있는 느낌을 깊이 있고 현실에 진솔하게 반영한다.

따라서 브랜드 인지도를 측정할 때 주요 논점은 브랜드 인지도와 온라인 지표의 짝을 맞추는 브랜드 주의자brandist의 능력에 관한 것이며 이는 소비자 행동에서 측정된 결과를 극대화할 것이다. 브랜드 인지도를 해석하기 위해 온라인 데이터를 적용한 예는 다음과 같다.

- 소비자가 브랜드 이름을 알고, 모든 유형의 디지털 기기를 통해 브랜드를 검색하거나 찾으려는 행동은 암묵적으로 인지 단계 1과 2에 연결된다.
- 소비자가 대화 중 브랜드를 언급하고 브랜드와 관련된 콘텐츠를 말하거나, 즉 온라인 소셜 네트워크를 통해 대화 형태로 브랜드와 이어지는 행동은 암묵적으로 인지 단계 3에 연결된다.
- 소비자가 '좋아요' 버튼을 누르거나, 온라인 소셜 네트워크를 통해 부정적이거나 긍정적이거나 중립적인 그들의 느낌과 감정을 표현하는 행동은 암묵적으로 인지 단계 4에 연결된다.

- 소비자가 데이터와 정보를 얻기 위해 온라인 세계에서 브랜드 소유의 미디어 또는 브랜드 프로필에 접근하는 행동은 암묵적으로 인지 단계 5에 연결된다.
- 소비자가 모든 채널, 특히 온라인 채널에서 브랜드의 제품이나 서비스를 구매하는 행동은 암묵적으로 인지 단계 6에 연결된다.
- 소비자가 브랜드의 제품이나 서비스를 이용한 후 온라인 소셜 네트워크를 통해 해당 제품 및 서비스에 대해 개인적인 의견을 표현하는 행동은 암묵적으로 인지 단계 7에 연결된다.
- 소비자가 요구를 충족시키는 제품과 브랜드에 대해 그들의 지지를 표명하고, 자랑스럽고 신뢰하며 긍정적인 태도를 유지하면 온라인 소셜 네트워크를 통해 제안 또는 경험적인 결과를 전달하는 행동은 암묵적으로 인지 단계 8에 연결된다.
- 소비자가 브랜드 정보 및 업데이트에 대해 훤히 알고 있고 브랜드와 아이디어를 교환하며 특히 온라인 채널을 통해 브랜드에 적극적으로 참여하는 행동은 암묵적으로 인지 단계 9에 연결된다.

이러한 예는 우리가 알고자 하는 브랜드 인지도와 짝을 맞추기 위해 우리가 온라인상 측정할 수 있는 것을 높은 정확성과 적은 투자로 얻는 또 다른 방법일 뿐이다. 디지털 사회에서 엄청난 양의 데이터와 정보는 나노 속도로 바뀌지만, 실제 소비자 행동을 근거로 하는 이러한 정보는 체계적으로 저장되고 상호연결 된다. 오늘날에는 브랜드가 데이터의 두 형태, 원 데이터 및 분석 데이터 형태에 있어서 소비자와 고객에 대한 접근이 쉽도록 지원하는 고도의 도구가 많이 있다. 이러한 도구를 통해서 브랜드는 통계적인 방법으로 인지 단계 지수에 맞춰지는데 이용될 수 있는 것이다.

모든 사람이 정보와 지식에 동등하게 접근할 수 있는 시대에 경쟁이 치열한 시장에서 차이를 만드는 것은 자료를 수집하는 방법이 아니라 가치 창조 중심에 브랜드를 두고 브랜드 관리를 위해 데이터를 분석, 연계 및 사용하는 방법에 있다. 또한 브랜드가 온라인과 오프라인 세계와 모두 조화롭게 연결되어야 하는 #브랜딩 4.0의 모든 규칙을 이해하는 것이 관건이다.

브랜드와 소비자 사이의 장기적인 관계는 브랜드를 생명력 있게 만드는 강렬한 브랜드 개성으로부터 시작될 수 있을 것이다. 그러나 브랜드가 지속할 수 있기 위해서는 어떻게 소비자가 브랜드에 대해 인지하고 느끼는지 파악해야 하며 결국 소비자 의견이 필요하다. 이것은 소비자에게 이야기를 전달할 때 브랜드 가치와 유효성으로 되돌아가는 것을 반영한다. 또한 브랜드가 그 자체를 바라보게 하고 자신을 명확하게 제시했는지 여부 또는 소비자가 브랜드에 대해 올바른 이해를 가졌는지 여부를 자문하는 것이 중요하다. 브랜드 인지도를 살펴봄으로써 브랜드는 다음 단계를 위한 중요한 정보를 얻을 수 있다. 브랜드 위치와 개성을 유지하면서 소비자와의 관계를 더욱 깊고 강하게 만들 수 있는 것이다. 이것이 바로 #브랜딩 4.0에서 브랜드 구축의 요점이라고 하겠다.

표: 브랜드 평가 및 감사

BPLI	기간(소비자의 여정)	지배적인 상호작용	소비자로부터의 통보
인지			그들은 브랜드를 알고 있다.
친숙함		브랜드의 콘텐츠 생성 / 이야기	그들은 자주 브랜드와 접촉한다.
연관성	구매 전		그들은 브랜드 가치와 관련되거나 브랜드 고유의 가치와 연결된다.
선호			그들은 브랜드를 좋아한다./ 가입한다.
고려		브랜드에 대한 소비자의 숙고 또는 브랜드 참여	브랜드에 대한 수요가 있고 브랜드에 대해 생각한다. / 브랜드와 함께 일한다.
결정	구매		그들은 브랜드가 출시한 어떤 것 (물건, 제품)에 대가를 지불한다.
약속			그들의 브랜드 경험과 맞물리는 어떤 것.
영감	구매 후	브랜드와 시장 가치에 대한 소비자 숙고	브랜드 및 그 어떤 것은 고무적인 가치를 준다.
대사 / 지지			그들은 브랜드에게 유리할만한 것을 한다.

그림 142

결론: 브랜드 평가 및 감사

살아있는 브랜드를 만들고 소비자와 친구 사이 같은 관계를 형성하는 것은 브랜드 삶의 메커니즘이다. 브랜드 건전 상태를 관리하는 것은 인간의 건강 상태를 관리하는 것과 유사하다. 문제가 명백하게 드러나지 않을 수 있고 문제가 갑자기 발생할 때 브랜드가 알아차리지 못하는 경우도 종종 있다.

이것이 바로 많은 글로벌 브랜드가 브랜드 건전상태를 지속해서 점검하는데 특히 신경 쓰는 이유이다. 그 결과 전략을 세우는 데 필요한 모든 중요한 소비자 의견을 수집하고 빠르게 움직이는 세상에 반응하여 브랜드 관리 방향을 조정할 수 있다. 강하고 분명한 개성을 지닌 브랜드는 소비자와 강한 유대 관계를 유지할 가능성이 높다. 브랜드 건전 상태를 정기적으로 점검하고 소비자 관계를 관리하는 것은 브랜드에 더 높은 시장 가치를 가져올 것이고 궁극적으로 비즈니스 성공으로 이어질 것이다.

용어 정리

브랜드 평가 및 감사(Brand Assessment and Audit)

비즈니스 성과(Business Performance)

브랜드 성과(Brand Performance)

기대 위치(Expected Position)

행동 점검(Behavioral Monitoring)

인지 단계 지표(Perception Level Index)

인지(Awareness)

친숙함(Familiarity)

연관성(Association)

선호(Preference)

고려(Consideration)

결정(Decision)

약속(Decision)

영감(Inspiration)

브랜드 대사/지지(Brand Ambassador/Advocacy)

직감반응(GUT Reaction)

결론: #브랜딩4.0

가치(공유 가치의 네트워크)는 시장 가치(비즈니스 가치)를 이끈다.

#브랜딩 4.0 시대에 브랜드는 소비자의 마음을 열기 위해 관계를 맺는 것이 중요하다. 이러한 방식으로 브랜드를 구축하는 것은 성공한 사람과 마찬가지로 매우 자연스럽지만 복잡하지 않은 방식으로 그들을 이해하는 것에 초점을 맞춘다. 모든 창출된 가치는 비즈니스의 중심 역할을 하며 브랜드와 이어진다. 이것이 바로 저서의 목적에 대한 대답으로 이어진다. #브랜딩 4.0은

브랜드가 사람이 되고, 사람이 브랜드가 되도록 만드는 것이다.

당신이 취급하는 브랜드의 유형이 뭐든지 간에, 더 높은 판매량을 목표로 하는 상품 브랜드, 소비자 신뢰를 목표로 하는 기업 브랜드, 평판을 시장 가치로 바꾸는 것을 목표로 하는 개인 브랜드 또는 다른 나라 시각에서 신뢰감 창출을 목표로 하는 국가 브랜드, 모두 브랜드 중심의 가치 창출을 통해 강렬한 브랜드 가치를 만들고 궁극적인 목표를 달성하도록 도움을 줄 수 있다. 왜냐하면, 이 모든 것은 인간이 고유 가치와 함께 궁극적으로 시장가치로 바뀔 공유 가치와 연관되어 있다는 동일한 기반 위에 있기 때문이다.

4.0 시대의 브랜드 구축은 실제로 브랜드 실현을 정의한다.

가치 주의가 부상하고 있는 디지털 사회에서 이익 달성은 #브랜딩 4.0의 일부일 뿐이다. 브랜드를 진정으로 구축하는 것은 브랜드와 관련된 많은 가치에 관심을 기울여 소비자와 관계를 맺고 그들의 참여를 창출하는 것이다. 브랜드가 그렇게 할 수 있다면, 그 브랜드는 사회의 일부가 될 것이며 마침내 진정으로 살아있다고 말할 수 있다. 살아있는 브랜드는 더 좋은 세상을 만드는 일부가 될 것이며 그 결과 지속 가능한 브랜드가 되도록 이끌 것이다. 이것은 다음 세대의 브랜드 구축에 있어 가장 어려운 도전이 될 것이다.

9

지속 가능한 브랜드를 향하여

지속 가능한 브랜드를 향하여

지속 가능한 브랜드를 지향하는 것은 단기간도 장기간도 아닌 영원한 것이다.

___

지속 가능성은 살아있는 브랜드의 자아실현이다.

지속 가능한 브랜드란 기업, 정부, 사립 기관, 협회 등 모든 형태의 브랜드의 궁극적인 목표이다. 왜냐하면 그것은 의미 있는 브랜드가 되어 소비자 사회의 중요한 일부가 되는 것이기 때문이다. 지속 가능성이 기본적으로 생성되는 것이 아니라는 것을 우리는 분명히 알고 있다. 차라리, 그것은 내부 가치를 이해하고 생명력 있는 브랜드를 만드는 것과 관련된 브랜드의 강력한 토대에 따른 결과물이다. 이를 위해 브랜드는 비즈니스 틀을 뛰어넘어 관심을 두고 가치 있는 개체로서 자신에게 집중해야 한다.

수익과 이윤으로 성공을 정의하기보다, 브랜드가 좋은 친구로서 소비자와 유대감을 형성하고 사회 안녕의 일부가 되는 것이 지속 가능성을 위한 가장 중요한 요소다. 소비자와 더 장기적인 관계를 맺은 브랜드일수록 더욱 지속 가능한 것이 자명하다. 이 관계는 모든 생활 측면과 사회 일부분으로서의 가치를 모두 포함한다. 언급된 조건이 모두 충족된다면 #브랜딩 4.0의 브랜드는 진정으로 지속 가능한 브랜드가 된다.

GDP는 삶을 가치 있게 만드는 것을 제외한 모든 것을 측정한다.

이해관계자에 대한 가치는 지속 가능성의 핵심 요소이다.

'가치'라는 단어는 지속 가능성과 밀접하게 관련되어 있다. 모든 마케팅 시대에서 가치는 (브랜드 및 브랜딩의 정의는 물론) 서로 다른 방식에서 다양한 정의로 사용되었다. #마케팅 3.0에서 가치는 대부분 인간의 정신과 관련된 것이며, 소비자가 중요하게 생각하는 것에 대한 책임과 우려를 한 것으로 기대된다.

사회가 #브랜딩 4.0 시대에 이르면 가치는 개인의 지각에 따라 더 구체화 된다. 살아있는 브랜드는 소비자와 마찬가지로 사회에서 생계를 유지하는 개체이기 때문에 브랜드는 사업으로 야기된 생각, 행동, 브랜드 개성과 영향에 대한 자아 인식을 토대로 마치 사람처럼 내부적인 모든 것을 표현한다.

지속 가능성의 문제에 관심을 갖도록 만드는 질문은 브랜드 삶에 있어서 선을 창출하기 위해 어떻게 브랜드가 주위 요소의 균형을 유지할 수 있는가이다. 브랜드는 한 개체로서 다른 모든 사람과 마찬가지로 세계의 일부를 구성한다. 따라서 브랜드의 지속 가능성은 세계의 지속 가능성과 직접적인 관련이 있다.

지속 가능한 세계, 지속 가능한 브랜드

지속 가능성은 세계의 상황에 대한 브랜드의 사고와 이해에서 출발한다. 수십 년 전, 우리는 심각한 행동 지침과 관리를 필요로 하는 위급한 상황으로 가속화될 수 있는 문제의 징조를 포착했다. 지구 온난화, 대기 오염, 천연자원 부족과 같은 환경 문제. 그리고 통제되지 않는 인구 증가뿐 아니라 교육, 공중 보건, 삶의 질, 공통된 도덕성의 부재와 전 세계적인 경제 파동으로 야기된 많은 사회 문제. 말로 표현할 수 없는 수많은 문제들. 모든 문제는 우리 삶의 결과로 연속적이고 상호적이다.

이것이 브랜드만의 책임은 아니겠지만 브랜드가 아무런 조치나 해결책을 취하지 않는다면 지속 가능성은 단지 헛된 공상일 뿐이다.

그렇다면 브랜드가 세계에 기여할 수 있는 바는 무엇인가? 비즈니스 분야에서 브랜드는 자신의 장점(또한 고객으로부터 이익을 얻음)을 위해 자원을 활용하는 부문으로 인식되기 때문에 브랜드가 사회에서 삶의 질을 향상하는 영웅처럼 기대받는 것은 당연하다. 일부 통계에 따르면 정부 다음 두 번째로 비즈니스의 지속 가능한 개발에 대한 책임이 매우 클 것으로 예상된다.

브랜드에 대해 높은 기대치가 강요될 때 해당 기대에 대해 효율적으로 대응하는 것은 그 브랜드에 가치를 부여하기 위한 중요한 전략이 된다. 브랜드가 매우 효과적인 방식으로 대응한다면

그림 143

글로벌 어젠다 2015의 전망

01 소득불평등의 심화

세계 인구의 68.7%가 전 세계 부의 3.0%를 점유하고 있다.

02 지속적인 실업증가

"부족한 사회 기반 시설을 해결하기 위해 이 기간을 활용할 수 있다는 것이 큰 기회입니다."
– 래리 서머

03 리더십 부족

글로벌 어젠다 설문 조사에 응한 응답자의 86%가 오늘날 전 세계적으로 리더십 위기를 겪고 있다는 데 동의한다.

04 지리학적 경쟁의 증대

응답자의 34%는 중국이 결코 초강대국인 미국을 대체하지 않을 것이라고 생각한다.

05 대의제 민주주의의 약화

"제도는 과거보다 더 민주적인 시스템이 될 수 있는 위치에 있지만 시민들과 그들을 대변하는 공무원들 사이가 단절되었습니다."
– 호르헤 소토

06 개발 도상국의 오염 증가

2010년 중국에서 조기 사망한 120만 명은 대기 오염의 영향을 받았다.

07 심각한 기상 이변의 증가

"기상 이변이 기후 변화에 대한 사람들의 인식을 변화시키고 있습니다."
– 아딜 나잠

08 민족주의 강화

GAC 전문가의 30%는 유럽을 민족주의의 심화로 가장 큰 영향을 받게 될 지역으로 확인했다.

09 물 빈곤의 증가

783만 명의 사람들은 깨끗한 물에 접근할 수 없다.

10 경제적 건전의 중요성 증대

"한 나라의 건강을 개선하려는 계획이 단순히 병원을 몇 개 더 짓는 것이라면 문제는 해결되지 않을 것입니다."
– 프랜시스 S. 콜린

지속 가능한 브랜드는 큰 이익과 사람들과의 좋은 관계를 균형 있게 유지하고 지구를 돌봄으로써 세계적으로 지속할 수 있는 브랜드이다.

사회적인 수용과 인기가 높아질 것이다. 이것은 다소 비즈니스 수익에 영향을 미친다. 현재 많은 성공적인 브랜드는 경영 목표 또는 브랜드 강령의 일환으로 '지속 가능성'이라는 단어를 비즈니스 어젠다에 포함하는 것이 일반적이다..

과거 지속가능성과 관련해서 왜 그렇게 어려웠을까? 이는 소비자들에 대한 브랜드의 책임이 우리 사회에서 언급된 문제들을 진정으로 해결할 만큼 충분한 힘이 없었기 때문이다. 첫 번째 원인은 브랜드가 모든 측면[N1]을 제대로 인지하고 감독하지 못한 채 문제를 해결하려고 했기 때문이다. 대개 브랜드는 더 많은 시장 가치와 마케팅 이익을 얻기 위해 노력했다.

기업의 사회적 책임(CSR)을 위해 할당된 펀드는 결과와 효율성에 초점을 맞추기보다는 브랜드 인지도를 구축하기 위한 목적으로 사용되었다. 다시 말해서, 브랜드는 이러한 가치를 시장 가치로 전환하는 방법에 집중하지 않고 손실과 같은 활동을 처리했기 때문에 이러한 공유 가치를 소비자와 연결하지 못했다.

두 번째 원인은 행동이 개별적으로 이루어지는 과정이었다. 소비자는 브랜드가 브랜드 이익을 직접적으로 얻고 있다고 생각하기 때문에 관찰자 측면에서 브랜드에게 전 세계를 위한 책임이 있다고 기대한다. 그로 인해 협업이 이루어질 가능성은 매우 낮았다.

#브랜딩 4.0에 들어서자 브랜드와 소비자 간의 협업, 특히 공동 창업 시대가 시작되면서 '가치'가 시장 가치에 앞선다는 생각이 이어졌다.

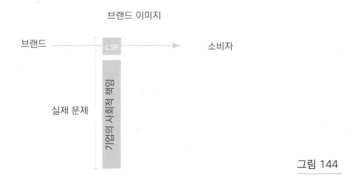

그림 144

브랜드는 그들과(외부적이고 내부적으로) 관련된 모든 것들 또한 지속 가능해야 한다는 것을 깨달아야 비로소 지속 가능성에 접근할 수 있을 것이다. 예를 들어, 종이 제조 및 배포 사업은 기업의 사회적 책임 캠페인으로 사회를 돕기 위해 엄청난 투자를 할 수 있다. 그러나 해당 브랜드가 종이의 원천이 되는 나무에 결코 관심을 기울이지 않으면 브랜드는 지속 가능성에서 멀어지게 된다. 나무가 없으면 사업을 유지할 수 없다.

또한, 지구에 대한 브랜드의 책임은 사람들의 참여를 통한 협업이 필요하다. 이것은 디지털 사회의 장점인 디지털 활동을 통해 실현될 수 있다. 살아있는 브랜드는 단지 사회를 구성하는 한 개체일 뿐이다. 지속 가능성을 향한 움직임은 개인이나 영웅에게만 속한 것이 아니라 가능한 우리의 참여를 통해 우리 모두에게 속한다.

지구의 지속 가능성은 우리 모두를 위한 과제이다. 이것이 진정한 책임감을 반영하며, 전적으로 브랜드만의 책임은 아니다. 브랜드는 브랜드 가치를 시장 가치로 전환하여 브랜드 활동을 책임지는 '전문가'이어야 하고 '리더'는 브랜드 자체에서 시작되는 '비즈니스적 사안' 이상으로 '주위 환경'에 대한 책임을 져야만 한다.

브랜드에서 시작하여 참여도 창출

대부분 소비자는 사회와 지구에 대한 비즈니스 메커니즘을 기업의 사회적 책임(CSR)이라는 이름으로 배웠다. 일반적으로 기업의 사회적 책임은 장학금 장려, 나무 심기, 장애인 돕기 등과 같은 마케팅 활동을 지지하기 위해 더 많은 가치를 부여함으로써 시장 가치를 창출하는 데 사용된다. 디지털 사회에서 소비자는 참여와 지속 가능성을 동반한 브랜드의 비즈니스 운영에 더 많은 관심을 기울인다.

기업의 사회적 책임 양식이 인지도 확보 전략의 일부가 된 것이다. 사회적 책임을 위한 또 다른 캠페인에서부터 브랜드 가치와 비즈니스를 동시에 추진하는 전략에 이르기까지, 기업의 사회적 책임은 홍보 부서 또는 마케팅 부서의 업무만이 아닌 그것을 뛰어넘어 우리 모두의 과업이다.

따라서 기업의 사회적 책임이라는 말은 #브랜딩 4.0에서 브랜드 가치 창출로 대체되며 이러한 가치는 지속 가능성과 직접 관련된다. 가치에 대해, 하버드의 포터 교수는 기업 (브랜드)은 사회와 의견이 일치한다고 언급했다. 즉, 다시 말해 #브랜딩 4.0에서 브랜드 전략에 부합하는 회사 공유 가치(Corporate Shared Values: CSV)는 현재 성공적인 기업이 책임을 넘어서 사회와 기업 사이에 어떤 가치가 공유되는지, 특히 디지털 사회의 개인 차원에서, 광범위하게 관찰해야만 한다는 것이다. 소비자는 관심을 보일 뿐만 아니라 비즈니스 메커니즘에도 관여하고 싶어한다. 소비자 참여는 플랫폼(디지털 네트워크 활동)을 통해 이루어지므로 소비자는 세계와 사회의이익을 위해 협업(브랜드와 소비자, 소비자와 소비자) 할 수 있다.

이것은 유명한 소셜네트워크 기업의 성장을 통해서도 확인할 수 있다. 이 조직들은 분명히그들이 만든 플랫폼을 통해 사회를 개선하려고 노력해왔다. 그들이(사회를 위해) 가치를 창출 할수 있다면, 디지털 사회에서 그들은 가치를 시장 가치(일반적으로 이러한 조직은 브랜드, 정부 기관, 해당 가치에 특별히 관심 있는 대행사 또는 시민기금으로부터 지원을 받는다)로 전환 할 수 있다.

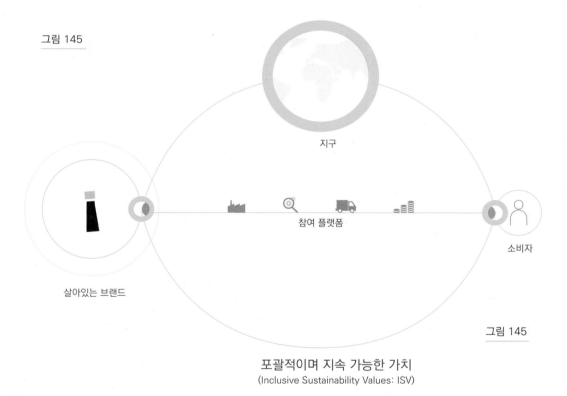

그림 145

지구

참여 플랫폼

소비자

살아있는 브랜드

그림 145

포괄적이며 지속 가능한 가치
(Inclusive Sustainability Values: ISV)

전반적으로 #브랜딩 4.0에서 브랜드는 지속 가능성을 지향하면서, 생명력 있는 브랜드가되고 공유 가치로 소비자(사람)와 유대 관계를 맺는다. 그리고 브랜드와 소비자(좋은 관계 형성)는 지구의 평화를 위해 진정으로 협력한다. 브랜드는 이익을 창출 할 수 있는 능력(고유 가치)을 유지해야만 한다.

1 사람

보다 나은 행복한 삶을 영위하기 위해 적극적인 사람들

#브랜딩 4.0 시대에 '인간 또는 사람들'은 모든 차원에서 브랜드를 주도하며 가장 중요한 역할을 한다. 브랜드에 직접 영향을 미치는 사람들 또는 브랜드로부터 영향받은 사람들을 고려할 때, 브랜드 이해관계자와 좋은 관계를 맺는 것은 브랜드를 지속할 수 있게 할 뿐 아니라 저서를 통해 우리가 이해하고자 하는 바에 이르게 하는 필수 조건 중 하나이다.

되짚어보면, 지속 가능성으로 이어지는 깊은 관계를 형성하기 위해 브랜드는 고객 관계를 훨씬 넘어서는 공유 가치를 지향하고, 가치를 살아있는 브랜드로 간주하며, 이해관계가 좋은 삶과 진정한 행복을 누릴 수 있도록 도와야 한다. 이것은 브랜드 개성으로부터 시작될 수 있으며 브랜드가 가장 효과적으로 수행할 수 있는 방향 또한 제시할 것이다.

그림 146

직원들

지구

참여 플랫폼

외부
이해관계자

포괄적이며
지속 가능한 가치

직원

직원은 자신의 삶과 가족을 위해 경제적인 지위를 유지하기 위한 보상이 필요하다. 그들의 건강한 삶과 마음을 뒷받침하는 좋은 환경이나 일터가 필요하며 그들의 생명과 소속감을 보호받기 위해 각별한 주의가 요구된다. 또한 자기 계발을 위한 지식과 교육이 제공되어야 하며 그들은 도덕적으로 대우받아야 한다.

외부 이해관계자

외부 이해관계자는 자신의 삶에 방해되지 않는 브랜드가 필요하다. 브랜드의 사업을 안전적으로 수행할 수 있어야 하며 브랜드에 의한 손실에 대한 책임을 진다. 지역 사회의 발전에 참여하는 브랜드가 필요하며 브랜드는 추가 행동을 취하기 전에 시민의 목소리와 의견을 경청해야 한다.

개개인의 좋은 삶과 행복은 다르게 영위되는 것이 분명하다.

위의 메시지에서 볼 때 브랜드에 대한 압박감은 더 커 보이지만 실제로 이러한 방식이 살아있는 브랜드에 의해 더 쉽게 이행될 수 있다. 브랜드는 사람들과 좋은 관계를 형성하는 것은 더 나은 삶을 영위하는 누군가의 바람이고, 안전하고, 어떤 점에서는 결과가 좋은 것이며, 그리고 마지막으로 브랜드가 바라는 대로 지속 가능해지는 것이라고 이해할 것이다. 이러한 모든 메커니즘은 공유 가치에 의해 함께 연결될 것이다. 그러한 우연한 관계는 공동의 목표를 존중하고 그로 인해 뒷받침될 것이다.

SCG 즉 시암 시멘트 그룹Siam Cement Group은 재벌 브랜드로 건설 자재, 포장 등에 관한 다양한 유형의 사업을 동남아시아에서 운영한다. 세계적인 명성과 함께 시암 시멘트 그룹은 비즈니스 우선순위를 사람들에게 두고 있는 기업의 좋은 예이다. 해당 브랜드 직원들은 해외에서 근무할 때(문화 다양성을 넘어) 다문화에 대비할 수 있도록 훈련받는다. 또한 국내외의 체계적인 캠페인을 통해 교육적인 지원을 받는다. 직원 건강을 위해 시암 시멘트 그룹은 운동 기구와 세계 정상급 스포츠 시설을 마련했다. 회사의 모든 기여는 직원이 브랜드 홍보 대사로 활동하도록 장려하기 위한 것이다. 이것은 직원이 행복하다면 고객도 행복할 것이라는 가정에 기반을 두고 있다.

또 다른 흥미로운 브랜드는 미트르 폴Mitr Phol으로 세계에서 4번째로 큰 설탕 및 사탕수수 생산 회사이다. 그들은 사탕수수(설탕의 주요 성분)를 생산하는 농민의 삶과 질에 관심이 있다. 진정으로 충분한 이해를 갖고 미트르 폴은 브랜드와 농민 사이의 공유 가치를 지원하는 시스템을 만들고 있다. 이것은 또한 지속 가능성을 지향하는 새로운 운영 및 공정(고유 가치)을 가능하게 한다. 지원 체계는 설탕 농장(생산, 재정 및 사탕수수 종자)의 지원 과정, 효과적인 수확 과정, 그리고 기술에 대한 지식뿐만 아니라 농부들 대대로 지식을 전달하는 것을 포함한다. 이러한 전략은 4만 가구 이상의 농부들의 생활 수준을 향상한 "함께 빛나자"라는 주요 방안 아래 비즈니스 중심에 놓여 있다.

우리 모두가 아는 것처럼, 사회가 더 결합될 때 그 사회는 긍정적이고 부정적인 영향을 모두 줄 수 있다. 모든 브랜드 이해관계자를 공유 가치에 근거한 협업이 이루어질 때까지 신경 쓰고 관리한다면 그들은 브랜드 이행과 변화를 긍정적인 방향으로 지지하고 궁극적으로 브랜드의 친구가 될 것이다. 따라서 지속 가능성을 기대하는 브랜드는 브랜드가 할 수 있는 것을 활용하여 그들의 삶의 질을 향상시키는 방법에 관한 문제에 대해, 관련 그룹이나 유익한 그룹뿐만 아니라 모든 이해관계자를 이해하는 좋은 전략을 가져야 한다.

브랜드의 방안, 전략 및 실행으로부터 나온 질문에 대한 답변은 비즈니스 메커니즘을 보다 효과적으로 만들 뿐만 아니라 브랜드와 동일한 가치를 공유하는 사람들에게 이야기로 전달될 수 있는 가치이기도 하다. 그 결과 브랜드 성과는 사람들에게 행복과 더 나은 삶을 가져옴으로써 성취될 수 있다는 것을 배울 수 있다. 가치를 창출할 수 있는 것과 보조를 같이하며 모든 이해관계자와 협력하는 브랜드라면 사소한 것에서부터 시작해 광범위하고 큰 영향력을 행사하는 브랜드로 모두 성장할 수 있다. 이 모든 것은 디지털 사회에서 지속 가능한 브랜드에 도달하기 위한 첫걸음이다.

2 지구

전 지구적인 문제를 함께 해결하기

어떻게 더 좋은 세상을 만들 수 있을까? 그리고 브랜드는 어떻게 동참할 수 있을까? 주변 환경을 고려할 때 우리는 한 사람의 일상적인 활동이 환경에 불쾌한 영향을 일으킬 수 있고 총체적으로 심각한 환경 문제에 이를 수 있다는 것을 알게 되었다.

우리가 24시간 동안 환경을 얼마나 괴롭혔는지 목욕을 하는 것에서부터 잠자리에 들 때까지 상상해보아라. 단지 한 사람이 환경에 그렇게 부정적인 영향을 끼칠 수 있다면, 많은 사람은 세계적인 환경 문제를 일으킬 수 있다. 비즈니스 측면은 더 심각하다. 원자재 에서 시작하여 제품이 소비자의 손에 전달될 때까지의 과정은 자연과 환경에 엄청난 부작용을 남길 것이다. 그린 빌딩 또는 그린 기업의 정의와 관련된 브랜딩이 왜 수십 년 동안 화젯거리인지는 전혀 놀라운 일이 아니다. 이는 살아있고 책임감 넘치는 브랜드라는 이미지로 이어진다. 녹색은 지구 애호가를 상징하며 세계와 직접 관련 있다. 환경 문제는 미래의 더 나은 세계에 일조하기 위해서 브랜드가 관심을 기울여야만 하는 주된 원인 중 하나이다.

기업의 사회적 책임을 보다 실체적이고 제도화하기 위해 193개국의 유엔 회원국이 참여하여 매우 효과적인 회의를 가졌다. 그림에서처럼 17가지 주제에 대해 기업의 사회적 책임 활동과 사회 공헌을 이끌기 위한 체제로 지속 가능한 개발 목표를 체결했다. 이러한 국가적 기여는 체계를 더 명확하게 할 뿐만 아니라 방향성과 공헌의 측면에서 기업의 사회적 책임의 패러다임을 명확히 한다. 지속 가능한 개발 목표(SDG)는 최근 더 나은 세계로의 목표를 성취하기 위한 방법을 논의하는 데, 주요 참고 자료로 사용되었다.

그림 147

환경에 대한 배려와 책임을 구현하기 위한 구체적인 3가지 운영 방식이 있다. 첫째, 환경친화적인 공정 과정 만들기. 둘째, 대체 물질이나 폐기물 사용하기. 마지막으로 소비자가 일상적인 활동에서 친환경적으로 협력 할 수 있도록 참여시키기. 이 세 가지 근거는 책임감을 느끼고 지구를 돌본다는 측면에서 브랜드가 지속 가능한 브랜드로 지향하고 있음을 증명하는 근본적인 요소이다. 그러나 나무를 자르는 것을 예로 들면, 우리는 3개의 나무를 베는데 몇 시간이 채 걸리지 않지만, 그 나무는 몇 세대에 걸쳐 성장한다는 것을 알고 있다. 모든 일은 매우 영향력 있는 방식으로 수행되어야 하며 그 결과 우리가 문제를 효과적으로 해결할 수 있도록 올바른 방향으로 이끌어야 한다.

따라서 많은 성공적인 브랜드는 공정 과정에서 자연 자원 및 환경에 미치는 영향을 최소화하는 방법을 재검토하는 것에서부터 시작하여 환경친화적인 비즈니스 과정을 획기적으로 개발한다. 흥미로운 예가 앞서 언급한 종이 및 포장 제조업체인 시암 시멘트 그룹으로 그들은 나무의 섬유를 덜 필요로 하는 제지를 생산하기 위해 총력을 기울이고 있다. 그들은 합성 섬유(Eco-Fiber라고도 함)를 도입하여 그들의 종이 생산에 더 많이 사용한다. 이 제품은 '아이디어 그린 플러스Idea Green Plus'로써 브랜드화되었다. 효과적인 연구와 혁신적인 생산으로 현재 시암 시멘트 그룹은 고품질의 종이와 유용한 제품을 생산함과 동시에 나무 섬유의 사용을 50% 절감한다. 시장의 사용자 중 절반이 아이디어 그린 플러스 브랜드를 사용한다면 2,550,000그루 이상의 나무를 절약 할 수 있다.

세계적으로 유명한 제지 회사인 더블 에이Double A 역시 종이 원료인 나무를 적게 사용하는 것이 중요하다는 것을 알고 있으며 다른 가능한 방법으로 목재를 대체하고 있다. 32년간 이어진 혁신적인 연구를 통해 더블 에이는 자연의 원료를 대체하기 위해 '빠르게 자라는 종이 나무'를 개발했다. 그분 아니라 그들은 '농업에 쓸모없는 땅인 칸나'라는 지역에 종이 나무를 심기로 한다. 그리하여 그들은 '칸나 종이'라는 브랜드를 만든다. 이것은 또한 농부의 수입에 큰 보탬이 된다. 그 결과 1억 그루 이상의 나무 대신 칸나Khan-Na의 종이 나무를 사용하고 150만 명이 넘는 농민들이 자신의 삶과 가족을 부양 할 수 있는 추가 수입을 얻게 된다. 이것은 자연의 기존 물질을 파괴하지 않고 대체 물질을 사용하는 성공적인 사례이다.

새로운 공정 과정을 개발하고 자연 재료의 사용을 줄이기 위해 대체 재료를 사용하는 것 외에도, 결코 사용된 적 없지만 상당한 양으로 존재하는 다른 재료 또는 가치 없는 것으로 인식되는 폐기물로부터 얻은 재료를 사용하는 것 또한 매우 중요하다. 예를 들어 그린 보드는 음료 포장재에서 재활용된 미립자 기반의 종이 또는 원하지 않는 종이 상자에서 재활용된 가구이다.

이 공정 과정은 10년 이상 잘 알려져 우리에게 새로운 것은 아니다. 그러나 지속 가능성을 위한 진정한 방법으로서 완전한 비즈니스 과정을 적용한 것이 아니라 이벤트 성으로 이행된다. 디지털 사회에서 브랜드는 소비자와의 협업을 위해 메커니즘(디지털 활동)을 도입할 것이다. 그 결과 소비자는 진심 어린 행동(브랜드와의 공유 가치를 알고 있다)으로 환경친화적인 제품만을 구매하게 될 것이다. 브랜드가 가치를 창출하는 동안 소비자는 행동 변화(브랜드 참여로 인한 결과)를 겪게 될 것이다. 모든 가치는 우리 지구에 좋은 결과를 가져올 것이다.

다시 미트르 폴Mitr Phol의 예로 돌아가면 그들은 자연 자원과 환경적인 측면에서 설탕 제조 과정에서 발생하는 폐기물을 관리하는 것에 주력하고 있다. 단지 쓰레기로 내버려 두지 않고, 미트르 폴은 새로운 공정 과정을 적용하여 모든 폐기물을 관리하고 이것을 대체 에너지 생산의 원천으로 만든다. 정상적인 설탕 생산 과정에서는 당밀과 사탕수수 찌꺼기가 포함될 것이다. 미트르 폴은 당밀을 에탄올 생산용으로, 사탕수수 찌꺼기를 바이오 에너지 생산용으로 그리고 건축용 자재로 사용되는 파티클보드 생산을 위해 사용함으로써 새로운 사업을 창출하는데 이 두 폐기물을 활용하였다. 이러한 메커니즘은 '폐기물을 가치 있게 만드는' 방안을 뒷받침한다. 또한 주변 환경에 긍정적인 영향을 미친다. 물론 이 전략은 공급망을 따라 미트르 폴 브랜드에 가치를 창출한다. 미트르 폴 고유 가치를 통해 환경 중심의 가치가 중요한 시장 가치로 바뀐다.

앞서 언급한 바와 같이 환경과 자연에 대한 전략은 브랜드(및 소비자)가 우리 세계(지구)에 대한 책임을 안고 있다는 전제 조건의 일부이다. 마케팅 측면에서 코틀러 교수는 경제적인 부, 건강한 환경, 사회 복지 및 인간의 지혜로 구성된 #4W 이론 하에 전 세계를 발전시키는 데 필요한 주제와 문제를 규정한다. 이제 브랜드 측면에서 살펴보면, 더 나은 세계를 위해 해결책을 필요로 하는 이러한 문제들은 브랜드와 소비자가 연결할 때 반드시 중요하게 여겨지는 관계적 특이 사항과 유사하다. 브랜드는 브랜드와 관련 있는 것이 무엇이고(브랜드 가치에 따라) 어떤 브랜드가 다른 것보다 효과적인지(고유 가치) 분별해야 한다. 또한 브랜드는 브랜드와 소비자 간의 공유 가치에 대해 생각해야만 한다.

이해관계자인 소비자는 다른 관점에서 다른 우려 사항을 가질 수 있다 (이해관계자를 이해하는 것은 항상 중요하다). 전체적인 그림에서 보자면 #4W에서 언급된 모든 것은 디지털과 물리적인 요소가 완전히 연결된 디지털 사회의 모든 부문에서 긴급한 관심과 협조가 필요한 것이다.

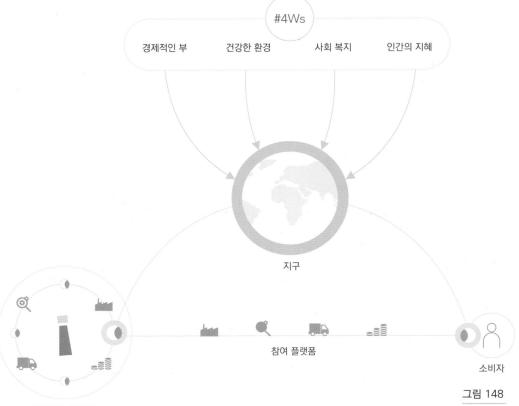

그림 148

더 나은 세계를 향한 움직임은 한동안 세계적으로 다루어진 주제이고 앞으로도 끊임없이 논의될 것이다. 사회의 모든 분야는 우리 인간의 삶이 지구를 어쩔 수 없이 괴롭히고 있다는 것을 알게 되었다. 우리의 관심은 어떻게 활용할 것인지, 어떻게 균형 있게 보호할 것인지에 대한 방법뿐 아니라 어떻게 모든 측면에서 향상할 수 있을지에 관한 것이다. 많은 국제기구와 정부가 #4W에 의거한 활동을 펼치고 있다. 확실히 소비자는 비즈니스 부문을 눈여겨 보고 있다. 디지털 사회에서 비즈니스 부문은 심각한 문제에 대한 논의를 위해 그룹을 형성하고 함께 해결해왔다. 이것은 지속 가능한 브랜드가 행동적으로 이 지구를 돌봐야 하는 것을 암시한다. 기존의 방식으로 이루어낸 협력은 현재 디지털 사회의 것보다 상대적으로 영향력이 부족했다. 무엇보다 중요한, 가치를 시장 가치로 전환하는 전략에 대한 이해가 없었기 때문이다. 이것은 대부분 브랜드가 전 지구적인 문제 해결에 대한 투자와 비즈니스 목표 달성 사이의 관계에 있어서 여전히 확신을 갖지 못하게 한다. 가치를 시장가치로 전환하는 것을 이해하는 것이 지속 가능한 브랜드가 되기 위한 마지막 대답인 것이다.

3 수익

비즈니스의 성공: 생존에서 지속 가능성에 이르기까지

시장에서 경쟁하고 수익을 창출할 능력은 비즈니스 성공을 위한 중요한 요건이다. 브랜드가 수익을 창출 할 수 없는 경우 해당 브랜드는 분명 더는 유지될 수 없다. #브랜딩 4.0에서 지속 가능한 수익을 만드는 원인과 전략은 수익을 핵심으로 하는 비즈니스가 아니라 삶을 강조하고 '가치를 시장 가치로 전환'하는 능력에 초점을 둔 비즈니스로부터 비롯된다. 저서에서 전반적으로 설명했듯이 가치가 없다면 브랜드는 소비자(사람)에게 연결되지 않거나 좋은 관계를 형성하지 못할 것이다.

고유한 가치가 없다면 브랜드는 수익을 창출하지 못할 것이다. 실제로 가치는 모두 관계에 관한 것이며, 그래서 시장 가치 이전이나 이후에 일어나는 일을 정확하게 식별하기 어렵다. 그러나 먼저 가치에 연결되는 것은 소비자이므로 그들이 항상 가치를 찾고 있다는 것은 논리적으로 분명하다. #브랜딩 4.0에서 브랜드의 가치는 내적 자아의 이해에서 비롯되며 매우 작은 시장 점유율을 차지하고 있는 다른 브랜드처럼 행동하지 말아야 한다. 아니면 브랜드는 결국 자신을 잃을 것이다. 자아 발견이란 브랜드를 정의하는 데 도움이 되는 브랜드의 잠재력과 성격을 찾는 과정이다. 아무리 오랜 시간이 걸리더라도 브랜드는 자신이 누구인지 분명히 알아야 한다.

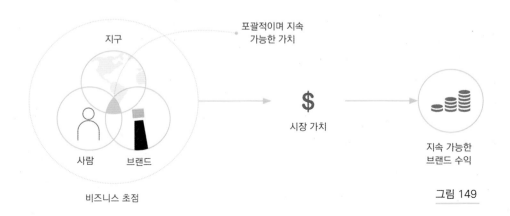

포괄적이며 지속 가능한 가치

지구

사람 브랜드

비즈니스 초점

$ 시장 가치

지속 가능한 브랜드 수익

그림 149

가치 측면에서 브랜드는 지구를 돌보기 위해 하는 행위로부터 수익을 기대할 수 없으며, 브랜드가 수익을 내지 않고 지구에 대한 책임을 위해 돈과 노력을 기울이는 경우 브랜드는 공중에서 사라질 것이다. 가치를 소유한 브랜드는 삶과 성격에 기초해야 한다. 브랜드가 가치를 소유하지만 시장 가치로 전환할 수 없는 경우, 그것은 브랜드 행동이 고유 가치로 충족되지 않는다는 것을 의미한다. 브랜드의 성장은 지구와 환경에 대해 브랜드와 소비자 간의 공유 가치와 브랜드 고유 가치를 알맞게 혼합시킨 것이다. 이는 브랜드가 사람과 지구와 관련하여 주목받을 수 있는 수준 높은 제품과 서비스를 제공 할 수 있음을 의미한다. 단, 조건은 이러한 제품과 서비스가 수익(시장 가치로 불리는 제품과 서비스)을 창출해야 한다는 것이다. 다시 말해 언급된 단계에 따라 지구 및 환경과 관련된 브랜드의 모든 가치는 시장 가치로 전환될 수 있다.

시암 시멘트 그룹은 사람, 지구 및 핵심 비즈니스로부터의 수익을 포함한 모든 것을 충족시켜야만 한다는 것을 알고 있다. 사람과 지구에 대한 투자는 비용이 많이 들고 수익성 측면으로만 집중할 경우에는 가장 많은 투자 회수를 기대하는 것이 어려울 것이다. 그러나 브랜드에 중점을 두고 사람과 지구에 관심을 기울여 가치를 창출하면 이것은 먼 훗날 막대한 시장 가치로 전환 될 수 있다. 따라서 시암 시멘트 그룹은 고부가가치(HVA) 제품 및 서비스를 만드는 전략 사업을 운영하고 있다.

시암 시멘트 그룹은 가격 경쟁을 하기보다는 소비자가 HVA 제품으로부터 기능상의 이점 이상으로 얻게 될 혜택을 보여주기 위해 브랜드 이야기를 소비자에게 들려준다. 시암 시멘트 그룹은 그들의 주요 브랜드 중 하나인 'SCG Eco Value'라는 라벨을 붙임으로써 사람과 우리 세계를 위한 가치를 소유하고 있음을 보여준다. 그들은 단지 가치를 창출하는 것이 아니라 사람과 지구에 의미 있는 가치를 수익으로 전환하는 능력을 갖추고 있다. 2015년 태국의 경쟁력 조사에 의하면 2004년 총 매출 4%이었던 시암 시멘트 그룹의 HVA매출은 2014년 35%로 증가하였다. 시암 시멘트 그룹은 단순히 수익만 내는 구조가 아니라 선하고 사랑받는 브랜드로써 사회 속에 조화롭게 살아간다.

미트르 폴도 마찬가지이다. 농부들이 양질의 삶을 영위할 수 있도록 신경 쓰는 것 외에도 폐기물과 쓰레기를 관리하면서 그들은 새로운 비즈니스(에너지 비즈니스)로 광범위하게 사업을 확장하는 능력을 갖추게 되었다(이 경우 규칙3에 부합한다). 에탄올을 생산하기 위해 사탕수수 찌꺼기를 사용함으로써 바이오 에너지 분야에 혁신을 가져온 것이다. 이것은 제로 폐기물Zero-Waste라고 하는 효과적인 브랜드 전략의 결과이다. 또한, 파티클보드 사업은 원료를 설탕 생산 과정에서 얻는다. 이러한 방식으로 폐기물은 원료로 전환되고, 원료는 새로운 사업으로 전환되며, 새로운 사업은 이익을 창출하는 것이다. 현재 에너지 및 파티클보드 사업은 2014년 기준 미트르 폴에 약 205달러의 총 수익을 벌어들인다. 이를 통해 브랜드가 자신의 역할을 이해하고 사람과 지구를 위해 최선을 다해 기여하는 것이 수익 창출을 위한 아주 좋은 방식이라는 것을 명확히 알 수 있다. 단기적으로 보지 않고 수익(시장 가치)으로 전환 될 수 있는 가치를 창출하는 것은 브랜드를 지속 가능한 위치로 이끌 것이다.

고유한 가치가 없다면 브랜드는 소비자에게 더 높은 시장 가치(모든 지불 형태의 가격)를 요구할 수 있는 선택의 여지가 없다. 이러한 브랜드는 시간이 지나면 이익을 창출 할 수 있는 능력이 크게 떨어지고, 특히 소비자가 교육받고 똑똑하며 특정 목적을 위해 집단행동을 취하는 고도의 경쟁 환경 속에서 손실이 발생하는 처지에 이르게 된다. 소비자는 그들과 동일한 가치를 공유하고 있는 브랜드, 신뢰할 수 있는 브랜드, 가치를 소비자의 지불 대가인 제품이나 서비스로 전환할 수 있는 브랜드를 발견하면 기꺼이 높은 가격(어떤 가격이든지)을 지불한다.

저서 전반적으로 #브랜딩 4.0을 통해 브랜드가 공유 가치를 지닌 소비자와 이어지는 것이 얼마나 중요한지, 그리고 어떻게 소비자와 강력한 유대 관계를 유지하는지 살펴볼 수 있었다. 브랜드는 살아 있어야 하며 비즈니스라고 불리는 것 이상이어야 한다. 이것은 개인 맞춤화(경쟁력 유지)와 사회의 다른 사람들과 전 지구적인 문제(지속 가능)를 모두 이행하는 것을 의미한다.

가치 창출은 브랜드, 제품 및 서비스의 모든 부분, 제품 및 서비스의 공정 과정, 제품 및 서비스가 고효율적으로 사용된 이후 그리고 가장 중요한, 브랜드의 전반적인 삶을 통해 이루어진다. 결론적으로, 공유 가치와 고유 가치 모두를 창출하는 것은 브랜드 중심 경영을 최우선으로 하고 브랜드와 사업이 단지 마케팅 목표가 아닌 가치에 기반을 두도록 하며 살아있는 브랜드가 사람과 지구와 함께 조화롭고 지속할 수 있게 살아가도록 하는 것이다. 명확한 정의를 내리자면, 지속 가능한 브랜드는 사업 목표(영리 추구)뿐만 아니라 사람(이해관계자) 및 지구와도 강한 유대 관계를 가진 브랜드이다. 시장 가치 이전의 가치 그리고 수익 발생 이전의 시장 가치를 창출 할 수 있다면 이익은 분명히 뒤따를 것이다. 지속 가능한 브랜드는 이 디지털 사회에서 도달 가능한 목적지가 될 것이다.

결론: 지속 가능한 브랜드

좋은 브랜드에서 뛰어나고 지속 가능한 브랜드에 이르는 과정은 모든 것이 빠른 속도로 변화하는 디지털 사회에서 특히 브랜드와 마케팅 담당자에게 큰 도전이 될 것이다. 비즈니스 성과를 넘어 지속 가능한 브랜드가 되는 것은 도달 가능한 범위 저 너머에 있는 목적지와 같다. 지속 가능성은 너무 크거나 적은 것이 아닌 사회 전체가 노력해서 도달해야 하는 균형에 관한 것이다. 한 개체로서 살아있는 브랜드는 이러한 사회적 책무를 받아 들여야 하며 우리 사회와 지구에서 발생하는 일에 의무를 갖고 임해야 한다. 모든 사람이 디지털 방식으로 연결되어 정보에 접근 가능한 사회에서는 브랜드가 단순히 이익만을 쫓을 수 없다는 것이 자명하다.

#브랜딩 4.0에서 브랜드가 소비자와 우정을 쌓지 못하고 전 지구적인 일을 위해 협력하지 않는다면 수익은 의미가 없다.

소비자 측면에서 살아가기 위해 브랜드는 반드시 생명력이 있어야 한다. 그리고 우리의 지구, 사람, 수익을 모두 한 방향에서 바라보고 의사소통 수준에서 시작하여 최고의 참여도 수준으로 전력을 다해 나아가 실용적이고 영향력 있는 결과를 얻어야 한다. 브랜드는 이러한 메커니즘에 깊게 관여하지만 실상 모든 것을 통제하는 것은 브랜드이다. 디지털 사회가 수평적이라는 것은 분명하다. 이는 모든 사람이 그들만의 방식으로 자신의 책임을 다한다는 것을 의미한다. 그러나 지속 가능성에 도달하기 위해서는 모두 협력해야 한다. 이것은 단지 소비자나 브랜드를 위한 것이 아니라 우리의 지속 가능한 사회를 위한 것이다.

포괄적이며 지속 가능한 가치: ISV

지구

브랜드의 실현

사람

수익

용어 정리

지속 가능한 브랜드(Sustainable Brand)

기업의 사회적 책임: CSR(Corporate Social Responsibility: CSR)

포괄적이며 지속 가능한 가치: ISV(Inclusive Sustainability Values: ISV)

사람(People)

지구(Planet)

수익(Profit)

문제 해결(Problem Solving)

더 나은 삶(Better Living)

의인화(Personalisation)

자아 실현(Self Actualisation)

#4W

경제적인 부(Economic Wealth)

건강한 환경(Environmental Wellness)

사회 복지(Social Well-being)

인간의 지혜(Human Wisdom)

자족적 경제 철학: SEP(Sufficiency Economy Philosophy: SEP)

지속 가능한 사회(Sustainable Society)

감사의 글

이 책의 집필을 시작한 지 4년이 넘게 흘렀다. 많은 분이 필자에게 과분한 친절을 베풀어 주셨다. 그들은 제안, 비판, 찬사를 아끼지 않고 이 책을 완성하는 데 귀중한 시간을 할애해 주셨다. 그런 분들의 지원이 없었다면 이 책은 빛을 보지 못했을 것이다. 감사하는 마음 헤아릴 수 없다.

필립 코틀러Philip Kotler 교수님은 좋은 롤 모델이며 위대한 스승님이시다. 지금까지 살아오면서 내가 잡은 가장 큰 기회 중 하나는 그분의 가르침을 받은 일이다. 그분은 존경받는 경제학자이자 마케터이다.

켈로그 대학원에서 브랜딩 커리큘럼을 담당하고 있는 교수님들, 특히 팀 칼킨스Tim Calkins 교수와 앨리스 타이바웃Alice Tybout 교수님에게 감사드린다. 이 두 분을 통해 필자는 브랜드와 브랜드 창출의 의미를 진정으로 이해하게 되었다. 그동안 경험한바 이상으로 더 현실적으로 브랜드의 그림을 그릴 수 있게 된 것에 감사드린다.

상무부 차관 수윗 메이신시Suvit Maesincee 박사님은 우리가 알게 된 이후 줄곧 많은 제안과 찬사를 아끼지 않았다. 그는 사상가이며, 작가이고, 필자가 알고 있는 가장 뛰어난 전략가 중 한 분이다.

쭐라롱껀 대학교 총장이신 반딧 으아-아폰Bundhit Eua-arporn 교수님에게 감사드린다. 그분에게 많은 빚을 졌다. 그는 탁월한 경영가이며, 환상적인 엔지니어이며, 동시에 많은 사람이 따르는 호인이다. 그분의 관대함에 줄곧 감사하지 않을 수 없다.

시암 시멘트The Siam Cement Public Company Limited(SCG)의 회장 겸 CEO인 깐 프라꿀훈Kan Trakulhoon 회장님의 찬사에 대해서도 감사드린다. 우리가 이노베이션에 관해 이야기할 때, 많은 사람이 맨 먼저 그를 떠올릴 것이다. 100년 된 조직을 이노베이션을 창출할 힘으로 가득한 젊은 브랜드로 탈바꿈할 수 있었던 것은 오로지 그가 이룩한 인상적인 업적이다.

에너지부 에너지 정책 및 기획국 국장 타와랏 수따붓Twarath Sutabutr 박사님이 찬사를 써주신 것에 대해서도 감사드린다. 그는 필자가 '태국 정부 관리'에 대한 확신을 하게 한 좋은 사례 중 하나이다. 그와 더불어 일을 하거나 이야기를 나눌 기회가 있을 때마다, 필자는 이 분이 관심을 기울이는 유일한 것은 자국의 이익이라는 인상을 받는다.

까시껀 뱅크KASIKORN BANK의 회장 겸 까시껀 비즈니스 테크놀로지 그룹KASIKO RN Business Tech nology Group, 그리고 까시껀 뱅크 타일랜드Kasikorn bank Public Co mpany Li mited Thailand 의 티라난 시홍Teeranun Srihong 회장님께서 찬사를 써주셨다.

감사드린다. 그는 에너지와 비전이 넘치는 경영자이다. 그는 강력하고 명확한 사고 구조를 가진 분이다. 말 하나하나에 항상 확신이 넘친다. 만날 때마다 늘 그분에게 새로운 것을 배운다.

태국 개발 연구원Thailand Development Research Institute 원장 솜끼앗 땅끼앗와닛Somkiat Tang kitvanich 박사님이 찬사를 써주셨다. 감사드린다. 특히 우리가 하버드 대학교에서 만났을 때, 그분에게 많은 것을 배울 기회가 있었다. 그 기회를 통해 필자는 그가 제안한 공공 정책이 받아들여진다면 이 나라가 확실히 발전될 수 있겠다는 믿음을 가지게 되었다. 쉐브론 타일랜드 탐사 및 생산Chevron Thailand Exploration and Production, Ltd.의 파이롯 까위야난 Pairoj Kaweeyanun 회장님이 찬사를 써주신 것에 대해서도 감사의 뜻을 전한다. 그는 비즈니스 성공에만 초점을 맞추지 않고 사회, 교육, 환경 그리고 지속가능성에 대해서도 많은 초점을 맞추고 있다.

태국 항공Airports of Thailand Public Company Limited의 CEO인 니티나이 시리사마타깐Nitinai Sirismatthakarn 박사님이 찬사를 써주셨다. 감사드린다. 그는 다양한 지식뿐만 아니라 인재 경영에도 남다른 철학을 지닌 경영 롤 모델이다. 그는 결단력이 남다르며 분명한 목적을 세우고 일을 추진한다. 또한, 그와 함께 일을 한 사람들로부터 사랑을 받는 분이다.

액센추어 솔루션Accenture Solution Co. Ltd.의 논타왓 품추시Nontawat Poomchusri 전무께서 찬사를 써주셨다. 감사드린다. 그는 업무와 삶 모두를 효과적으로 관리하는 뛰어난 능력을 가진 경영자이다. 글로벌 컨설팅 비즈니스에서 거둔 그의 성공은 늘 내게 귀감이었다.

쫄라롱껀 대학교, 통상 및 회계학부, 꾼탈리 른롬Guntalee Ruenrom 교수에게도 감사드린다. 그녀는 진실로 위대한 스승이 갖추어야 할 모든 자질을 갖춘 분이다. 학생들과 이야기 할 때마다 자신의 지식을 아낌없이 전해주신다. 필자에게도 귀한 조언을 아끼지 않는다.

태국 최고의 브랜드학자 중 한 분인 시리꿀 라오까이꿀Sirikul Laokaikul 박사는 진정한 기부자이다. 그녀는 필자에게 지식과 기회 그리고 지원을 베풀어 주셨다. 그녀를 처음 만난 날이 눈에 선하다. 그녀는 태국 사회가 정확한 브랜드 구축 토대를 다질 수 있도록 도움을 주는 분이다.

지금까지 다양한 분야에서 아무런 조건 없이 지식을 공유한 전문가들과 경력자들, 특히 켈로그 경영 대학원 친구들, 세계 마케팅 서밋World Marketing Summit과 지속 가능 브랜드Sustainable Brands의 전문가들에게 진심으로 감사드린다. 그동안 이들이 나누어 준 모든 지식은 이 책 안에 잘 분석되어 있고, 결정체로 남아서 축적되어 있다.

『BRANDist』페이지가 만들어진 후 2년 내내 친구와 형제자매들이 지식을 나누어 주었다. 필자가 이 책의 집필을 마칠 수 있도록 독려한 것은 독자들이 지식을 공유하고, 이 지식에 코멘트를 남기고, 이 지식을 실제 생활에 적용하고, 그런 다음 이 책이 어떻게 삶을 개선하는지를 필자에게 보여주었기 때문이다. 모름지기 이것이 작가의 행복이리라.

브랜디 회사BRANDi Corporation에 몸담았거나 현재 몸담은 브랜드 구축 친구들 그리고 형제자매들이 없었다면, 이 책은 빛을 보지 못했을 것이다. 우리가 공유한 경험, 생각, 그리고 이 책의 모든 그래픽 작업은 모두 그분들의 것이다. 진정으로 감사한다.

필자의 어머니와 친할머니 그리고 외할머니, 이 세 분의 여성은 아무런 조건 없이 자신의 몸과 영혼, 지성 그리고 신앙을 필자에게 아낌없이 나눠 주셨다. 이 책은 진실로 그분들의 것이다.

나의 삶의 일부가 되었지만, 그 모든 일을 열거할 수 없을 정도로 많은 사람이 있다. 우리가 함께 가진 경험들이 좋았거나 나빴는지는 절대 중요하지 않다. 지금의 필자가 있기까지 그들 모두가 나를 충족시켰다. 모두에게 감사를 드려야 한다. 그리고 그 모든 분의 이름을 일일이 열거하지 못한 점, 너그럽게 헤아려 주시기를 바란다.

모든 독자에게 감사의 말씀을 드린다. 독자 여러분이 어디에 있는지, 어떤 직업을 가졌는지, 또는 이 책에서 무엇을 기대하는지는 중요하지 않다. 이 책의 마지막 페이지를 덮고 실제 생활에서 좋은 것들을 채택한다면 여러분이 세운 목표를 이룰 수 있을 것이라 필자는 믿기 때문이다.

BRANDist의 정신이 여러분과 함께 하기를 빕니다.

참고문헌

Chapter 1

≫ Journal of Historical Research in Marketing (Tamilia, 2009)

≫ 1955 Floyd Clymer's Motor Cars And News of 1899 guide (Clymer Floyd, 1955)

≫ The Marketing Mix (McCarthy, 1960)

≫ Marketing 3.0: From Products to Customers to the Human Spirit (Philip Kotler, 2011)

≫ Marketing Management, 9th Ed., Prentice Hall, NJ, USA (Philip Kotler, 1997, p.443)

≫ New Marketing Litany: Four Ps Pass (Lauterborn, 1990)

≫ Marketing Management:Analysis, Planning, Implementation, and Control (Philip Kotler, 1994)

≫ Marketing Management and Strategy. London: Prentice Hall (Doyle, 2001)

≫ Principles of Marketing. Harlow: Pearson Education (Philip Kotler, 2007)

≫ The End of Advertising As We Know It (Sergio Zyman, 2003)

≫ Ogilvy on Advertising (David Ogilvy, 1985)

≫ MINTEL report: Ice cream UK (MINTEL, 2009)

≫ Positioning: The Battle for Your Mind. McGraw-Hill Professional (Ries Trout, 2001)

≫ http://www.marketingpower.com/mg-dictionary-view329.php (American Marketing Association, 2007)

≫ http://www.unilever.com/brands (Unilever, 2015)

≫ http://www.forbes.com/sites/kimberlywhitler/2014/07/17/why-word-of-mouth-marketing is-the-most-important-social-media/ (Forbes, 2014)

≫ http://www.nielsen.com/us/en/insights/news/2012/consumer-trust-in-online-social-and-mobile-advertising-grows.html (Nielsen, Consumer Trust in Online Social and Mobile Advertising Grows, 2012)

≫ http://id.nielsen.com/site/documents/NielsenTrustAdvertisingGlobalReportJuly09.pdf (Nielsen, 2009)

≫ http://www.guardian.co.uk/media/2010/aug/24/tv-advertising (Guardian, 2010)

≫ http://www.bazaarvoice.com/resources/stats (Bazaarvoice, 2011)

≫ http://cdn2.hubspot.net/hub/53/file-13194219-pdf/docs/2010_roi_report.pdf (Hubspot, 2010)

≫ http://www.joyofdirectmarketing.com/ (Lois Geller, Lois Geller Marketing Group)

Chapter 2

≫ http://www.itu.int/en/ITU-D/Statistics/Documents/facts/ICTFactsFigures2015.pdf (ITU, ICT Facts Figures 2015, 2015)

≫ http://www.internetlivestats.com (Internet Live Stats, The Real Time Statistics Project, 2015)

≫ http://www.itu.int/en/ITU-D/Statistics/Pages/stat/default.aspx (ITU, the key 2005-2015 ICT data for the world, 2015)

≫ https://uxmag.com/articles/creating-outstanding-experiences-for-digital-natives (User Intelligence Research, Digital Natives, 2014)

≫ http://www.itu.int/en/connect2020/Documents/pp14-connect2020-commitments. pdf(ITU, The Connect 2020 Agenda, 2015)

≫ http://www.mckinsey.com/insights/business_technology/disruptive_technologies (Mckinsey, Disruptive technologies: Advances that will transform life, business, and the global economy, 2013)

≫ http://www.gsmamobileeconomy.com/GSMA_ME_Report_2014_R2_WEB.pdf (GSMA, The Mobile Economy, 2014)

≫ http://www.mequoda.com/articles/digital-magazine-publishing/web-usage-prediction-when-mobile-and-desktop-collide/ (Comscore, Mobile and Desktop Collide, 2015)

≫ http://www.cisco.com/c/en/us/solutions/collateral/service-provider/visual-networking index-vni/white_paper_c11-520862.html (CISCO, Cisco Visual Networking Index: Global Mobile Data Traffic Forecast, 2014)

≫ http://enezaeducation.com/contact-us/ (Eneza, 2015)

≫ http://www.va.gov/opa/pressrel/pressrelease.cfm?id=2561(US Veterans Health Administration, 2014)

≫ http://www.alarm.org/YourSafety/CrimeReporting (Alarm.org, New Technologies Allow Users to Call, Click or Text Crime Reports, 2012)

≫ http://www.huffingtonpost.com/clara-tsao/6-ways-mobile-techology-h_b_4054076.html (Huffingtonpost, 6 Ways Mobile Technology Has Transformed the World's Poor, 2013)

≫ http://www.digitaltrends.com/mobile/best-augmented-reality-apps/4/ (Digitaltrends, Best Augmented Reality Apps, 2014)

≫ http://www.digitaltrends.com/home/best-shopping-apps/ (Digitaltrends, BEST SHOPPING APPS, 2012)

≫ https://support.apple.com (Apple, Siri, 2014)

≫ https://play.google.com/store/apps/details?id=net.skyscanner.android.main&hl=en (GooglePlay, 2014)

» http://lifehacker.com/5889566/the-best-movie-showtimes-app-for-android (Lifehacker, 2012)

» http://www.digitaltrends.com/mobile/best-educational-apps/ (Digitaltrends, BACK TO SCHOOL APPS GUIDE, 2014)

» http://thedroidreview.com/7-best-video-calling-apps-facetime-alternatives-forandroid-1235 (The Droid Review, 7 Best Video Calling Apps & FaceTime Alternatives for Android, 2015)

» http://www.digitaltrends.com/mobile/best-money-sending-apps/ (Digitaltrends, Easily Settle Your Debts With These 9 Money Sending Applications, 2015)

» http://www.digitaltrends.com/mobile/best-health-and-fitness-apps-foriphone(Digitaltrends, Best Fitness Apps for Iphone, 2015)

» https://www.apple.com/researchkit/ (Apple, Research Kit, 2015)

» http://www.kotlerimpact.org/portfolio/2014/ (Kotler, 2014)

» https://www.paypal-media.com/assets/pdf/fact_sheet/PayPal_FastFacts_Q4_2014_FINAL.pdf (PayPal, PayPal FastFacts Q4 , 2014)

» http://www.worldmarketingsummitgroup.org/ (World Marketing Summit, 2014)

» http://www.weforum.org/(World Economic Forum, The Global InformationTechnology Report, 2015)

» http://www.gemconsortium.org/ (GEM, GEM 2012 Global Report, 2012)

» https://www.virgin.com/entrepreneur/uganda-named-the-worlds-most-entrepreneurial-country (Virgin, 2015)

» http://www.research2guidance.com/shop/index.php/downloadable/download/sample/sample_id/262/ (Research2guidance, 2013)

» https://blog.seamless.md/9-mhealth-facts-to-watch-in-2015/ (SeamlessMD, 2015)

» http://www.ibtimes.com/police-departments-18-states-use-stingray-tech-track-cell-phones-they-wont-talk-about-it-1694552 (IBtimes, 2014)

» https://factor1studios.com/importance-of-mobile-friendly-websites/ (Factor1studios, 2014)

Chapter 3

≫ http://edition.cnn.com/2013/05/17/opinion/beckham-metro-symbol/ (CNN, 2013)

≫ http://sharedvalue.org/about-shared-value (Porter, 2012)

≫ http://community.sephora.com (Sephora, Community, 2015)

≫ http://www.clickz.com/clickz/column/2391666/2015-will-be-the-year-of-the-brand-community-here-s-why (Roger Katz, 2015 Will Be the Year of the Brand Community – Here's Why, 2015)

≫ http://www.entrepreneur.com/article/242545 (Entrepreneur, Beyonc-Wants You to Get Your Kale On, Launches Vegan Food Delivery Service, 2015)

≫ http://community.us.playstation.com/ (PlayStation, Community, 2015)

≫ http://www.momentology.com/4359-10-exceptional-examples-of-brand-communities/ (Patrick Hong, 10 Exceptional Examples Of Brand Communities, 2015)

≫ http://www.lugnet.com/ (Lugnet, Community, 2015)

≫ http://us.coca-cola.com/happiness/ (Coca Cola, 2014)

≫ http://www.coca-cola.co.uk/stories/health/choice-and-information/introducing-coca-cola-life/ (Coca Cola, 2014)

≫ https://www.infosys.com/newsroom/press-releases/Documents/genome-researchreport.pdf (Infosys, 2013)

≫ https://www.accenture.com/us-en/technology-labs-insight-industrial-internet-of-things.aspx (Accenture, 2015)

≫ http://www.jackdanielsbarbecuemedia.com (Jack Daniel, 2015)

≫ http://www.forbes.com (Forbes, Co-Creation, 2014)

≫ http://mystarbucksidea.com (Starbucks, My Starbucks Idea, 2015)

≫ http://www.co-creationawards.org (Co-CreationAwards, 2010)

≫ http://www.pgconnectdevelop.com (P & G Connect & Develop, Co-Creation, 2015)

≫ http://www.huffingtonpost.com/news/mass-customization/ (Huffingtonpost, Mass Customization, 2014)

≫ www.americaeconomia.com (AmericaEconomia, 2012)

≫ http://blog.anchorcomputer.com/index.php/tailored-omnichannel-marketingcampaigns-take-the-customer-centric-approach/ (Anchor Computer, Take the Customer-Centric Approach , 2015)

≫ http://www.nielsen.com/us/en/press-room/2012/nielsen-global-consumers-trustin-earned-advertising-grows.html (Nielsen, Global Consumers' Trust In 'Earned' Advertising Grows In Importance, 2011)

Chapter 4

≫ www.dove.us/ (Dove, OUR MISSION, 2014)

≫ http://www.referenceforbusiness.com/history2/11/Subway.html (Subway, 2016)

≫ http://www.chevron.com/about/chevronway/ (Chevron, 2016)

≫ http://www.sap.com/corporate-en/about.html (SAP, 2016)

≫ www.nike.com (Nike, About us, 2014)

≫ http://www.nestle.com/aboutus/strategy (Nestle, 2016)

≫ http://www.caterpillar.com/en/company/sustainability/vision-mission-strategy.html
(Caterpillar, 2016)

≫ http://www.wholefoodsmarket.com/mission-values/core-values (Whole Food Market,
2016)

≫ http://www.zappos.com/d/about-zappos-culture (Zappos, 2016)

≫ http://www.fitflop.co.uk/on/demandware.store/Sites-FFUK-Site/en_GB/GeoShow-
Content?cid=technology (Fitflop, 2016)

≫ http://www.uniqlo.com/us/men/heattech.html (Uniqlo, 2016)

≫ http://www.reuters.com/article/us-entrepreneur-toms-idUSTRE63630Y20100409
(Reuter, 2010)

≫ http://www.liveinlevis.com/GL/en_GL/index.html#yi-zhou (Levi's, 2016)

≫ www.apple.com (Apple, 2014)

≫ http://www.google.co.th/intl/en/about (Google, about, 2015)

≫ www.starbucks.com (Starbucks, about, 2014)

≫ http://www.about.hsbc.com (HSBC, about, 2014)

≫ http://www.ge.com/ (GE, about us, 2015)

≫ http://www.line-stickers.com (Line, stickers, 2014)

≫ http://mentalfloss.com/article/53146/11-hidden-messages-company-logos (Mentalfloss,
11 Hidden Messages in Company Logos, 2013)

≫ www.deseretnews.com (Desecretnews, 2012)

≫ https://www.redbullmediahouse.com (Red Bull, 2016)

≫ http://marketingtochina.com (Marketing to China, 2012)

≫ http://adage.com/ (Adage, 2014)

≫ www.hm.com (H&M, 2015)

≫ http://blog.iccds.com (ICCDS, 2013)

≫ http://singaporeairline-singapore.blogspot.com/ (Singapore Airlines)

≫ http://www.etymax.com/blog/creating-the-right-name-for-your-brand-to-prosper-in china/Cross Cultural Marketing Robert Rugimbana and Sonny Nwankwo 2003

Chapter 5

≫ https://www.thinkwithgoogle.com (Google, 2015)

≫ https://www.thinkwithgoogle.com/infographics/4-new-moments-every-marketer-should-know.html (Google, 4 New Moments Every Marketer Should Know,2015)

≫ http://www.nike.com/(Nike, 2015)

≫ www.starbucks.com (Starbucks, 2015)

≫ www.apple.com (Apple, 2015)

Chapter 7

≫ https://www.atkearney.com/documents/10192/5292753/Connected+Consumers+Are+Not+Created+Equal+-+A+Global+Perspective.pdf/cee8c1c1-a39f-4753-a81d e7028748e142(A.T Kearney Connected Consumer Study, 2014)

≫ https://buy.shareacoke.com (Coca Cola, 2015)

≫ https://www.youtube.com/watch?v=9bZkp7q19f0 (Gangnam Style, 2015)

≫ Brand Relevance, Making Competitors Irrelevant (Aaker, 2014)

≫ http://www.ncsl.org/research/human-services/same-sex-marriage-laws.aspx (Same Sex Marriage Laws, 2015)

≫ https://www.google.com/doodles (Google Doodle, 2016)

≫ http://www.ikea.com/ms/en_TH/about_ikea/the_ikea_way/our_business_idea/index.html (IKEA, 2016)

≫ http://readwrite.com/2010/01/09/facebooks_zuckerberg_says_the_age_of_privacy_is_ov (Zuckerberg, 2010)

≫ http://www.chevron.com/documents/pdf/corporateresponsibility/Chevron_CR_Report_2014.pdf (Chevron, 2014)

≫ http://www.starbucks.com/about-us/company-information/mission-statement (Starbuck, 2016)

≫ https://www.youtube.com/watch?v=DtyfiPIHsIg (Virgin Atlantic, 2013)

≫ http://www.fastcompany.com/3004135/marketing-backstory-how-intel-becam-ehousehold-name (Intel Inside, 2013)

≫ http://www.businessinsider.com/how-apple-really-lost-its-lead-in-the-80s-2012-12 (Apple, 2012)

Chapter 9

≫ Reimagine: How Profit and People Act in Harmony, SCG (Kan Trakulhoon, 2015)

≫ Redesign: Sustaining Business by Serving Local Values, MitrPhol Group (KrisdaMonthienvichienchai, 2015)

≫ Innovation's Role in Differentiating Commodities, Double A (Yothin Dumnernchanvanit, 2014)

≫ Confronting Capitalism (Kotler, 2015)

이미지 출처

Fig 1&16 : http://www.shutterstock.com/pic-92911000/stock-photo-rice-plant.
html?src=gUYwL-Uwvc0c1-t1XbUuPQ-1-47

Fig 2 : http://www.shutterstock.com/pic-75321751/stock-photo-industrial-
machines.html?src=GZIgX0mzr9VYtBsGHFmv3w-1-16

Fig 3&16 : http://www.shutterstock.com/pic-141714748/stock-photo-bahrain-dockside-storage-
of-new-cars-still-covered-with-white-protective-sheeting.
html?src=eevVhbtdr1yC-t5-7jY1zg-1-69

Fig6&16 : http://www.shutterstock.com/pic-262678493/stock-photo-close-up-of-businessman-
hand-showing-texture-the-world-with-digital-social-media-network-diagram.
html?src=MfbEiDLPOw-XCblYK9_9sg-1-15

Fig 8 : http://www.shutterstock.com/pic-208664602/stock-photo-e-commerce-shopping-
cart-and-credit-cards-on-laptop-d.html?src=LNvUEuAOMnlah
hLAbVIygw-1-4

Fig 12&15: http://www.shutterstock.com/pic-70763086/stock-photo-woman-hand-
pressing-social-media-icon.html?src=8yavKAKpF-5rkWhF6kRWJA-1-82

Fig 22&25 : http://www.shutterstock.com/pic.mhtml?id=144640004&src=id

Fig 19 : http://www.npfwny.org/2012/are-tremors-troubling-your-mouse-we-have-
a-solution/
: http://pcsupport.about.com/od/findbysymptom/ht/pconthenoff.htm

Fig 29 : http://www.sonymobile.com/us/products/accessories/smartwatch/features/
: http://www.androidheadlines.com/2015/03/acer-announce-acer-liquid-
leap-smartband-changeable-straps-notifications-music-controls.html
: http://www.techentice.com/google-glass-explorer-edition-available us-1500/

Fig 39 : http://cyprus.indymedia.org/node/4676
: http://mice.net.au/article/news-tripadvisor-ups-the-ante-for-business/trip-
advisor-logo/
: http://fontmeme.com/farmville-font/
: https://commons.wikimedia.org/wiki/File:WikiHow_logo_2014.png
: http://es.sims.wikia.com/wiki/The_Sims_Social

Fig44 : http://www.shutterstock.com/pic-166600271/stock-photo-high-angle-view-of-an-young-brunette-working-at-her-office-desk-with-documents-and-laptop.html?src=w15GG6HeXukuWx_2YSXT5Q-1-5

 : http://www.shutterstock.com/pic-251032747/stock-photo-cardio-runner-running-listening-smartphone-music-unrecognizable-body-jogging-on-ocean-beach-or.html?src=HIBElyoAy7dgShCRJYw1Lw-1-22

 : http://www.shutterstock.com/pic-274738493/stock-photo-smart-house-home-automation-device-with-app-icons-man-uses-his-tablet-pc-with-smarthome-app-to.html?src=OoB4Me6LQsZjgjV-k5P1_w-1-64

 : http://www.shutterstock.com/pic-110181626/stock-photo-a-beautiful-girl-eating-healthy-food.html?src=woHjuQC8NEJH8Hrw1U_Qyg-1-47

 : http://www.shutterstock.com/pic-243577255/stock-photo-young-woman-watching-tv-in-the-room.html?src=r0yUU8ARkjo_u6AtAJWAVg-1-0

 : http://www.shutterstock.com/pic-142213039/stock-photo-man-on-sofa-with-headphones-and-digital-tablet.html?src=vAlmKwGKNAk50Z8pecLGKw-1-47

 : http://www.shutterstock.com/pic-151506860/stock-photo-three-girls-chatting-with-their-smartphones-at-the-park.html?src=ZjV4dqApJB3aX68DejA_2g-1-18

 : http://www.shutterstock.com/pic-103337651/stock-photo-a-woman-sleeping-in-bed-her-head-resting-on-a-pillow-with-her-hands-beside-her-head-and-a-quilt.html?src=OGu5bm4cBcmr-g3Ys6VWuw-1-10

 : http://www.shutterstock.com/pic-237987838/stock-photo-mobilityand-modern-lifestyle-concept-young-woman-reading-a-trends-blog-atthe-park.html?src=f54aBdlzi-eFatGnNSjDuA-1-2

 : http://www.shutterstock.com/pic-340991603/stock-photo-top-view-ofwoman-walking-in-the-street-using-her-mobile-phone-with-mobile-gamein-the-screen-with.html?src=9R0w3cTROeX0zvwGT8R32A-1-16

Fig45 : http://www.shutterstock.com/pic-260467628/stock-photo-cropped-shotof-a-man-s-hands-using-a-laptop-at-home-while-holding-credit-card-data-security-on.html?src=ZBBLCct5Zg8-BvSQIlxXKQ-1-48

 : http://www.shutterstock.com/pic-144910642/stock-photo-woman-hand-holding-the-phone-with-mobile-wallet-and-plane-ticket-against-the-background-of-the.html?src=BJRGrYrkiFH8h042PN3Gqw-2-41

Fig45　: http://www.shutterstock.com/pic-157121225/stock-photo-businesswoman-
　　　　　holding-a-tablet-with-mobile-wallet-onlain-shopping-on-the-screen.html?
　　　　　src=BJRGrYrkiFH8h042PN3Gqw-2-9
　　　　: http://www.shutterstock.com/pic-145678766/stock-photo-rear-view-of-
　　　　　couple-watching-television-in-living-room.html?src=Eq_qfTS_DtlG-lVsiNCasg-1-1
Fig59　: http://www.shutterstock.com/pic.mhtml?id=144940786&src=id
　　　　: http://www.shutterstock.com/pic.mhtml?id=237987826&src=id
　　　　: http://www.shutterstock.com/pic.mhtml?id=258726044&src=id
Fig61　: http://www.boomsbeat.com/articles/13/20131231/50-facts-that-you-didnt-
　　　　　know-about-steve-jobs.htm
　　　　: http://wolkify.com/three-entrepreneurial-guidelines-to-remember-from-
　　　　　richard-bransons-autobiography-losing-my-virginity/
　　　　: https://www.youtube.com/watch?v=l6sSKXSoXjM
　　　　: http://www.logospike.com/pixar-logo-548/
　　　　: http://www.trust.ua/news/70575-uspeh-logotipa-ne-zavisit-ot-ceny-foto.
　　　　　html
　　　　: http://iadvise.blogspot.com/2015/10/apple-logo.html
　　　　: http://www.virgin-atlantic.com/gb/en/flying-club/flying-club-partners/virgin-group/
　　　　　virgin-trains.html
　　　　: http://www.businesswire.com/news/home/20140221005604/en/John-S.-Rego-Joins-
　　　　　Virgin-Galactic-CFO
　　　　: http://aseanup.com/singapore-flag-arms/
Fig88　: http://www.shutterstock.com/pic-150954545/stock-photobackground-with-money-
　　　　　american-hundred-dollar-bills-horizontal.
　　　　　html?src=3Z-SEvs3yaN3DV2mF0Qolw-1-21
　　　　: http://www.shutterstock.com/pic-106457849/stock-photo-man-on-peakof-
　　　　　mountain-conceptual-design.html?src=6eJke_
　　　　　HixZgHiQEbkhPAQw-1-82
　　　　: http://www.shutterstock.com/pic-246902083/stock-photo-business-people-
　　　　　rush-hour-walking-commuting-city-concept.html?src=XwpEGgdU7YirLU
　　　　　spO2IZHA-1-80
Fig88　: http://www.fastcompany.com/3036166/how-to-be-a-success-at-everything/
　　　　　the-7-step-formula-for-a-performance-review-that-actually-
　　　　　: http://www.ourkidsmagazine.com/letting-dad-be-dad/

Fig81   : https://diningservices.wustl.edu/items/subway/
         : http://ibagroupit.com/en/clients/list/
         : https://riseoftheindigo.wordpress.com/tag/chevron/
Fig82   : http://www.dove.us/Offers/Dove-Insider/default.aspx
         : http://www.bryanng.com.my/page/what-client-say/
         : http://www.polyvore.com/monchanel_nike_logos/thing?id=10983181
Fig83   : http://google-logo-history.blogspot.com
         : http://s296.photobucket.com/user/makeumine21/media/Caterpillar-logo.
           jpg.html
         :http://www.bryanng.com.my/page/what-client-say/
Fig92   : http://www.sikids.com/si-kids/2016/01/12/delle-donne-helps-unveil-nike- line
         : http://krforadio.com/oreo-thins-not-a-diet-snack/
         : http://osbornepike.co.uk/blog/page/24/
         : http://prius.wikia.com/wiki/Hybrid_Synergy_Drive_(HSD)
Fig94   : http://www.seriouswheels.com/2009/r-z-0-9/2009-Vorsteiner-Porsche-997-V-RT-
           Edition-Turbo-Front-1920x1440.htm
         : https://commons.wikimedia.org/wiki/File:Allenton_Hippo_QR_Code.jpg
         : http://www.gsmarena.com/samsung-phones-f-9-10.php
Fig95   : https://econsultancy.com/blog/62160-11-reasons-why-ebay-s-mobileapps-are-so-
           popular/
Fig96   : http://www.fitflop.com/en/about-us/technology.html
         : http://www.uniqlo.com/uk/store/goods/072583
         : http://www.uniqlo.com/uk/store/feature/uq/heattech/women/
Fig99   : http://www.webdesignerdepot.com/2011/02/the-art-of-the-facebook-page-
           design/
         : stock-photo-young-adults-in-training-course-using-touchpad-81599803
         : stock-photo-woman-paying-for-her-order-in-a-cafe-277854557
         : stock-photo-hong-kong-june-starbucks-cafe-interior-starbuckscorporation-is-an-
           american-global-291480350

Fig100   : http://brandchannel.com/2015/04/17/red-bull-tv-041715/
          : https://www.google.co.th/url?sa=i&rct=j&q=&esrc=s&source=im
            ages&cd=&cad=rja&uact=8&ved=0ahUKEwjHnJ6pxt7MAhXCo48K
            HZ_nDegQjB0IBg&url=http%3A%2F%2Fwww.dailymail.co.uk%
            2Fsport%2Fformulaone%2Farticle-2236938%2FRed-Bull-Racing-McLaren-
            Ferrari-win-constructors-championship--Comment.
            html&psig=AFQjCNHbw2-_H-By5ALqQonwLYyJXvlHg&
            ust=1463486531803097
          : www.redbull.tv/Redbulltv
          : http://www.redbull.com/en/stories/1331711403089/watch-cameron-naasz-win-red-
            bull-crashed-ice-edmonton
          : http://www.stephlevine.com/red-bull/
          : http://jaeti.com/free-red-bull/
Fig101   : http://www.shutterstock.com/pic.mhtml?id=144940786&src=id
          : http://www.shutterstock.com/pic.mhtml?id=237987826&src=id
          : http://www.shutterstock.com/pic.mhtml?id=258726044&src=id
Fig03   : stock-photo-hong-kong-june-starbucks-cafe-interior-starbucks-
            -106 corporation-is-an-american-global-291480350
          :stock-photo-dubai-uae-june-starbucks-cafe-interior-starbucks-corporation-
            doing-business-as-315868376
          : stock-photo-side-view-of-a-couple-paying-bill-at-coffee-shop-using-card-
            bill-188938778
          : stock-photo-woman-paying-for-her-order-in-a-cafe-277854557
          : stock-photo-group-of-friends-meeting-in-coffee-shop-173445932
          : stock-photo-young-adults-in-training-course-using-touchpad-81599803
          : http://www.shutterstock.com/pic-385867225/stock-photo-heart-in-the-
            coffee-cup-on-the-table.html?src=VY0TwrPty_CkRMq4c3t1uA-1-63
          : http://www.webdesignerdepot.com/2011/02/the-art-of-the-facebook-page-design/
Fig115   :http://www.shutterstock.com/pic-297918440/stock-photo-friendship-selfie-
            happiness-beach-summer-concept.html?src=uFFtTyYzt0At9n6BqAG9dA-1-0
Fig118   :http://9to5mac.com/2014/05/20/starbucks-offering-free-itunes-download-
            of-coldplays-new-single-via-iphone-app/
Fig119   : https://www.youtube.com/watch?v=9bZkp7q19f0
          : http://alubottle.blogspot.com/2013/05/coca-cola-share-coke-with-dad-aluminum.html

Fig129   : http://macslab-en.blogspot.com/2011/03/segway-start.html

          : http://www.techradar.com/news/car-tech/the-future-is-here-toyota-s-
          hydrogen-powered-cars-are-go-for-2015-1212830

          : http://www.telepresencecatalog.com/?attachment_id=3636

          : http://car.mitula.us/toyota-matrix-wagon-lugoff

          : https://www.ifixit.com/Teardown/iPhone+6+Teardown/29213

          : http://www.firemansbikes.com/home.htm

Fig121   : https://storify.com/rappler/lovewins-in-social-media

          : http://mashable.com/2015/06/26/brands-gay-marriage-legalized/#eTzxpBc5YEqx

          : http://humenonline.hu/magyar-es-kulfoldi-vallalkozasok-szivarvanybombai/

Fig122   : https://plus.google.com/+google/posts/hmu7V6T1WwY

Fig123   : http://inhabitat.com/ikea-looks-to-launch-line-of-official-hacking-kits/

Fig124   : http://www.tripadvisor.com

Fig125   : http://www.shutterstock.com/pic-330365807/stock-photo-london-uk-
          october-st-the-homepage-of-the-official-chevron-corporation-website-on-st.
          html?src=Irr89qos99lokroNq2nieA-1-6

          : https://www.chevron.com/~/media/chevron/projects/documents/Chevron_
          CR_Report_2014

Fig 126 :http://www.shutterstock.com/pic-272563994/stock-photobangkok-
          thailand-april-starbucks-sugar-with-roasted-coffee-beans.
          html?src=OCE6tiYGS2NmzK7o-Dfp0g-4-52

          :http://www.eppingforestguardian.co.uk/news/13564827.Starbucks_opens_
          in_Loughton_following_four_year_closure/

Fig127   : http://www.openschooloc.com/wp/2015/04/13/silent-auction-item-preview/

          : http://theforumnewsgroup.com/2016/03/04/woodhaven-mom-stole-from-
          daughters-malpractice-settlement-da/

Fig128   : http://promo-school.ru/makdonalds-vse-normalnyie-lyudi-dolzhnyi-
          porabotat-v-makdonaldse/

          : http://www.dewebsite.org/logo/mcdonalds/mcdonalds.html

Fig129   : https://www.youtube.com/watch?v=DtyfiPlHsIg

Fig131   : http://prince.org/msg/100/331568?&pg=1

Fig132   : http://landlopers.com/2012/03/29/world-of-coke

Fig133   : http://about.nike.com

Fig135   : http://cultbranding.com/ceo/cult-branding-examples/

Fig137 : http://www.shutterstock.com/pic-12164170/stock-photo-female-shopper-checking-food-labelling-in-supermarket.html?src=CqY1bwa1-Ga6KfJCZs8czA-1-46

Fig138 : http://www.shutterstock.com/pic-236647303/stock-photo-happywoman-customer-paying-with-credit-card-in-fashion-showroom.html?src=2t-KaiuTuHBYv9pk9xBsBg-1-33

Fig139 : http://www.shutterstock.com/pic-210857641/stock-photo-car-showroom-happy-man-inside-car-of-his-dream.html?src=FpVdNDW9qNJa_pODLzO2Gg-1-14

Fig140 : http://tablet-news.com/2013/04/30/wacom-cintiq-22hd-touch-features-pressure-sensitive-finger-control-video/

Fig141 : http://www.shutterstock.com/pic-104252510/stock-photo-two-beautiful-women-sending-messages-with-mobile.html?src=MKemfsSFeo7vPOql3TOZtQ-1-49

Fig147 : https://www.unisdr.org/archive/45308